圖說天下

中國大歷史

◎主編 童超

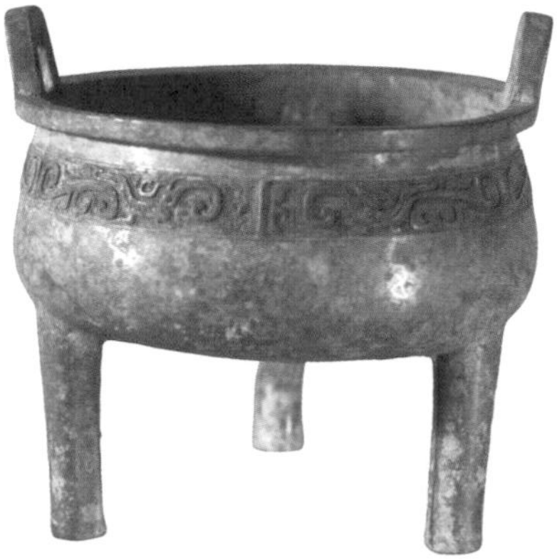

春秋爭霸

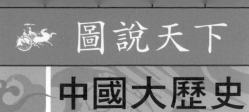

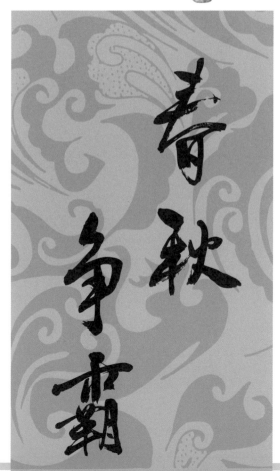

圖說天下

前言

一部春秋歷史從平王東遷始，三家分晉終。二百多年的歷史中承載著太多的戰亂、宮廷陰謀、兄弟鬩牆……但這個禮崩樂壞、瓦釜雷鳴的年代，也是個文化迸發、百家爭鳴的時代，充滿英雄主義和強勢進取精神的時代。春秋可謂中國文明史上的「軸心時代」，產生了足以讓後世享用不盡的思想與智慧盛宴。

「春秋五霸」的橫空出世，將一部春秋史淋漓盡致地展現於世人面前。齊桓公九合諸侯，一匡天下；晉文公忍辱負重十九年，一戰定乾坤；楚莊王知恥而後勇，飲馬黃河，雄霸江淮；秦穆公雄心不泯，拓地千里，稱雄西戎；宋襄公「宅心仁厚」，墨守成規，喪師敗績。除了五霸之外，還有眾多雄才偉略的君王在春秋歷史上寫下了濃墨重彩的一筆。鄭莊公勵精圖治，平息內亂，挾天子之威首開霸業；越王勾踐，臥薪嘗膽，一雪前恥，稱霸東南。春秋爭霸，兵戈擾攘，文臣武將，各領風騷。

任何一個有為的君主都離不開賢臣能將的輔佐。沒有管仲的改革和管理，齊桓公就不可能成就霸業；沒有眾多臣子死心塌地的追隨，晉文公也許早就沉醉於女人的溫柔鄉之中；沒有孫叔敖嘔心瀝血，楚莊王不可能沖天長嘯；沒有百里奚、蹇叔的謀略與忠心，秦穆公不可能在秦國開創新局面。

禮崩樂壞，禮失而求諸野。孔子作為中國最偉大的教育家，他開創了平民教育的先河，《論語》一書便是孔子的教學日誌，道盡了修身齊家治國平天下的智慧。周王室內亂不已，作為朝中命官的老子，騎一青牛出關，自此杳無音訊，但是一部《道德經》卻說盡了宇宙之事。

一部春秋史也充滿了無數的桃色事件，無數英雄為美女折腰，要美人不要江山的君王也不在少數。通姦亂倫好似家常便飯，也許今人已經難以理解古人的婚戀觀念，但是，當時的一些權貴之家就是如此。美女總是稀少的，歷史上的絕色佳人總是讓英雄們怒目相對，讓平庸好奇之人引頸窺探。

春秋一代，有著輝煌燦爛，也有陰霾愁雲；有著文治武功，也有喪師滅國；有著幸福美滿，也有生離死別……春秋，寫盡了人性，道出了酸甜苦辣，如何品讀，還是留給讀者吧。

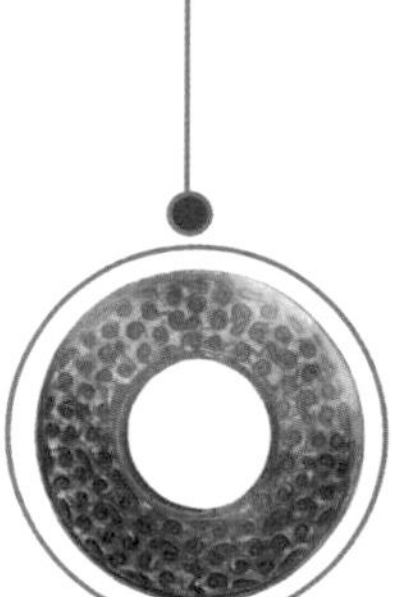

春秋爭霸

目次

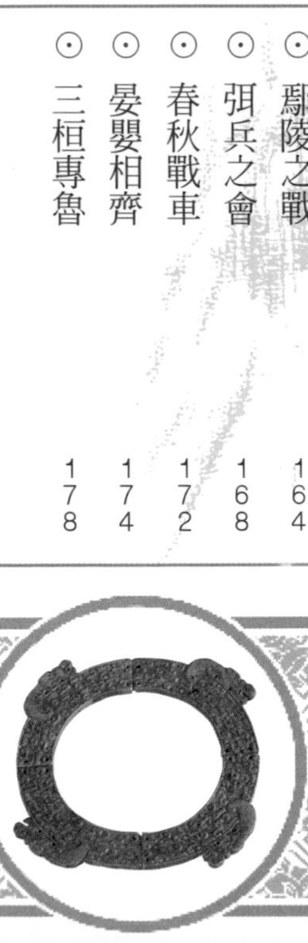

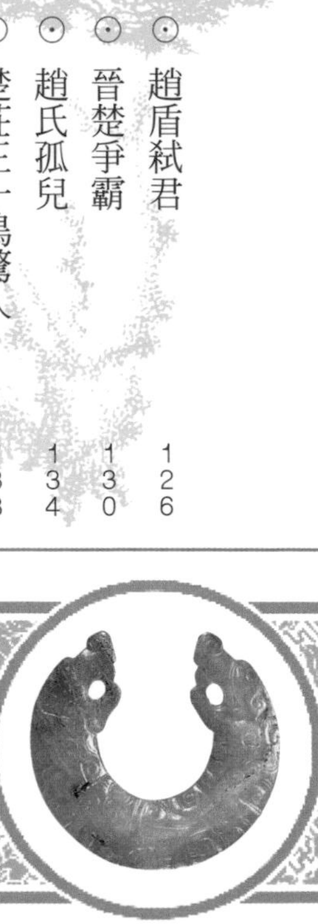

烽火戲諸侯

亡國之君往往留下一段供人茶餘飯後笑談的風流韻事，紂王與妲己已然成為《封神演義》中的大反派，周武王恐怕難以想見自己的子孫竟會因為一個女人而亡國。貪色昏庸的周幽王為了博得褒姒一笑不惜燃起了驪山上的烽火，諸侯們救駕時慌亂無序終於讓褒姒露出微笑。在這難得一見的笑容綻放之時，西周的歷史也隨之畫上了句點。妃子的笑容與國家的悲歌交融在一起，顯得如此荒誕與淒涼。

褒姒得寵

周朝自武王伐紂以來，歷經數百年風雨，國勢幾度沉浮。周宣王在位期間，東征西討，政局穩定，國家中興在望。可惜的是，周宣王並沒有具備雄才大略的繼承人。幽王即位之後非但沒有守住父親的宏圖偉業，反而成爲西周的掘墓人，斷送了西周數百年的基業。

幽王毫無治國之才，反倒是個獵艷的好手。登基之後便終日耽於酒色，不理朝政，朝中忠臣良將屢屢進諫，幽王卻依然故我。上有所好，下必甚焉。爲了攫取功名利祿，一些貪位好祿之徒便投其所好，百般諂媚逢迎。朝中風氣日趨惡化，宣王時期的中興氣象不再。

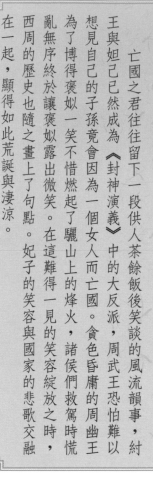

幽王二年（西元前七八〇年），周朝的興起之地發生大地震，涇、渭、洛三川堵塞，岐山崩坍。岐山乃文王發跡之地，山崩地裂撼動社稷，朝中文武大臣皆大爲震駭。幽王向來不關心百姓疾苦，出現如此嚴重的災難，他卻事不關己地說：「地震是自然災害，跟我有什麼關係？」於是，周幽王將執意進諫的趙叔帶免職，大夫褒珦又向幽王直諫道：「大王盡廢賢臣，撼動國家社稷之根，恐怕於國家不利。」貪圖美色的幽王將褒珦關入大牢，以儆傚尤。幽王宮中本已佳麗如雲，但是幽王仍嫌後宮空虛，於是下詔遍求美色，以充後宮。

褒珦的兒子洪德多方營救父親未果，苦悶煩惱之際來到鄉野散步，忽然發現一位貌美如花的女孩，雖衣衫破舊，卻難掩其傾國傾城之貌。洪德心想：眞是天無絕人之路，在如此荒僻的山野，居然有如此絕色，若將此女獻給幽王，必能將父親從深牢大獄中救出。於是洪德以重金將這位女子買回。略施粉黛後這女子便美豔逼人。洪德將這位女子取名爲褒姒，將她帶到鎬京，施以重金，打通關節，進獻給幽王。

幽王見了褒姒就立即將褒珦釋放，雖然幽王身邊佳麗無數，但是眼前的褒姒卻將後宮妃嬪全比了下去。幽王得到稀世美色喜不自勝，終日沉溺於溫柔鄉，江山社稷早已拋於腦後。幽王的後宮因爲褒姒的到來，更加烏煙瘴氣。周幽王三年（西元前七七九年），褒姒產下一子，取名伯服，愛屋及烏的幽王對伯服寵愛有加，一直考慮要廢嫡立庶。最終，幽王抵不住褒姒的枕畔細語。群臣朝議之際，尹球等奸臣說，褒姒德性貞淑，堪當母儀天下之任，子以母貴，立伯服爲太子也是理所當然。此言正中幽王下懷，於是將太子宜臼廢爲庶人，其母申后也被打入冷宮，廢舊立新在彈指間完成。

頌鼎拓片

頌鼎作於周幽王的父親周宣王時期，其中的銘文是周宣王時代的史官名頌者所作。銘文是記錄西周時冊命制度最完善的文體之一。第一段記述冊命的時間和地點；第二段記述冊命儀式；第三段記述冊命授職；第四段記述賜命賜物；第五段記述儀式的完成；第六段是祝願辭。這樣完整的記錄冊命禮儀的文體在西周青銅器銘文中並不多見，對研究西周時期的冊命制度具有重要價值，其書體在西周晚期金文中也有代表性。

千金買笑

子以母貴，母以子貴。事遂人願，移居東宮的褒姒本該喜上眉梢，然而即使貴爲王后，褒姒仍舊難以露出一絲歡顏。幽王見褒姒終日愁眉不展，便問道：「愛妾爲什麼終日不露笑容？要不要來段歌舞呢？」褒姒答道：「妾不喜好音樂，也從沒有笑過。」

幽王下令，如果有人能讓褒姒開顏一笑便賞千金。所謂千金買笑的典故便是由此而來。爲了博得美人一笑，幽王可是費盡了心思。深得幽王信任的虢石父建議幽王：「點燃驪山上的烽火台，狼煙四起之際，各路諸侯前來馳援，而天下太平無事，娘娘看到人仰馬翻的各路諸侯必將開懷一笑。」

愛美人不愛江山的幽王大讚這是

驪山烽火台

烽火台位於陝西西安驪山西繡嶺最高峰，海拔一千三百零二公尺，為古代戰時傳遞戰報、調遣部隊的設施，「周幽王烽火戲諸侯，褒姒一笑失天下」的歷史故事就發生在這裡。

妙計，於是帶著美人來到驪山，準備給褒姒一個驚喜。此時，鄭伯友在王宮中聞知如此荒謬之事，驚駭不已，國君荒唐至此，國家怎能長治久安？於是他疾馳到驪宮進諫說：「狼煙是軍事防禦的器具，用來預防萬一，無緣無故地燃起烽火是戲弄諸侯之舉。如果他日邊防有變，諸侯必然不會馳援，到時大王用什麼抵禦外敵呢？」幽王不但聽不進去，反而怒斥鄭伯友：「現在天下太平得很，即便他日有變，又與你何干？」

幽王只想看看烽火能不能討得愛妃一笑，於是想也沒有想就下令點火，一時之間，鑼鼓震地，火光沖天，狼煙四起。各路諸侯見到狼煙忽起，以為犬戎進犯，於是紛紛帶領人馬奔馳赴援。氣喘吁吁的諸侯們飛奔到驪山時，卻發現除了狼煙之外，並沒有外敵進犯的跡象，反倒一片鼓樂悠悠，絲竹聲聲，幽王正與褒姒推杯換盞，一副歌舞昇平之象。正納悶之際，幽王開口說：「感謝各位，非常幸運的是，今天並無外敵進犯，勞煩各位了，大家都請回吧。」諸侯們當下偃旗收兵，憤然離去。褒姒憑欄觀望那些敢怒不敢言的諸侯，臉上終於綻放了笑容。看到褒姒的笑顏，幽王說道：「愛妃真是一笑百媚生啊！虢石父大功一件，賞賜千金。」

西周滅亡

申后的父親申侯聽說女兒、外孫被廢黜，於是向幽王進諫，希望幽王收回成命，恢復宜臼與申后的尊位，並告誡幽王：「夏桀寵妹喜而夏亡，紂王寵幸妲己而商亡，今天大王專寵褒姒一人，不顧夫婦之義、父子之情而廢嫡立庶，恐怕將危及江山社稷的安穩，長此下去，桀紂之事恐怕不遠了。」

幽王已經色迷心竅，怎麼還會想到江山社稷，申侯的上疏令他狂怒不已，虢石父又在一旁加油添醋道：「申侯已有謀叛之心，大王應該發兵討伐。」於是幽王令虢石父領兵討伐申國。鎬京的密探報知申侯，幽王將討伐申國。申侯驚慌失措，國小兵弱的中國自然無法抵擋大軍的征討。於是申侯修書一封向西戎求援，並許諾鎬京告破之日，國庫中的金帛悉數歸戎主。西戎對周朝虎視眈眈已非一日，周幽王十一年（西元前七七一年），西戎發兵數萬，偕同申國之兵浩浩蕩蕩地開往鎬京，將鎬京圍得水洩不通。

這次輪到幽王驚慌失措了，不知這下該如何是好。虢石父獻計：「大王應該燃起驪山的烽火台，當烽煙四起之時，各路諸侯必定飛馬馳援，到時裡應外合一舉消滅戎兵和申侯。」

驪山的烽火台再次燃起了滾滾狼煙，但是沒有一個諸侯國前來救援，怒氣未消的諸侯們怎麼也不會再爲一個女人的歡笑白忙一場，身居高位的諸侯豈可被人拿來當作笑柄。戎兵日夜攻城，而援兵卻依然不見蹤影，幽王命令虢石父領兵試探敵軍強弱，虢石父豈是能征善戰之將，結果他剛剛出師就一命嗚呼。

不消幾日，鎬京城破，幽王帶著褒姒與伯服逃往驪山，驪山烽火台上的狼煙依舊煙焰沖霄，卻不見一個援兵趕到。雖然鄭伯友拚死護駕，但是幽王已是窮途末路，最終被戎兵殺死，貌美如花的褒姒也自縊身亡。

周幽王烽火戲諸侯

針對周幽王烽火戲諸侯的荒唐舉動，後人有詩感慨道：「良夜頤宮奏管簧，無端烽火燭穹蒼。可憐列國奔馳苦，只博褒妃笑一場！」而在陝西也留下了這樣的民謠：「男笑一癡，女笑一瓜（傻），娘娘一笑失天下。」

伯陽父俯察地理知興衰

據記載，古代史官大抵上知天文，下知地理。在岐山大地震之後，趙叔帶問太史伯陽父，若是國家有變會在什麼時候呢？伯陽父掐指一算道：「不出十年。」後來冒死直諫的趙叔帶被罷官免職，出走晉國。岐山乃是周朝的興起之地，岐山崩頹並非好兆頭。高岸為谷，深谷為陵這樣的巨變也許是自然現象，但是岐山地區地處黃土高原，地震之後百姓的土地灌溉系統受到毀壞，糧食減產，饑饉肆虐，直接影響了西周國脈。加之西周經過幾百年的發展，社會階層分化嚴重，禮崩樂壞之勢已成，社會形勢也發生了天翻地覆的大地震。也許伯陽父正是看到了社會的大地震才敢預言，不出十年，國家有變。

平王東遷

周幽王十一年（西元前七七一年），周幽王被殺，太子宜臼在烽煙中登上王位，也就是周平王。平王本以為可以重整旗鼓，重振先王之偉業，但是時勢不濟，外有戎狄頻繁騷擾邊境，內有諸侯坐大。斷壁殘垣的鎬京已無王都氣象，平王因此遷都雒邑以圖東山再起，從此開啓了一個王室衰頹、諸侯爭霸的「春秋」時代。

四國破戎

申侯本想借助戎兵教訓一下周幽王，恢復外孫的王位。令申侯意想不到的是，這些戎兵大破鎬京之後，盡情劫掠，終日在鎬京飲酒作樂，根本沒有班師回國的意思。鎬京的百姓遷怒於申侯，認爲是他犯上作亂，引狼入室，才將這些賊兵引入國都。申侯惶惶不安，他也不願背負這種犯上作亂的惡名，於是他向附近的諸侯國發信，希望他們前來勤王，驅趕戎兵。

晉侯、衛侯、秦君接到密報之後，立即整頓車馬，浩浩蕩蕩地趕往鎬京。三國都想藉勤王之機在諸侯國中樹立威信。各國既爲名又爲利而來，勤王有功，自然會論功行賞。申侯派人將鄭伯友戰死的消息通知其子掘突。掘突年少英勇，一聽父親爲戎狄所殺，便率領大軍殺向鎬京。復仇心切的掘突恨不得取下戎主的首級解恨。不幸的是，戎兵早有準備，輕敵冒進的掘突中了戎兵的埋伏，敗退下來。掘突的謀士建議最好等待其他諸侯到來，合兵圍攻戎兵。

晉侯、衛侯自東而來，秦君領兵自西來，與鄭國掘突的軍隊會合。四路大軍在外圍攻戎兵，申侯在城內爲內應，裡應外合將戎兵趕出了鎬京。國都失而復得，迎立新君已是當務之急，被廢黜的宜臼驚魂未定便被扶上王位。新君即位，對有功之臣大加獎賞。

各路諸侯都得到了賞賜，申侯雖然引狼入室令幽王死於驪山，但是平王並不記其殺父之仇，反而將他爵位升一級，晉爵爲公。宜臼深知自己能登上王位，全仗外公申侯，要是沒有申侯的話自己也許將終老荒野，所以他要獎勵申侯。申侯知道以申國的國力不足以服眾，同時自己的所作所爲也違背了「非我族類，其心必異」的祖訓，所以申侯再三推辭，並說：「我已獲罪於先王，罪當萬死，鎬京失而復得都是仰仗各路諸侯勤王，不敢領受如此獎賞。」雖然申侯再三推辭，但仍然晉爵爲公。鄭伯友護駕有功，戰死疆場，其子掘突襲爵爲伯，並賜賞良田千頃，留在鎬京輔佐新君。秦君本是周朝的附庸，賜爵爲伯，忝列諸侯之列。

經過這次內亂，周王室的實力與威望大打折扣，勤王的諸侯國名利雙收，成爲左右時局的主要力量。

洛陽王城公園的周公像

洛陽，古稱雒邑，相傳周王朝建立之後，為加強對關東地區的控制，在周公旦的設計監控下營建了雒邑。周平王在鎬京殘破之後，決意東遷雒邑，這項決定使得周王朝開始走向衰落。

平王遷都

平王登基之後，王位並不穩固，虢公另外又立了王子余臣爲攜王，形成了二王並立的局面。天無二日，一國豈能有兩個王。幸好晉侯殺攜王結束了二王並立的尷尬局面。平王靠諸侯扶持起來，威望自然不如從前。

戎兵雖退，但是嘗到劫掠甜頭的戎族，必不會善罷甘休。邊境不時狼煙四起，鎬京已無都城的繁榮景象，處處是殘垣斷壁，平王因而萌生了遷都之念。於是他問眾臣：「當年先王既然定都鎬京，爲什麼又要經營雒邑呢？」

群臣知道這是平王在爲東遷雒邑尋找一個合適的理由，於是附和道：「雒邑地理適宜，居天下之中，各諸侯朝貢便易，先王經營雒邑，無論都城建造還是官職設置都與鎬京相同，雒邑與鎬京的地位相當。」

平王說：「近來犬戎時時進犯鎬京，國家防禦能力不足，遷都雒邑如何？」

群臣認爲，王都多次遭受戰火，破損嚴重，若是修繕將耗資巨大，恐怕百姓難以承受。遷都雒邑是一個兩全其美的辦法，既可遠離戎狄的侵犯，又可減輕百姓的負擔。

群臣中只有衛武公持有異議，他認爲：「鎬京地勢險要，佔有崤函之險，土地肥沃。雒邑雖然居天下之中，但是地勢平坦，四面受敵，難以拒守。先王營建東都是爲了防止殷商殘餘勢力起而叛亂。至於犬戎頻頻騷擾邊境，影響王都安危，都是申侯開門揖盜，將戎兵引進鎬京造成，既然他能把瘟神請來，那就讓他把瘟神送走吧。雖然現在鎬京破敗不堪，如果陛下能勵精圖治，致力於耕戰，不但能將鎬京修繕一新，還能威服四方，恢復先王的宏圖偉業。」

春秋早期·青銅壺

器身為扁體圓形，方器口、方圈足；具管狀流，流端飾有獸首；鋬作龍首狀，造型生動，器蓋飾有圓雕鳳鳥，器腹兩面各飾雙鳳團紋一組，鳳紋中央套有環形龍紋，呈「雙鳳抱龍」之象。

衛武公所言句句有理，但是平王仍舊決意東遷。僅僅是戎狄的進犯就讓平王放棄了流傳幾百年的祖業嗎？平王東遷其實是迫不得已，周幽王四年（西元前七七八年）岐山發生了大地震，許多諸侯國就開始了東遷的歷程，如鄭國便遷往中原。四國勤王，並非只是懾於周王的天威，只是履行臣子的義務，其實他們對豐鎬這塊豐腴之地也是覬覦已久。秦國多年與戎狄征戰，佔有岐山以西的大片土地，晉國也不甘示弱，其勢力直指驪山地區，鄭國東遷之後自然希望周王室也東遷，如此方能對王室施加控制。

周平王元年（西元前七七〇年），種種因素讓平王決心遷都雒邑，於是他詔告百姓，國都即將東遷，願意隨行的盡快做好搬遷準備。秦侯嬴開聞知周王室要遷往雒邑，自是喜上眉梢，帶領兵馬護送搬遷的王室與百姓。沒有遭受戰火的雒邑一片繁榮景象，而遷往此地的周王室卻從此一蹶不振。

王室衰頹

東都雒邑相當繁華，與鎬京無異，一樣有祖廟、國庫，只是平王至此已不再是接受各國來朝，享受「天下共主」的尊榮，而是坐觀「諸侯國強併弱，齊、楚、晉、秦始坐大，政由方伯」的慘淡景象。

平王東遷之後，周王室進一步衰頹，當初立國之地已成爲秦國與戎狄的交戰區，千里沃野的景象不復存在。東遷雒邑之後，周王室喪失了大量的百姓與土地，王畿僅限於今天河南的孟津、雒邑、伊川、偃師、鞏義、汝陽以及溫縣一帶，活動範圍大

《淇奧》之風：衛武公

衛武公是衛國始祖衛康叔的九世孫，名叫姬和。在位五十五年，修康叔之政，增修城垣，興辦牧業，政通人和，百姓和集。他九十五歲時，曾作《抑》詩以自儆。詩云：「人亦有言，靡哲不愚，投我以桃，報之以李，溫溫恭人，維德之基。」周幽王失德，鎬京被犬戎占領。衛武公迅速起勤王之師，前往鎬京，與申、秦、鄭諸國一道驅逐犬戎，輔佐平王。周平王爲報答衛武公的厚恩，將他賜爵爲公。西元前七五八年，衛武公去世。衛國人爲了懷念武公的恩德，特地作了《淇奧》一詩來歌頌衛武公。詩的內容如下：「瞻彼淇奧，綠竹猗猗。有匪君子，如切如磋，如琢如磨。瑟兮僩兮，赫兮咺兮，有匪君子，終不可諼兮！瞻彼淇奧，綠竹青青。有匪君子，充耳琇瑩，會弁如星。瑟兮僩兮，赫兮咺兮，有匪君子，終不可諼兮！瞻彼淇奧，綠竹如簀。有匪君子，如金如錫，如圭如璧。寬兮綽兮，猗重較兮，善戲謔兮，不爲虐兮！」這首詩充分表達了衛國人對於衛武公的歌頌與讚美，後來這首詩收入了《詩經．衛風》。到了明代弘治年間，人們又在淇水之濱修建了衛武公祠，並在祠的北邊修建了一個亭子，名叫「斐亭」，以此紀念這位衛國的賢君。

受限制。空有王室尊號，卻已喪失讓諸侯信服的威望，也沒有壓服諸侯國的實力。平王東遷雒邑時，荊國（遷都郢之後改稱楚國）便沒有來朝賀，以往還會對周王室進貢薄禮，如今連這點禮貌性的表示都沒有了，可見周王室的威信衰落到何種程度。

東遷之初，見於《春秋》經傳的諸侯國達到一百四十餘國，這些國家都有軍隊，可以拱衛王室，亦可反戈一擊，周王室又如何能應付如此亂局。秦、楚、齊等大國紛紛蠶食周王室的土地與威望。秦國將周王室拋棄的土地收入囊中，自此便放手開始在西部開疆拓土，開地千里，遂霸西戎。晉國、楚國亦復如此，這些諸侯國控制的土地和人民都遠遠超過周王室。

值得一提的是，鄭武公掘突因護駕有功，留在王室爲卿士，參與周王室的決策，周王室東遷之後又與鄭國比鄰而居。鄭國爲當時強國，商貿繁榮，於是大批商人來到鄭國，爲鄭國提供了大量的技術人才。一時之間鄭國頗具大國氣象。衛武公病逝之後，鄭武公出任周王室司徒之職，鄭國的影響力更上一層。所以，後來鄭武公的兒子鄭莊公在列國之中首開霸業也就不足爲奇了。

春秋早期．玉虎

玉獸呈回首狀，雙耳飾以浮雕雲紋，吻部起線做變形雲紋，雙足亦以變形雲紋裝飾，呈伏臥狀，臀部飾有捲尖的短尾。此件玉虎雖以抽象的幾何紋勾勒蹲獸的造型與五官，但仔細觀察卻仍顯得形象生動。《易．革》：「大人虎變，其文炳也。」喻大人物行止屈伸，莫測非常，如虎身花紋之斑駁多彩。

鄭伯克段於鄢

歷史上兄弟之間爭權奪利而自相殘殺者比比皆是，鄭莊公卻對自己的弟弟一而再、再而三地退讓。鄭莊公外表不動聲色，實則另有打算，他表面上縱容自己的弟弟共叔，事實上是打算欲擒故縱。貪得無厭的共叔為自己的貪慾所吞噬，也陷入了莊公的陷阱。

莊公寤生

申侯除了把一個女兒嫁給幽王，又非常幸運地爲自己的另一個女兒找了個如意郎君，即鄭武公掘突，而申侯的這個女兒就是鄭國歷史上的武姜（武是鄭武公的謚號，姜是申國的姓，故稱武姜）。姜氏生了兩個兒子，長子名叫寤生，次子叫段。姜氏生第一個兒子的時候難產，這個孩子胎位不正，出生時腳先出來，最後才是頭部。痛苦的分娩過程相當折騰母親，所以姜氏並不喜歡這個兒子，為其取名爲寤生，意思便是倒著生出來的兒子。後來姜氏又生了個兒子，取名爲段。

次子不僅相貌非凡，而且聰慧過人，姜氏對段寵愛有加，希望段能夠繼承王位。姜氏三番兩次慫恿鄭武公：「段不僅一表人才，而且武藝超強，如果段能繼承王位，必定能穩固您的江山，使鄭國的基業長青。寤生除了比段早一點出生之外，沒有任何一點比得上他。」

姜氏的話並沒有對鄭武公產生多大影響，他反駁她說：「自古以來都是長幼有序，君位繼承豈可造次。廢長立幼本不符合祖宗之制，況且寤生並無過錯，怎能隨意剝奪他的繼承權？」隨後，鄭武公立寤生爲世子，把共城（今河南輝縣）給了次子段作爲食邑，所以段被稱爲共叔。姜氏對此耿耿於懷，自己寵愛的小兒子只得到了小小的共城，而討厭的寤生卻繼承了鄭國的基業。

周平王二十七年（西元前七四四年），鄭武公去世，寤生順利繼承了君位，即鄭莊公。莊公不但是鄭國的國君而且承襲了父親在周王室的官職，可謂是一步登天。看到寤生如此輕易地得到了江山與威望，姜氏心中憤恨難平，便經常在莊公面前表現出自己的不滿：「你從你父親那裡繼承了君位，掌握一個方圓幾百里的大國，而你的弟弟呢，只有那麼一個小小的共城。手足情深，難道你忍心看著弟弟受委屈嗎？」

姜氏的所作所為，莊公都看在眼裡、記在心裡。他知道也許只有將君位交給姜氏寵愛的二弟，她才會罷休，但莊公根本不可能將自己的權位拱手相讓。他心中還有無數的夢想要實現，他需要一個令天下人信服的理由來消除共叔段的威脅。

多行不義必自斃

面對母親接二連三的死纏爛打，莊公心裡卻十分清楚：如果現在將段流放或者貶為庶人，一來沒有令天下人信服的藉口，二來天下人將指責他不顧兄弟情誼。於是莊公暫時採取隱忍蟄伏的做法。

姜氏又一次為小兒子段求情：「把制地（即虎牢，今河南滎陽汜水鎮西北）分封給你弟弟吧。」莊公為難地說：「制地地勢險要，虢叔曾經死在那裡，先王有命不可分封，其他地方都可以。」姜氏退而求其次地說：「那就把京城賜封給你弟弟吧，這樣讓你弟弟在那裡做京城的太叔，這樣總可以吧？」莊公面有難色，這等於是要瓜分莊公的江山。姜氏看莊公不答應便憤恨交加，「你再不答應，不如把你弟弟趕出鄭國好了。」莊公無奈，只好同意，唯母親之命是從。

次日朝議分封之事，朝堂上反對之聲四起，大夫祭仲說：「分封的都邑超過方圓三百丈就會給國家造成危害，所以先王定下規矩，大的都邑不能超過國家的三分之一，中等的不能超過五分之一，小的不能超過九分之一。現在京城面積很大，超過祖宗之制。況且，將一個如此之大的地方分

河南新密鄭國故城

鄭國故城在今新鄭西北溱水入洧水處新密市的交流寨一帶。這裡也正是鄭莊公墓塚所在地。據《左傳》所載，大約鄭文公二十九年，鄭國由新密溱洧交流處的交流寨一帶遷至「鄭韓故城」，也就是說，鄭國於周平王六年（西元前七六五年）到鄭文公二十九年（西元前六四四年）鄭國定都在新密約一百二十年左右。

春秋早期．青銅鼎

器形為立耳三足鼎，折沿，微斂口，垂腹，近平圜底，蹄足，雙耳外側飾有環紋，器身上半部飾有一周蟠虺紋，保存狀況良好。

封出去君侯豈能忍受。」

莊公何嘗不懂這個道理，他答道：「母親都這樣說了，我又有什麼辦法呢？」祭仲說：「姜氏也太貪心和偏心了，君侯還是盡早解決這個問題吧，如果段的勢力不斷膨脹，對君侯是一個威脅，野草蔓延尚且難清除，況且是君侯的親弟弟呢？」莊公顯得非常無奈，說：「多行不義必自斃，現在也只能靜觀其變了。」

段在京城的所作所爲引起了朝中大臣的強烈不滿，公子呂問莊公：「天無二日，地無二君，國家哪能承受這種一山二虎的狀況？您有什麼打算嗎？您要是想把江山讓人，那我現在就去給段當臣子。要不是這樣，您就把段除掉以安人心。」莊公似乎並不擔心自己的位子，只說了一句：「不用擔心，多行不義必自斃。」

段看見莊公並沒有什麼大的舉動，以爲莊公軟弱可欺，更是毫無顧忌，步步進逼，試圖取而代之。

鄭伯克段

段在京城假借狩獵之名招兵買馬，訓練軍隊，儲存糧草，鄭國西部與北部邊境的軍隊也被段收入麾下，這兩個地區的官員看到段生得儀表堂堂，又深得姜氏的寵愛，認爲日後段奪取王位的可能性極大，於是他們也心甘情願地投向段的陣營，希望段即位之後給他們高官厚祿。

段的兵馬愈來愈強大，土地也愈來愈多，他經常以打獵爲名侵占莊公的土地，將鄢（今河南開封）與廩延（今河南延津北）兩地收入囊中，兩地的首長跑到鄭莊公那裡告段的狀。形勢緊迫，朝臣均深感不安，公子呂說：「段罪當誅，君侯可以動手了。」

莊公問：「愛卿有何良策？」公子呂答道：「段自恃京城城牆堅固，終日整軍經武，操練士兵。段正在擴張自己的勢力，廣土眾民，日後必成大患，君侯應該派軍攻打段，將其生擒以絕後患。」莊公說：「段雖然已經做得稍微過分了，但是罪不當誅，不忠不義的人，土地再多也沒有用。」莊公雖胸有成竹，卻令朝野上下惶惶不安。

周平王四十九年（西元前七二二年），莊公已經籌劃妥當。當時莊公承襲了父親在周王室的官位，宣稱他要到周王室面君輔政，姜氏得到消息後，便修書給段，約好時間，打算裡應外合奪下江山社稷。結果，莊公早有準備，他差人將姜氏的信使殺掉，而由莊公的人將信傳給了段，並且拿到段的回信。莊公終於取得了段發動叛亂的證據。於是，莊公興兵討伐段，此時，段跑到衛國去借兵。段企圖發動叛亂的消息在京城一傳開，老百姓都說段的不是，於是開門迎接莊公的大軍，莊公不費一兵一卒就進入了城防嚴密的京城。

段得知京城背叛自己，便逃到了鄢，莊公的部隊不久就開始攻打鄢，段在驚慌之下率領軍隊逃到共城，但是士兵逐漸知道原委，不願為段賣命，於是都偷偷溜走了。區區共城如何抵擋得了莊公的大軍，自知大勢已去的段最後自刎而死。莊公攻破共城後伏屍痛哭。

祭仲料事如神

在鄭莊公與段的兄弟之爭中，有兩個重要的大臣引人注目，那就是祭仲與公子呂，前者一開始就反對將京城分封給段；後者則是勸莊公盡快除掉段。正當公子呂為莊公的隱忍不發而著急的時候，祭仲告訴公子呂：「你不要擔心，君侯雄才偉略，早已成竹在胸，只是大庭廣眾之下不願意透露而已，不信你去問問。」果然，公子呂私下求見，莊公把自己的計畫和盤托出。公子呂恍然大悟，不禁讚歎道：「祭仲真是料事如神啊。」

河南新鄭鄭韓故城遺址

河南新鄭鄭韓故城遺址，為西元前七七〇年至西元前二三〇年春秋時期鄭國與韓國兩代諸侯王朝的都城。遺址位於今河南省新鄭市區周圍，雙洎河（古洧水）與黃水河（古溱水）交匯處。平面呈不規則三角形。城垣周長二十公里，城內面積十六平方公里，城牆用五花土分層夯築而成，基寬四十至六十公尺，高十五至十八公尺。

黃泉會母

儘管面臨手足及母子之情的難局，為了角逐權力，鄭莊公還是不得不殺弟逐母。當權力鬥爭的硝煙落定之後，血濃於水的親情令莊公追悔莫及，最終穎考叔的一條良策讓莊公破解了「不及黃泉，無相見也」的誓言，母子團圓，莊公也得了個孝子的美名。

莊公逐母

鄭莊公克段於鄢，保住了權位。這個權力場上的勝者卻是個家庭與親情的失敗者。面對親弟弟段的咄咄逼人之勢，莊公爲了權勢也只能犧牲手足之情。兄弟之間爲了權力而自相殘殺者在歷史上比比皆是，導致鄭莊公與段手足相殘的因素除了權力，還有母親的偏袒與挑撥。

當莊公破城拔寨，段已經自殺身亡，段的身上還帶著莊公假冒母親寫給段的信，而母親寫給段的信則在莊公的身上。就是這兩封信最後使得兄弟兵戎相見。雖然莊公自出生就不受母親的喜歡，但莊公既已成爲國君，作爲母親的姜氏應該以江山社稷爲重才是，然而，姜氏非但沒教育兒子們兄弟同心，確保政局穩定、百姓安樂，反而屢次鼓動兒子段挑釁兄長。

春秋晚期・鑲嵌紅銅雲紋壺

當初段分封到京城的時候，姜氏便對段說：「你哥哥薄情寡義，現在我費勁心力才爲你爭取到京城這塊封地，你到了那兒之後不可鬆懈，等時機到了將你哥哥拉下王位，我在這兒給你做內應。」有這樣的母親，兄弟之間不相互征伐反倒是一件怪事。

莊公將段身上的信與自己手中的信，差人交給遠在都城的母親，將母親安置到穎地（今河南登封附近），並且帶口信說：「不到黃泉，誓不相見。」莊公之所以這樣做，不僅僅因爲姜氏挑起兄弟之間的殘殺使自己失去了弟弟，更因爲姜氏是自己的政敵。政變失敗之後，失敗者遭到流放也在情理之中，只不過這次莊公面對的政敵是自己的親生母親罷了。

聞知自己的愛子已經命喪黃泉，眼前的兩封信讓姜氏明白了事情的原委。作爲一個母親，姜氏是不稱職的，她僅有的兩個兒子，一個已魂歸西天，另一個則是與自己宛若仇敵。念及此，姜氏淚如泉湧。已到盡享天倫之樂的年齡卻要面對支離破碎的家庭，而且還要被「驅逐出境」。落葉尚能歸根，何況是人呢。但是大錯已然鑄成，姜氏也只能接受如此殘酷的事實。

姜氏搬到了穎地，準備在此孤老終生。可是，事情往往在最糟的時候出現轉機。穎地的地方首長穎考叔既是個孝子又是個良臣，他想出了一個良策可使姜氏母子團聚。

河南鄭風苑主題公園的莊公塑像

鄭莊公在春秋初年儼然成了一方霸主，他用了二十多年的時間剷除自己的親弟弟，逐步吞併周邊小國，藉周天子的名義樹立自己的威信。

穎考叔巧諫莊公

雖然莊公大獲全勝，凱旋之日他卻高興不起來，爲了權力不得不殺弟逐母，其實也不是什麼光彩的事情。回到都城，姜氏已經出居穎地，莊公心頭湧上無盡的空虛失落，姜氏有再大的錯誤，好歹是自己的母親，不可說攆就攆走。但是悔之晚矣，已經發下的「不及黃泉，無相見也」的毒誓令莊公騎虎難下。

姜氏到了穎地，終日以淚洗面，老百姓議論紛紛。穎地的地方長官叫穎考叔，此人忠順耿直，是出了名的孝子。穎考叔對手下的人說：「雖然姜氏犯了大錯，但是也不至於落到被兒子驅趕的境地，君侯如此安置自己的母親，實在是有傷教化，給全國的老百姓樹立了一個不好的榜樣，這樣又怎能治國安民呢？」

於是穎考叔派人捉了幾隻鴟鴞，帶著這幾隻鳥到都城晉見莊公，莊公問穎考叔：「這是什麼鳥啊？」穎考叔答道：「這叫鴟鴞，這種鳥白天什麼都看不見，但是一到晚上卻能秋毫分明。應該關心的牠視而不見，而瑣碎無用的事物牠卻很有興致。最可惡的是，這種畜生一長大了就開始咬自己的母親。這種不孝的東西，死不足惜，但是據說味道非常好，所以臣送來給君侯嘗嘗。」

莊公聽後，默然無語。此時正值吃飯時間，莊公的廚師端上來一隻烤羊，莊公割了一條羊腿賜給潁考叔。令莊公奇怪的是，潁考叔並不急著享用這美味，反而揀著好肉撕下來，包起來收好，放進袖子裡。莊公詫異地問：「愛卿，你爲何這樣做？」

潁考叔抬起頭來笑道：「君侯有所不知，臣小時候家裡非常窮，老母好不容易將臣養大，她老人家一直粗茶淡飯，哪有口福吃到如此美味呢？現在我供奉的美食老母都嘗過了，唯獨沒嘗過君侯的賞賜，所以臣想帶回去獻給老母。」

聽了潁考叔的一番話，莊公不禁感傷起來，接連歎息幾聲：「雖然我貴爲諸侯，但是卻沒有你這樣的福氣，你的地位雖然卑微，但是家中尚有老母能夠奉養，享有人間天倫。」潁考叔自知自己的計謀即將得逞，故意裝傻，一臉詫異地問莊公：「夫人仍健在，君侯怎麼說沒有母親呢？」莊公說：「愛卿有所不知……」於是莊公將此事的前因後果向潁考叔述說了一遍，最後歎道：「我已發下『不及黃泉，誓不相見』的重誓，覆水難收啊，即使我後悔莫及，但是又有什

公子都箭射潁考叔

潁考叔，這位被史書上評為「純孝」的人物，下場卻十分令人感慨。在鄭莊公伐許之前，潁考叔和公子都發生糾紛，潁考叔挾車轅而走激怒公子都。在伐許的攻堅戰中，潁考叔已經拿著莊公的大旗登上城牆，卻被公子都在下面一箭射死，這就是歷史上的「暗箭門」。

麼辦法呢？」

穎考叔說：「君侯的苦衷與難處，小臣自能理解，但是天下百姓就未必能夠體諒君侯的處境了，如果此事繼續下去，百姓肯定會認爲君侯與那不孝的鴟鴞沒有兩樣。何況姜夫人如今只有您這麼一個兒子了，您不奉養她，要誰奉養啊？小臣有一計可使君侯擺脫困境，母子團聚。」

莊公爲弟留後

段爭奪君位失敗後自刎，其子公孫滑則向衛國搬兵以報父仇，公孫滑在衛桓公面前說盡莊公的壞話，斥責莊公薄情寡義，爲了權位不惜殺弟逐母云云，於是衛桓公準備興兵伐鄭。鄭莊公修書一封於衛桓公，備說諸般前因後果。衛桓公讀信之後打算撤軍，但是公孫滑已經率軍占領了廩延，莊公派遣大軍攻打公孫滑，公孫滑勢單力薄，落敗逃至衛國。衛桓公要將公孫滑押送給鄭莊公。此時，姜氏聞知此事，唯恐莊公殺了公孫滑，向莊公求情：「看在先王的分上，給段留下這個兒子延續香火吧。」礙於母親的面子，加上公孫滑大勢已去。於是莊公給衛桓公寫信：「公孫滑雖有重罪在身，但是段只有這個兒子，還是讓他留在貴國吧。」

黃泉相見

穎考叔將自己的錦囊妙計向莊公細述一遍，莊公大讚：「妙計！妙計！此事由愛卿去安排，事成之後我將有重賞。」

穎考叔回到穎地之後，就著手實施莊公的「母子相見」工程。穎考叔差遣了數百名壯士在曲洧（今河南扶溝西南）的牛脾山腳下挖掘地道，挖了不到十丈深，泉水便汩汩湧出。於是穎考叔便在泉水旁邊建造地下室。沒過幾天，一座適合人居住的地下室就修成了。

穎考叔來到姜氏的居所，拜過之後，穎考叔對姜氏說：「君侯對您思念甚深，往昔在盛怒之下做出了不明智的選擇，現在君侯已經意識到自己的錯誤，非常希望能與您團圓，奉養您終老。」聽完這番話，姜氏淚如雨下，喪子之痛，加上寄人籬下之苦讓姜氏備嘗人間酸楚，如今莊公願意將其接回都城，姜氏自是喜極而泣。

穎考叔將姜氏接到新開鑿的「地下室」，莊公也駕車來到這個可以看到「黃泉」的地方。莊公順著階梯下去，看到相別多日的老母，撲通一聲跪下，「都是孩兒不孝，讓母親受苦了。」姜氏扶起莊公，「千錯萬錯都是我的錯，我當初不該偏袒你弟弟，讓你們兄弟之間自相殘殺。都是我糊塗啊。」

母子傾訴多日的思念自不在話下。莊公扶著姜氏拾級而上，將她送上了莊公的馬車，由莊公親自駕著馬車返回都城。國人都大讚莊公是孝子，穎考叔的妙計讓莊公母子得以團聚，不僅贏得美名，莊公又對其讚賞有加，封官晉爵自是可以想見的事。

周鄭交惡

一邊是沒落王室的天子，一邊是國勢日上的諸侯，沒落的天子保持著表面的威嚴，聲威日隆的諸侯則是蠢蠢欲動。為了獲取莊公的信任和支持，周平王不得不將自己的兒子送到鄭國作為人質。鄭莊公礙於周平王的名分，只好也將自己的兒子鄭忽派遣到雒邑作為人質，這就是所謂的「周鄭交質」。表面看來雙方出於自願、平等交換質子，實質上卻代表著周王室的威望衰頹，淪落為諸侯的傀俚儡。

君臣生隙

鄭莊公與其父鄭武公兩代皆爲周王室的重臣，執掌朝政，權傾朝野。雖然鄭氏三代皆有功於王室，但是鄭氏挾天子之威名爲鄭國謀求私利。周平王身爲天子，卻空無權力，爲了打破這種困局，周平王希望找出一個人來制衡鄭莊公。

虢公忌父朝拜周王室，與周平王交談甚歡，觥籌交錯之際，周平王向忌父大吐苦水：「雖然我貴爲天子，但是王室自東遷以來並無復興氣象，鄭伯父子依仗當年救駕之功專權跋扈，我這個天子處處受到掣肘。」

虢國國小勢弱，對鄭國也是滿腹牢騷，現在天子發話了，虢公當然要附和：「鄭伯自恃國力強盛，全然不將天子放在眼中，對其他諸侯也是頤指氣使，任意征伐。」君臣之間就這樣你一言我一語地把鄭莊公痛批了一頓，隨後周平王對忌父說：「愛卿宅心仁厚，富有治國之才，寤生久不來朝，還是由愛卿來打理朝政吧。」

虢公一聽，心裡直犯嘀咕：要我取鄭公而代之，固然是好事，但虢國豈是鄭國的對手，要是鄭莊公興兵侵犯虢國，虢國也只能落個城破國亡的下場。於是，虢公婉拒平王：「感謝大王的知遇之恩，但是下臣才疏學淺，虢國勢弱力單，況且鄭莊公並無大過，大王如果輕易將鄭莊公打發回國，恐怕於大王不利啊。」

周平王也忌憚鄭國的勢力，自東遷以來，王室唯晉、鄭是依，沒有鄭國與晉國的撐持，周王室不知道要破落到什麼地步呢。雖然，周平王沒有宣布這一任免令，但是遠在新鄭的莊公已經得知此事，因爲莊公在王都有大量的耳目。

沒過多久，莊公便驅車面見周王。朝拜完畢之後，莊公說：「臣蒙受聖恩，有幸忝列朝臣之列，聽說大王要分政於虢公，臣願意主動讓賢，請大王批准臣辭職還鄉。」周王一聽，內心忐忑，笑道：「愛卿多慮了，愛卿總理朝政，井井有條，只是很久沒有見到愛卿，朕想讓虢公代爲打理幾天而已。」

春秋早期．虢叔盂

此器呈盆形，侈口折沿，圓肩上有獸首雙耳，斂腹平底。肩部飾斜角式目雷紋。器底鑄銘文「虢叔作旅盂」。

莊公並不領情：「臣只因國內出現叛亂，延誤了朝政，虢公才智過人，是領班治國的合適人選，還是讓臣請辭回家吧。王政乃天下人的王政，溥天之下莫非王土，率土之濱莫非王臣，大王選賢任能理所應當。」

看來，莊公抓住這個把柄不打算善罷甘休。君臣之間嫌隙已生，恐怕再也難以消除彼此的猜忌。

人質事件

面對毫不退讓的鄭莊公，周平王惱怒交加，堂堂天子在朝堂之上一點兒面子都沒有，面對臣子還不得不忍讓三分。天子的威嚴在這個時候似乎蕩然無存。鄭國不但有功於周王室，況且鄭國還與周王室接壤，王室的衰頹讓周平王凡事都要隱忍退讓。鄭國國力日強，倘若惹惱了鄭莊公，周王室與鄭國爆發戰爭也不是不可能的事。爲了求得眼前的安寧，迫於無奈的平王不得不出此下策：向鄭國派遣質子。

周平王一臉無辜地對莊公說：「看來，愛卿還是不能理解朕的本意。爲了冰釋咱們君臣之間的誤會，我想派太子到鄭國作爲質子，這樣，愛卿總該相信我了吧？」莊公答道：「萬萬使不得，任免人才全憑天子喜好，如果大王將太子送往鄭國，那麼天下人會以爲我要挾天子，臣必將爲千夫所指。臣怎麼能背起千古罵名呢？」雙方僵持著，似乎找不出一個和平互信的解決之道，後來有人建議，周王室與鄭國互派質子。同時周太子姬狐是以「觀摩學習」爲名到鄭國，鄭國是當時屈指可數的強國，鄭莊公治國有方，太子被派到鄭國學習治國經驗也合情合理。

周太子姬狐在鄭國作爲質子，鄭莊公對其禮遇有加，鄭世子忽在周王室也是一切如常。鄭莊公留在周王室

河南新鄭鄭王陵博物館三號大墓復原物

繼續輔佐朝政。周平王與鄭莊公之間的君臣嫌隙似乎就這樣平息了。周平王五十一年（西元前七二〇年）三月，周平王病死，太子姬狐從鄭國趕來奔喪並且登基，結果，這位太子的心思太過脆弱，無法接受失去父親的悲痛，哀痛過甚，沒等登基便死了。太子姬狐的兒子姬林繼任王位，即周桓王。

天下諸侯都前來參加登基大典。典禮上，鄭莊公絲毫沒有表現的機會，風頭都讓虢公搶走了。鄭莊公非常沮喪和憤怒。周桓王對鄭莊公更是懷恨在心，鄭莊公權力熏天，自己這個新任天子在莊公眼中根本沒有什麼地位，加上自己的父親還沒等到登基就猝死。桓王一直認爲，自己的父親是在鄭國當質子期間受到非難才死的。舊恨加新仇，桓王決意將鄭莊公趕出朝廷。與莊公同朝爲官的周公黑肩勸諫桓王：「雖然鄭伯刻薄寡恩，但是鄭國畢竟有功於王室，您剛剛登基不久就驅趕鄭伯，恐怕於您不利。」

桓王說：「朕意已決，愛卿不需再勸誡了。」次日臨朝，桓王冷冰冰地對莊公說：「愛卿是先王的重臣，朕初登王位，不敢留愛卿在朝中爲我服務。」莊公一聽便知這是逐客令。莊公從容地說：「臣早該告老還鄉，即刻便啓程回國。」莊公憤懣不已，在回國的路上四處跟人說：「孺子不可教也，過河拆橋，不堪大任。」回國之後，鄭國眾臣群情激奮，都說周王薄情寡義。莊公當然嚥不下這口惡氣，手下的臣子紛紛給莊公出謀劃策，有人建議起兵攻打桓王；有人則認爲，君臣之倫不可亂，無論桓王有什麼錯，做臣子的都不能反對，更不用說起兵叛亂了。

最後祭仲爲莊公想出了一個兩全其美的主意，既不失君臣之禮，又能讓桓王知道莊公「不高興」。

周王受侮

這一年（周平王五十一年，西元前七二〇年）四月，祭仲率領一支鄭國軍隊來到周鄭交界處，以巡邏爲名到了溫地（今河南溫縣一帶），祭仲跟溫地的地方長官說：「鄭國遭受旱災，國內正鬧饑荒，特來向大夫求借一批糧食以度過荒年。」溫大夫拒絕借糧。

祭仲並不著急，不急不徐地說：「不勞駕溫大夫，您看，地裡的小麥不是都熟了嘛，我們自己帶著工具呢。」於是，祭仲命令士兵們把溫地的小麥全部收割，手無寸鐵的農夫眼巴巴地看著那些身披鎧甲的士兵們「代替」自己收割糧食，全都敢怒不敢言。收割完畢之後，祭仲率領軍隊滿載而歸。

事情還沒結束，秋季，祭仲率軍巡邏到成周地區，偷偷地把田裡的早稻收割殆盡。等到守軍發現的時候，田裡連個米粒都沒留下，而祭仲早已逃之夭夭。

溫地和成周的官員將鄭國的無禮之舉上報給了周桓王，桓王聞訊勃然大怒：「鄭伯欺人太甚，我豈能容忍這種挑釁！」群臣懼怕鄭國，紛紛勸諫桓王：「稻穀失竊實爲邊界小事，就此興兵問罪，恐怕因小失大。大王應該寬容大度，鄭莊公如果心有不安，自然會前來致歉。」

後來鄭國又假藉王命討伐宋國。桓王忍無可忍，最終將鄭莊公罷免，並於桓王十三年（西元前七〇七年），向鄭國興兵問罪，結果大敗而歸，桓王還被鄭國大將祝聃射中左肩。這場戰役後，鄭國成爲諸侯中的「小霸王」，周王室則是自此威信掃地。

鄭忽拒攀高結貴

莊公的長子鄭忽才智過人，齊僖公有一個女兒，乃世間罕見之絕色美女。齊國與鄭國有過石門之盟，兩國關係緊密，僖公想將自己的女兒嫁給鄭忽，但是鄭忽一口回絕，認爲男子漢大丈夫當自立自強，不能依靠聯姻爲自己謀取功業。此後，鄭忽幫助齊僖公大破戎兵的入侵，齊僖公再次向鄭忽提親，結果還是爲鄭忽所拒絕。鄭忽拒絕攀高結貴固然值得肯定，但是在那個權力鬥爭激烈的年代，依靠聯姻可以爲自己獲取巨大的政治資本。後來鄭忽在爭奪鄭國王位的鬥爭中落敗被殺。倘若當年他能迎娶齊國的公主，或許在他爭奪權位時能帶來更多的籌碼。

河南滎陽市鄭氏三公雕塑

這是鄭桓公與兒子鄭武公、孫子鄭莊公的雕像，位於滎陽城東南角檀山腳下。從桓公開始，鄭國國君一直是周王朝的卿士，到了莊公時期，鄭國的勢力已經凌駕於周王朝之上。

大義滅親

石碏是衛國功勳卓著的重臣，其子石厚是篡位新君的心腹，兩者雖為血脈父子，但各為其主而相互殺伐。石碏是衛國的良臣耆老，石厚則幫助州吁弒兄篡位。石碏為了整頓朝綱，設計將石厚和州吁緝拿拘捕，大義凜然地將自己的兒子處死。

州吁得寵

周平王十八年（西元前七五三年），衛莊公娶齊僖公的妹妹爲后，即爲莊姜，這位貌美如花的夫人沒給莊公生下兒子。後來，莊公又從陳國娶了厲嬀，結果這位夫人生了一個兒子，卻不幸早夭。厲嬀的妹妹戴嬀隨姐姐嫁給了莊公，爲莊公生了兩個兒子，長子名完，次子名晉。不久戴嬀去世，莊公便將戴嬀的兩個兒子交給莊姜撫養。莊姜是個寬宏大度之人，將兩個孩子視同己出，精心養育。長子完成年後，莊公將他立爲太子。

莊公宮中的一個寵妾生了一個孩子，名爲州吁，莊公非常溺愛州吁。州吁性情暴躁，依仗父親的寵愛，爲非作歹，喜歡耍弄兵器，對戰爭有種特殊的喜好。莊公對這個兒子聽之任之，放任自流。莊姜非常厭惡州吁，雖然州吁不討周圍的人喜歡，但能得到莊公一人的寵愛便已足矣。上卿石碏屢次進諫莊公：「臣聽說，愛子當教之禮儀，給以規矩。驕奢淫逸是滋生邪惡的溫床，大王對州吁嬌寵過度，恐怕對日後不利。如果大王要傳位於州吁的話，那就立他爲世子。如果不傳位給州吁，今日如此放縱州

春秋前期．立鳥蓋

該器高五十三．四公分，立鳥蓋，鳥首活環附耳，通體飾弦紋，造型穩重，大方古樸。在春秋前期，雖然周王室已經走向衰落，但是諸侯的僭越行為還比較收斂，尤其在器物上很少出現大規模的僭越。

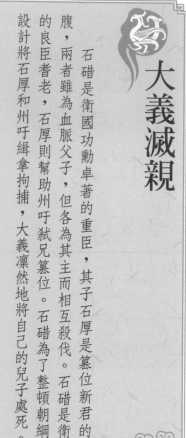

吁，恐怕是日後的禍根。今日州吁已經驕縱慣了，他日公子完繼位，州吁地位權勢必然不如今日，恐怕到時候他無法接受地位下降的事實。憤恨之餘，發動叛亂也不是不可能的事。」

雖然石碏已經將利害關係分析得非常清楚，但是莊公並沒有放在心上。令石碏憂心的是自己的兒子石厚與州吁過從甚密，儘管他禁止石厚與州吁交往，但石厚陽奉陰違，仍從家裡溜出來終日與州吁狼狽爲奸。

春秋．四龍出廓四連璜龍紋玉環

該連環件形式奇特，主題分四個單元，似為璜連接錯落而成圓環狀，四等分處又綴以小獸，蜷曲俯臥，順時針環之，玉質受沁色略有鈣化。

桓公遇弒

周平王三十六年（西元前七三五年），衛莊公去世，公子完即位爲王，也就是衛桓公。桓公仁慈寬厚，在詭譎多端的權力場中，仁慈即是懦弱。石碏認爲桓公是個扶不起的阿斗，於是就告老還鄉，從政壇暫時退隱。

繼位之後的桓公無法容忍州吁的驕橫跋扈，便在即位的第二年（西元前七三三年），將州吁逐出京城，讓他居住在鉻。但是，州吁賊心未死，仍不斷尋覓篡位的機會。周平王五十一年（西元前七二〇年），周平王駕崩，桓王即位。第二年（西元前七一九年）二月，衛桓公即將前去朝覲周天子，石厚跟州吁密謀：「明日您在城門設宴爲君侯餞行，然後尋找機會將君侯刺死，我帶五百精兵潛伏於城門外，如果有反抗者便當場斬殺。」於是州吁依石厚之計將桓公刺死於城門外，載著桓公的屍體回城，詐稱桓公猝死。州吁遂被立爲新君，拜石厚爲上大夫。桓公的弟弟公子晉聞訊逃往邢國。

州吁雖然奪得權力，但是他自己也知道他的地位並不穩固，沒有得到百姓的擁護，自己在朝野都未獲得威望。苦於沒有機會揚威服眾，州吁煩惱不已。石厚給州吁出了個主意：「要獲得威名最便捷的辦法莫過於打一場勝仗。」州吁問：「哪個國家適合我們前去征討呢？」

石厚爲州吁分析了半天，認爲聯合宋、魯、陳、蔡等討伐鄭國還是比較可行的方案。於是這年四月，一場爲了轉嫁國內危機而發動的戰爭就爆發了。五國聯軍氣勢洶洶地包圍鄭國都城，結果被鄭莊公予以分化瓦解。莊公也非常給州吁面子，假意敗退，給州吁一個大獲全勝的美名。

州吁登臨君位，石厚可謂功不可沒。當他們春風得意之時，殊不知石碏已開始苦心籌劃緝捕亂臣賊子的計畫了。

石碏定計

石碏告老還鄉，表面上與世無爭，不再掌理朝政，實際上是在暗中觀察政局的發展。州吁與石厚雖然已經得到政權，但是立足未穩，急需朝中國老壯其聲勢，好讓百姓相信自己已得到朝廷重臣的擁護。

石厚向州吁建議：「家父乃是朝中重臣，德高望重，如果能請他老人家出來幫助君侯打理朝政，君侯便可以高枕無憂了。」州吁求之不得，於是讓石厚回家請石碏重返政壇，但是石碏頻頻推辭，稱自己年老體衰，已到了頤養天年的年齡。石厚見父親心意已決，就不再勉強，最後向父親討教：「君侯新立，如何在國內外樹立威信呢？」石碏答道：「這個很簡單，去覲見周王即可，從周王那裡討得黻冕車服回來就行了。」其實無論是州吁還是石厚都知道朝覲周王，獲得周王室的認可，就可以宣稱自己是奉君命治國，無論是國中的百姓還是境外的諸侯都沒什麼理由可指責州吁。然而問題是，如何才能順利地去朝覲周王呢？

石碏告訴石厚：「陳侯對周王室恭敬有禮，周王對陳侯寵愛有加，可以請陳侯幫忙推薦。」石厚從老父那裡討得錦囊妙計，高高興興地回去稟告州吁，州吁聽聞後大稱妙計。君臣滿懷信心地準備起程前往陳國。石碏修書一封差心腹送給陳桓公，信上說：「衛國褊小，不幸遭受弒君之禍，雖說是州吁弒兄，但是逆子石厚助紂為虐，難辭其咎。如果不將此等亂臣賊子誅殺，弒君篡位之舉將像瘟疫一樣傳遍天下。老夫垂垂老矣，無力制止此等逆舉，已是愧對先君。現

春秋左傳註解辯誤卷之上
吳郡後學傅遜著
隱公元年莊公寤生杜云寐寤而莊公已生愚謂果爾則生之特易姜應
喜何爲遂惡之且后稷之聖其生如達如寤寐
而生則莊公聖過於稷豈理乎或云難産困而
后寤則當云寐不當云寤也史記云生之難則
亦以意言之於寤生二字無解惟應劭之說兒
墮地能開目視者爲寤生於二字
既明切於下驚字亦相應故從之不如早爲之
所杜云使得其所宜則是愛段而欲安全之矣
與下文無使滋蔓意反蓋欲以計豫除之也
故伯答云必自斃意可見未嘗君之羹羹杜云宋華元殺羊爲
羹蓋古賜賤官之常

《春秋左傳註解辨誤》書影

《左傳》作為《春秋》三傳之一，其中保留了大量的春秋時期的歷史資料，這些資料已經與現代考古資料相互印證，為我們揭開整個春秋時期的神祕面紗提供了不可或缺的第一手材料。

在他們前往貴國，乃是老夫的計畫，希望貴國能夠將兩人拘捕正法以整飭君臣綱紀。」

陳桓公看完信之後，決定幫助衛國掃除亂臣賊子。州吁、石厚一行人到達陳國，受到陳國熱情的接待，約好第二天在陳國的太廟會見陳桓公。州吁等人自我感覺良好，殊不知一張大網已經佈置完畢。第二天，州吁、石厚等人到達陳國的太廟門口，看到門口立了一個牌子，上書：亂臣賊子莫入！二人大驚。說時遲，那時快，子鍼大喝一聲：「只拿弒君篡位者州吁、石厚二人，其餘人等免罪！」州吁、石厚沒等反抗便被幾個彪形大漢捆綁起來。

大義滅親

陳國拘捕州吁、石厚後便將二人分別囚禁，州吁囚於濮邑，石厚囚於陳國。陳國國君隨後便派人捎信給石碏。石碏便召集眾臣，商討如何處置州吁、石厚二人。石碏在朝中德高望重，遇到此種變故，眾臣皆曰：「全憑國老決斷。」石碏說：「二人所犯的都是叛國罪，明正典刑即可，沒有什麼可商量的。諸位誰願意去執行刑罰？」

右宰丑上前說：「州吁弒兄篡位，罪當誅殺，丑願意爲國老代勞。」此時，眾臣都認爲，州吁是首犯，石厚罪不當誅，既然已將首犯正法，對石厚從輕發落也在情理之中。石碏大怒道：「州吁篡位之舉，皆是逆子石厚背後出謀劃策所致，罪責深重，怎能免罪呢？諸位爲他求情，豈不是懷疑老父有護犢之心？老夫自當親自前往，手誅逆子以謝先君。」

眾臣見石碏心意已決，也不再爲石厚求情，石碏家臣獳羊肩說：「我願爲您代勞。」於是獳羊肩前往陳國誅殺石厚。石厚見到獳羊肩後說：「我知道自己罪責深重，死不足惜，不過有一個請求，希望臨死之前能夠見家父一面。」獳羊肩說：「我奉令尊之命前來取你首級，如果你還念及父子之情，就應該束手就刑。你的所作所爲早已辱沒門楣，怎麼還有臉要見你的父親呢？」隨後，獳羊肩便將石厚處死。接下來，眾臣迎公子晉歸國即位。

各懷鬼胎的聯軍

州吁為了揚名立威，鼓動宋、魯、陳、蔡聯合進攻鄭國，五國聯軍兵力強大，但是貌合神離。最為強大的宋國出兵鄭國，是因為宋殤公害怕自己的堂弟公子馮回國篡位，而公子馮正在鄭國避難。為了瓦解五國聯軍的進攻鋒芒，鄭莊公將公子馮遷居長葛（鄭地，今河南長葛北二十里），宋殤公聞訊後轉而進攻長葛，魯、蔡、陳等國見宋軍撤圍，旋即撤退。氣勢洶洶的攻勢就這樣被瓦解了。

楚國崛起

在春秋時期的歷史上，地處江漢之間的楚國一直是歷史上的異端與變數，如果沒有楚國的參與，春秋的歷史便失去了風采和懸念。楚國不僅是周王室的異姓封國，而且一直居於最低的爵位，春秋史中一直是以「楚子」來稱呼楚國國君。春秋歷史上叱吒風雲的楚國並非天作之物，也非神來之筆，楚國歷代國君篳路藍縷苦心經營，終於造就了楚國的大國氣象。

三敗周昭王

據《史記》記載，楚國先祖出自顓頊高陽，而高陽則是黃帝的孫子，高陽的三世孫是重黎，重黎爲帝嚳高辛的火正，他立有大功，被帝嚳封爲祝融。其子孫經過數代繁衍生息，形成了著名的祝融八姓。在夏商之際，祝融八姓受到湯武的壓制而分崩離析，四散流亡，其中一脈爲季連部，這便是楚人的直系先祖。遠古時代的歷史記載，神話與事實往往相互交融，難辨眞僞，楚國人將顓頊奉爲自己的先祖，無非是想證明自己血統高貴，是帝王的後代。

季連部落與鬼方通婚，娶西方的鬼方女子爲妻，並且延續了某些鬼方的風俗習慣，有母性氏族遺風。季連部落久居荊蠻之地，沿襲當地的風俗，自稱「蠻夷」。商代時期，季連部落在江漢一帶發展了自己的勢力，形成了具有地方特色的文化，還多次抵禦商王朝的軍事侵略。由此可見，這支部落已具有相當程度的軍事實力，這樣的格局一直保持下來。

季連部落在商王朝幾百年的統治

春秋前期．曾伯文簋

出土於湖北隨州熊家老灣，這裡是春秋時期隨侯的封地，乃是漢東大國。楚國意欲進入中原地區，隨國是必須面臨的第一道屏障。經過幾代楚君的努力，隨國淪為楚國的附庸，中原的大門開始向楚國敞開。器物上具有典型的楚地特徵，上面裝飾的變形獸面紋和浮雕動物紋，雖歷千載，依然栩栩如生。

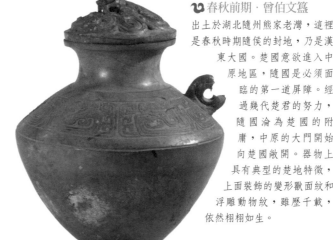

春秋前期・單匜

一九七二年河南羅山高店出土，體呈瓢形，龍形鋬，首啣沿，尾捲曲，四扁形足。口沿外飾獸體捲曲紋，腹飾條紋，四足飾雲紋。內有銘文三行十五字。

之中，多次抵禦了中央王朝的軍事侵伐，同時也積極學習中原地區的先進文化，經過數代人的努力，季連部落已經成爲南方舉足輕重的勢力。風雲際會，商周王朝更迭之際，季連部落的首領鬻熊與周文王關係緊密，當周朝取代商朝時，季連部落歸順周王朝，成爲周王室在南方的有力支柱。

西周開國之際，殷商遺族並未歸順周朝，周王室的兵鋒直指東方，爲了避免分散兵力，周王室與南方的季連部落保持了良好的關係。周成王時，季連部落的首領熊繹被封於荊楚，予以子男之田，建都於丹陽（今湖北秭歸東），至此，季連部落經過數百年的努力，終於修成正果，成爲一方諸侯。令楚人不滿的是，與熊繹同時受封的魯、齊、衛、晉等國的爵位都遠遠高於楚國。雖然楚國國力並不在東方各國之下，但由於是異姓出身，自然受到排擠，這爲日後周楚之間的衝突埋下了伏筆。

隨著楚國勢力擴張，楚國人必然希望「名副其實」，任何擁有大國實力的國君都渴望大國的尊嚴和名號，而楚國雖然雄踞於漢水之間，但是一直沒有躋身大國之列。隨著時間的流逝，周楚之間的和諧關係不斷受到侵蝕。

周楚關係在周昭王時期開始惡化，昭王曾經三次討伐楚國，結果全鎩羽而歸，楚國成了周王室南部邊界的隱患。周昭王十六年（約西元前九八五年），昭王御駕親征，率領周朝大軍殺氣騰騰地渡過漢水，準備狠狠教訓一下不聽話的楚國，結果昭王的大軍遇到大批犀牛的攻擊，無功而返。昭王並不甘心，過了三年便派祭公辛伯率軍南征楚國，結果，剛過漢水便遇上惡劣的天氣，風起雲集，陰風驟起，將士損折大半，又一次落敗而歸。

兩次遠征都無功而返，由此可見，楚國的實力不在周王室之下。周昭王難以忍受桀驁不馴的楚國在南部邊境坐大，於是五年之後親率六軍，大舉南進，比上兩次更慘的是，這次出征，昭王全軍覆沒，連昭王本人都命喪漢水。三戰皆敗，周人顏面盡失，爲了粉飾一下慘痛的敗績，只是輕描淡寫地記載說：「昭王末年，夜清，五色光貫紫微，其王南巡不返。」一場慘烈的廝殺就被恬淡的月清風高、雲捲雲舒給遮掩過去了，周王根本不是「南巡不返」，而是南征殞命！

周昭王三征楚國，結果溺死漢水，原本想一戰定乾坤，反而成爲楚國稱霸江漢的開始。此戰，周王室遭受重創，國勢江河日下，而楚國力量更加強大，成爲與周王室分庭抗禮的一支力量。

收服漢陽諸國

周楚之間屢起戰端，周王室盛極而衰，要想控制南方的楚國已力有未逮，於是周王室陸續在楚國周圍設立了多個姬姓諸侯或者與周王室有姻親關係的諸侯，一方面在周楚之間建立一個緩衝區，另一方面也用來牽制楚國。這些諸侯國如同一條鎖鏈套在楚國的脖子上，楚國北上或者東向的通道幾乎都爲這些姬姓封國把守著，楚國要想擴張必然得先掃除這些周王室的馬前卒。

昭王南征殞命之後，楚國蟄伏於江漢之間發展勢力，版圖不斷擴張，楚王更加不安於周王室冊封的子爵。熊渠當政之時，楚國國力增強，而周王室則陷入衰落之中。熊渠說：「我們與周王室並非系出同源，所以我們根本用不著遵循他們的禮儀和封號。」於是，熊渠自立爲王。周厲王當政之時，暴虐無常，熊渠不願意招惹這位貪財的國君，便自己削去王的稱謂，以免與周王室再動干戈。

西周末年，周王室陷入混亂之

春秋楚國．環鈕銅敦

這個銅敦出土於河南淅川，據專家考證，現在的淅川就是當年楚國早期都城所在地。根據考古發掘出來的器物來看，幾代楚王的墓地也在這裡。

際，楚國因爲沒有確立嚴格的嫡長子繼承制，因而屢屢陷入王位爭奪的混戰之中。平王東遷，周王室勢力萎縮，而楚國則蒸蒸日上。楚武王當政之後，楚國深感漢陽諸國是自己擴張的障礙。楚武王不甘心偏居南疆，楚武王的令尹鬥伯比建議楚武王拿隨國（今湖北隨州）開刀，隨國是漢陽諸國中勢力最大的一個，如果壓服了隨國，其他國家自然不是問題。

隨國顯然不是楚國的對手。楚武王三十五年（周桓王十四年，西元前七〇六年），楚國伐隨，隨侯大聲喊冤：「隨國沒有招惹楚國，我也沒冒犯楚王啊。」隨侯哪裡知道，隨國的存在本身就是對楚國的冒犯。楚武王說：「我是蠻夷之國，你們中原的禮數對我來說根本沒用。現在各個諸侯國早已背離周王室，相互殺伐不斷，現在楚國國強兵威，還是請周王室尊奉我們楚國的王號吧。」即便楚武王有這份雄心，但想讓周天子向楚國低頭，還真是有些難度。

在楚國外交和軍事的雙重壓力之下，隨國屈服了，隨侯甘願率領漢陽諸國歸順楚國。後來，隨侯跑到雒邑，向周天子轉達了楚武王的意思，希望周天子尊奉楚國。這種過分的要求當然遭到了周天子的拒絕。楚武王大怒：「我們的先祖鬻熊乃是周文王的老師，周成王封先祖於楚，周邊的蠻夷沒有一個不服從楚國的，但周王室卻一直沒有提高楚國的爵位。周王室不尊重我們楚國，我只好自尊了。」

楚武王死後，楚文王繼位，漢陽諸國已成爲楚國的囊中之物，各國無不畏懼楚國，楚國儼然成爲南方一霸。齊桓公稱霸中原之時，雖然北出燕北，擊敗狄人，但是對南方的楚國卻莫可奈何，他率領聯軍威逼楚國，卻被楚國拒於門外。將漢陽諸國收入囊中的楚國，下一步打算開始北上中原，逐鹿霸主之位。楚國的到來，使春秋爭霸的棋局更加撲朔迷離，也更加絢爛多姿。

楚國的崛起不是朝夕之間完成的，正如羅馬也不是一天建起來的。經過上千年的繁衍生息，一代代君主的開拓，楚國成爲江漢一帶的大國，雄厚的國力爲楚國數百年的爭霸打下了堅實的基礎。

楚族的源流

隨著考古發掘的進步，楚文化愈來愈成爲人們關注的焦點。現在世人愈來愈清楚地發現，楚文化本身是一個獨立的文化系統，在與其他文化交流的過程中逐漸形成了自己的特色。但是學者對於楚族的起源卻有不同的說法，有些人認爲，楚族是從淮河一帶遷移過去的；另外一些人則認爲，楚族本身就是由楚地土著組成的。

鄭國內亂

一代雄主之後，往往不是歌舞昇平的盛世，反而是亂象橫生的動盪時代。鄭莊公在位四十三年，鄭國國力蒸蒸日上，成為春秋初期的小霸王，如果鄭莊公的雄心與事業能夠被繼承下去，也許春秋第一個霸主將是鄭國，而不是齊國。令人惋惜的是，鄭莊公的小霸業居然成了鄭國爭霸的絕響，莊公雖然是一代雄主，但是卻沒有妥善安排身後之事。莊公駕鶴西去之後，鄭國陷入了長達二十一年的混亂。

祭仲廢立

祭仲一直是鄭莊公寵信的大臣。已近暮年的鄭莊公開始爲自己的身後事謀劃，希望鄭國能夠長治久安。鄭莊公有四個兒子：長子忽，次子突，三子亹，四子儀。後來四個兒子都先後當過鄭國的國君，兄弟間爲了爭奪王位不惜引進外國勢力，爲外國插手鄭國的王位繼承提供了機會。爲內亂所折磨的鄭國逐漸失去霸主氣象，正是因爲鄭莊公沒有安排好王位繼承問題，才使鄭國在春秋爭霸的舞台上宛如曇花一現。

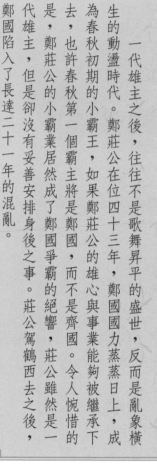

四個兒子之中，鄭莊公比較喜歡二兒子鄭突，他認爲鄭突不但才智過人，而且意志力堅定，無論對於鄭國政局的穩定或鄭國未來的爭霸事業，鄭突都是最佳人選。鄭莊公徵求祭仲的意見，祭仲反對鄭莊公廢嫡立庶——長子鄭忽是鄭莊公正室所生，而鄭突則是後來莊公娶的宋國雍氏女所生。當初，鄭忽率領鄭國大軍幫助齊國趕走進犯的北狄，齊國國君想把女兒許配給這位少年英雄，但是爲鄭忽拒絕。祭仲擔心鄭忽宅心仁厚，缺少政治手腕，如果沒有強而有力的外部支持，恐怕難以在鄭國立足。

祭仲不愧是個深謀遠慮的政治家，早就看出鄭國政局潛藏著亂象，所以他建議莊公將次子鄭突送到宋國，以免兄弟爭位，引起內亂。鄭莊公接受了祭仲的建議。鄭忽繼位之後，鄭突便出走宋國。祭仲作爲託孤大臣，一心輔佐鄭忽。這次表面上平穩的權力交接，其實暗潮洶湧。鄭突的母親雍氏是宋國人，而雍氏家族乃宋國的名門望族，而且深得宋莊公的信任。鄭突到了宋國之後，便極力要求宋莊公幫忙，並且許諾日後登上君位必當重謝宋國。貪財好利的宋莊公便答應幫助鄭突回國搶奪君位。

一次奪權爭位的大戲拉開序幕。祭仲出訪宋國之時被扣押了起來，雖然祭仲明白自己被扣留的原因，但是他不願意輕易做出妥協，便說：「先王將鄭忽託付於我，我必須兌現我的承諾。」宋莊公聲色俱厲說道：「不立鄭突爲王，那就殺了你。我將親率大軍踏平鄭邦，大軍出征之前就拿你的腦袋祭旗！」

春秋 · 玉谷紋璧

玉呈灰白色，有褐色沁斑，有光澤。扁平體，正圓形，兩面飾臥蟬紋，內外周邊飾弦紋。

祭仲不願意以命相搏，便與宋莊公、鄭突達成三方協議，歃血爲盟。爲了保險起見，宋莊公將祭仲的女兒嫁給雍氏子弟雍糾，如此一來，祭仲便沒有選擇的餘地了。回國之後，祭仲便稱病不朝，朝中大臣們前去探訪，祭仲便將宋莊公的陰謀告訴了他們。當大臣們正在議論之際，大夫高渠彌高聲說：「鄭突登位乃社稷之福。誰若不從，先問問我的劍答不答應？」眾人不敢作聲。原來，鄭忽當年非常厭惡高渠彌，多次在鄭莊公面前說高渠彌的不是，因此兩人結怨。

鄭莊公像

春秋．青玉龍紋佩

青玉，陰線加鏤空，為獨身雙頭龍形，龍身盤成S形，線條流暢，可見微小跳痕。器身有明顯沁色，造型古樸，玉質溫潤，為一件不可多得的古玉。

鄭忽聞知祭仲要擁立鄭突，便倉皇逃往衛國。鄭突就這樣登上了夢寐以求的君位。

鄭突靜觀其變

鄭突登位之後，即爲鄭厲公。祭仲依然專攬大權，厲公非常不滿，便想除掉祭仲，但是一直找不到合適的機會。鄭厲公四年（周桓王二十三年，西元前六九七年），厲公將雍糾召進宮，說：「祭仲依恃擁立之功，專權擅政，完全不把國君放在眼中，過幾天祭仲要出去視察，你可乘機將其刺死。」雍糾是祭仲的女婿，但也是厲公的外家人。

雍糾得令之後，便一直盤算著要如何刺殺祭仲，祭仲的女兒見丈夫悶悶不樂，便問緣由。在妻子的再三追問之下，雍糾便將厲公的陰謀告訴了她。祭仲的女兒不知道在丈夫和父親之間該作何選擇，便向母親求教：「是丈夫重要呢，還是父親重要呢？」母親說：「父親只有一個，但天下的男人都可以做妳的丈夫，妳說哪個重要？」於是祭仲的女兒便將厲公的陰謀告訴了祭仲。

雍糾哪鬥得過祭仲，伺機刺殺祭仲的雍糾，反被祭仲來了個甕中捉鱉，梟首於市。祭仲怒氣沖沖地找厲公算賬，厲公見陰謀敗露，只能自認倒楣，仰天長歎：「雍糾眞是個蠢材！什麼事情都告訴婦人，不死才怪呢！」

鄭厲公無奈之下只能出奔，這次他沒有跑到國外，只是到了鄭國的邊邑櫟（今河南禹縣）。祭仲將鄭忽從衛國接回，鄭忽再度即位爲君，即鄭昭公。昭公復位之後並沒有對那些背叛自己的大臣秋後算賬，尤其是高渠彌。但是昭公的仁厚並沒有換來好結果，高渠彌一直擔心昭公會對自己痛下毒手，於是便在鄭厲公四年（西元前六九五年）刺殺了昭公。可憐的昭公在位不過兩年便去世了。

昭公死後，祭仲和高渠彌將公子亹迎立爲君，沒想到公子亹出訪齊國的時候爲齊襄公所殺，高渠彌也命喪齊國。祭仲便擁立公子儀爲君，在祭仲的輔佐之下，公子儀當了十幾年國君。

在此期間，鄭突一直居住在櫟，鄭突鼓動櫟邑的百姓殺死大夫單伯，獨自霸佔櫟。宋國借兵給鄭突，不過鄭突沒有率軍反攻，而是加強櫟邑的邊防，雙方互不侵犯。其實，鄭突是在等待機會，只要祭仲還掌持鄭國朝政，他便沒有機會再次回朝掌權。

周莊王十五年（西元前六八二年），祭仲病逝，鄭突的機會來了。他派人將鄭國大夫傅瑕引誘到櫟，傅瑕說：「給我一條生路，我便幫您殺死公子儀，擁立您當鄭國國君。」這正是鄭突求之不得的事情。鄭厲公二十二年（周僖王三年，西元前六七九年），傅瑕將公子儀及其兩個兒子殺死，迎立厲公。時隔十七年，厲公又回來了。

鄭莊公從未想過自己死後，四個兒子竟爲了王位爭鬥了二十多年，如果他黃泉有知，不知會作何感想。

鄭厲公卸磨殺驢

傅瑕幫助厲公奪位之後，本想可以此撈取一些功名利祿，沒想到得到的卻是死亡。厲公進城之後，找到自己的伯父說：「我流亡在外多年，伯父沒有給我半點幫助，是不是太過分了呢？」伯父說：「事君無二心，這是作爲人臣的職責所在，請君侯原諒！」說完之後便自殺了。厲公對身邊的傅瑕說：「你事君有二心，還想活命嗎？」於是將傅瑕誅殺了。

河南新鄭鄭王陵博物館五號車馬坑復原物

新鄭車馬坑，為東周時代鄭國國君及貴族的大中型墓葬，三重外槨一重內槨，墓室有九鼎八簋等眾多陪葬品。這一考古發現，為我們全面展示了春秋時期鄭國的墓葬制度，同時也反映了鄭國的經濟軍事實力。

齊桓公得國

進入春秋時期之後，齊國雖然是名義上的大國，但是實力並不突出，到了齊僖公、襄公時期才逐漸崛起。然而，齊襄公的昏庸自用，最終導致齊國陷入內亂——出奔他國的齊國公子為奪位互相較勁，加上齊國國內外各種勢力的爭鬥，引發了混亂多變的政壇亂象。

襄公遇弒

齊僖公當政期間，齊國國力尚不足與中原大國鄭國比肩，但僖公是個長袖善舞的政治家和外交家，在當時諸侯大國中頗有聲望，他多次召集會盟，解決諸侯之間的糾葛，逐漸有了「小霸」氣象。

周桓王二十二年（西元前六九八年），齊僖公去世，齊襄公即位。襄公是個荒淫無道之君，不僅與自己的妹妹勾搭偷情，還將自己的妹夫魯桓公害死。爲了在國內樹立威信，他數度對外用兵，並且疏遠忠臣，任用佞臣，朝堂內外敢怒不敢言。

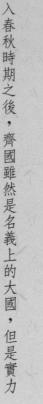

襄公有個堂弟叫公孫無知，僖公非常喜歡他，將其撫養於宮中。襄公即位之前便視公孫無知爲眼中釘，一即位便削奪公孫無知的權力，公孫無知爲此極爲憤恨。襄公的惡行非但讓外人懷恨在心，也令自己的兄弟膽寒心驚。襄公的兩個兄弟，公子糾（其母爲魯國人）和公子小白（其母爲莒國人）都害怕禍及自身，紛紛準備出奔他國。公子小白的師傅鮑叔牙說：「國事無常，亂象環生，還是暫時躲避可能的政治風暴，他日再作謀劃。」於是，鮑叔牙跟公子小白逃至莒國；公子糾與老師管仲、召忽逃至魯國。

即便如此，齊襄公仍舊恣意妄爲，戍守邊疆的連稱、管至父與公孫無知暗中謀劃發動叛亂，殺掉襄公。當初，齊襄公派遣大夫連稱和管至父駐守在東南邊境，臨行前，二人問襄公：「戍守邊疆是件辛苦的事情，爲了國家安危，我們沒有怨言，但是敢問君侯我們何時可以歸來？」襄公說：「現在是瓜熟的季節，等明年瓜熟之時就是你們的歸期。」第二年瓜熟時節，連稱和管至父並沒有接到襄

齊國故城

故城位於今臨淄縣城的西面和北面，北至古城村北，南至西關村南，西依系水（即今泥河），東臨淄河，故名臨淄。故城包括大城和小城兩部分。大城南北近九里，東西七里餘，是官吏、平民及商人居住的郭城；小城築在大城的西南方，其東北部伸進大城的西南隅，是國君居住的宮城。

公召他們回朝的命令，於是派人獻上西瓜暗示他們的戍期已過。此時襄公正與妹妹在偷歡作樂，哪有心情管他們，便隨便說了一句，等明年瓜熟的時候再說吧。連稱與管至父懷恨在心，便寫信給公孫無知，希望聯手除掉襄公。

齊襄公十二年（周莊王十一年，西元前六八六年）冬十二月，襄公外出打獵，在沛丘（今山東博興南）這個地方傷了自己的腳，夜間，連稱與管至父率軍襲擊襄公。雖然襄公聞變藏身於門後，但是由於腳受傷不能長時間站立，最終行跡暴露被殺。襄公死後，公孫無知即位，連稱、管至父由於立君有功，官居高位。但是，剛剛即位的公孫無知寶座還沒坐熱，就被雍林人所殺，那兩位擁立他的功臣不久也隨著公孫無知去黃泉報到了。

國不可一日無君，公子糾長於公子小白，因此，迎接公子糾回國就任王位之事便浮上台面。

管仲射鉤

齊魯兩國交惡已久，最爲難的是夾在中間的魯莊公，他的父親魯桓公爲舅舅齊襄公所殺，而自己的母親又與襄公私通。一方面是殺父之仇，另一方面仇人又是母親的情人，加上魯國國力不濟，魯莊公一直隱忍不發。

齊襄公被殺之後，魯莊公的母親文姜一直鼓動莊公出兵齊國，爲兄報仇，莊公一直推辭。現在公孫無知被殺，齊國使者前來迎接公子糾回國即位，文姜自是喜不自勝，於是催促莊公派兵護送公子糾回國。這回魯莊公難以推辭，只好集結軍隊保護公子糾回國。

公子糾的師傅管仲是個心思縝密的人，他對莊公說，「雖說公子糾比小白年長，就任國君之位定是符合禮制，但是莒國離齊國更近，假如小白

西周後期．齊侯匜

此器平蓋，龍首鋬，四獸形足。通體飾較密的橫條溝脊紋。腹內底有銘文四行二十二字，記齊侯為虢孟姬良女作匜。孟姬女是虢君之女，為齊侯夫人。在青銅匜中，以此形制為最大、最重。

先我們一步回到齊國，我們就沒有機會了。」於是管仲率領小隊人馬前往公子小白的必經之處，試圖設伏將公子小白於半途中殺害。

公子小白與鮑叔牙聞知公孫無知被殺，立即整頓車馬，日夜兼程地奔往齊國。公子小白深知，要是自己能先公子糾一步趕到齊國便可以榮登君位，以齊國的龐大勢力來對付公子糾，如果晚了一步就只能亡命天涯，所以他絲毫不敢疏忽怠慢。

管仲的人馬星夜兼程，還是落在了公子小白的後面，後來狂追三十里終於追上了公子小白一行人。管仲上前向公子小白鞠躬作揖：「公子別來無恙啊，看來公子相當疲憊，這一路風塵也太辛苦公子了。其實公子不必這麼著急，齊國使臣已經到魯國迎接公子糾就任齊國國君了。」公子小白知道管仲來意不善，但是管仲所言亦在情理，所以沉默不答。鮑叔牙生氣地對管仲說：「我們各爲其主，還是自己管好自己吧。我們不歡迎你，還是請你回去好好照顧公子糾吧。」管仲只帶了一小隊人馬，如果硬拼，肯定不是小白的對手。於是管仲率軍撤退。

突然，管仲回頭對著公子小白就是一箭，公子小白應聲倒地，口吐鮮血。管仲見公子小白中箭身亡，便飛奔給魯莊公報信：公子小白已死。公子糾的王位無憂，於是護送隊放慢了速度，一路欣賞風景。誰知，管仲這一箭並未傷及公子小白毫髮，不過是射中了他腰間的帶鉤，公子小白急中生智，連忙咬破舌尖，口出鮮血騙過管仲，倘若不假裝倒地斃命，管仲肯定不會善罷甘休。與其死於亂箭，不如假死一場。結果公子小白的演技太過高明，周圍的人都信以爲眞，連鮑叔牙也抱著他的「屍體」痛哭！

等管仲走遠了，公子小白也「復活」過來了。接著他們選擇小路，快馬加鞭地趕到臨淄。鮑叔牙先公子小白一步回到臨淄，探聽虛實，遊說朝中眾臣、名門望族。朝中大夫都認爲捨棄公子糾而讓公子小白即位不符合禮制，鮑叔牙說道：「齊國連弒二君，國家動盪需要明君穩定時局，公子小白正是此等人選。公子糾依靠魯國就任君位必然要酬謝魯國，屆時齊國將受制於魯國。」

在鮑叔牙多方努力與斡旋下，齊國的望族棄公子糾轉而支持公子小白。公子小白即位，即齊桓公。

乾時之戰

魯莊公和公子糾一行人沿路接受各地地方長官的招待，好不自在，推杯換盞之際才知道公子小白已經就任齊國君位。魯莊公本想藉輔立新君之功來鉗制齊國，結果卻是白忙一場。如今騎虎難下，如果就此班師，則顯得懦弱無能；如果執意送公子糾回齊國，無異於將其送入虎口。

魯莊公九年（周莊王十二年，西元前六八五年）八月，魯莊公決定率軍進攻齊國，把公子糾推上王位。魯國大軍壓境，齊桓公下令抵抗。莊公行至乾時（齊地，在今山東益都境內），準備在此安營紮寨，因爲此地水草肥美，管仲勸莊公趁齊國局勢未穩，輕裝進軍，不宜徘徊不前。莊公譏諷管仲：「當初聽信於你，說小白已經被你射死，可是現在呢？有什麼理由讓我再相信你？」次日，齊軍已經到來，莊公命令魯軍進攻，結果魯軍深陷齊軍的重重包圍之中。莊公奮力拚殺終於突出重圍，然而損兵大半。莊公帶著殘兵敗將落荒而逃，沿途遭到齊軍的追擊，所幸終於逃回魯國。

桓公即位後雖然取得大勝，但是公子糾一日不死，桓公一日不能安寢，當務之急是除掉自己的心腹之患。齊桓公寫信給魯莊公：「公子糾是我的兄弟，我不忍心殺他，就麻煩魯國替我處理吧。管仲、召忽是我的仇人，我必須親自將他們處決。如果您不這樣做的話，我就要進攻魯國。」乾時一戰魯軍大傷元氣，於是魯莊公便殺了公子糾。召忽自殺，管仲請求將自己囚禁，押往齊國。管仲回國後在鮑叔牙的保舉下，被齊桓公任命爲相國，桓公如虎添翼，成就了一番霸業。

箭射帶鉤

明刊本《東周列國志》插圖。春秋時期，齊襄公死，公子小白和公子糾回國爭位。公子糾的老師管仲截殺小白，公子小白詐死先回國繼承君位，即為春秋五霸之首的齊桓公。

曹劌論戰

春秋列國爭霸，群雄並起，各國君主為了成就霸業，不得不任用各種人才。魯國的高門顯貴已無進取之心，抱殘守缺者多於銳意進取之士。粗鄙野夫曹劌憑藉著三寸不爛之舌指揮千軍萬馬，竟然於長勺打敗了齊國的鮑叔牙。

曹劌入朝

魯莊公九年（周莊王十二年，西元前六八五年），莊公首次出征便在乾時為齊軍大敗，此後便一直尋覓機會想報戰敗之辱。管仲從魯國押解回來後居然被封為相國，莊公後悔當初不聽從大夫施伯之勸：如果不能用管仲這個人，最好就殺了他。戰場上的失敗已讓莊公顏面盡失，還將一位濟世安民的曠世奇才親手交給了自己的仇敵，外交場上又輸了三分。莊公摩拳擦掌，準備再次進攻齊國。

齊桓公即位不久，雖然獲得了國中國氏、高氏等大族的支持，但是尚未獲得民心，極需要一場戰爭來樹立政治威望。上次乾時之戰齊軍輕易取勝，於是齊桓公便想，與其讓魯軍再次攻入齊國國境，不如主動出擊，先發制人。一來教訓一下莊公，挫挫魯國的銳氣；二來可以在國內外樹立自己的威望。新拜相國的管仲反對桓公才登基便對外用兵。桓公不聽，命鮑叔牙率軍進攻魯國。

魯莊公十年（西元前六八四年）春，齊國出兵攻打魯國。魯莊公聽到這個消息後十分驚惶，便問大夫施伯：「齊軍來犯，該如何應對？」施伯對莊公說：「非常時期需要非常人才，臣向您舉薦一位治國之才。此人

春秋．三穿戈

戈是春秋時期作戰時的主要兵器，標準的戈由戈頭、柄、銅尊三部分組成。戈頭，分為援、內、翻三部分。內上面有穿繩縛柄的孔，稱為「穿」。此戈有三穿，故稱「三穿戈」。

名叫曹劌，雖然他從未出仕，但是博通古今，頗有治國之才。」隨後，施伯便前去邀請曹劌入朝共商國是。

曹劌的鄉野鄰居沒想到身邊居然住了這麼一個重要的人物，朝中的高官顯貴竟然前來請他出山。鄰居們跟曹劌開玩笑：「有那些天天吃肉的人在謀劃國事，要你去幹什麼啊？」曹劌滿不在乎地說：「肉食者鄙，他們腦滿腸肥，目光短淺。」

曹劌到了朝堂之上，問莊公：「您依靠什麼作戰？」莊公答道：「衣、食之類的生活資源，我不敢獨自一人享用。肯定與眾人共同分享。」曹劌搖了搖頭說：「這些都是小恩小惠，況且又不是每個人都能得到您的實惠的，所以百姓不會跟隨您打仗。」莊公又說：「祭祀用的牛羊、玉器、幣帛不敢擅自增減，至真至誠地祭拜神靈和祖先。」曹劌還是搖了搖頭，「一念之誠，不會感動神靈的，上蒼難以賜福於您。」莊公見狀有些著急，說道：「大大小小的案件，即便我不能徹底清查，但是每次審理案件必據實論處，以求公正。」曹劌聞後，露出了笑容，「這才是君侯最應該做的，也是百姓最需要的。既然能做到這一點，那麼百姓必定為君侯死戰。如果魯齊開戰，我請願參戰。」

決戰長勺

莊公聽了曹劌的高論，自信滿滿地率軍迎擊齊軍，雙方在長勺（魯地，在今山東萊蕪東北）對陣。齊軍不久前才在乾時大勝魯軍，因此無論將領還是士兵都有些看不起魯軍。鮑叔牙一看齊軍陣容齊整，急於進攻，試圖一舉大敗莊公於長勺。

鮑叔牙下令擊鼓進軍，莊公見到

山東萊蕪齊長城遺址

齊長城是春秋戰國時期齊國修築的軍事防線。始建於齊桓公元年（西元前六八五年），經齊靈公、齊威王不斷增修，至齊宣王時大致完成。後來齊湣王又加以整修，先後歷經四百餘年。

齊軍開始進攻，打算命令魯軍擊鼓迎擊。曹劌說：「君侯且慢。齊軍士氣正高漲，此次進攻意在一戰而勝，您還是以靜制動比較好。」於是莊公命令魯軍嚴陣以待。齊軍雖然銳意進攻，但卻難以攻破魯軍穩如泰山的陣地，齊軍第一次猛烈的進攻被抵擋回去。齊軍撤回陣中，休息片刻，便再次擊鼓進攻。魯莊公又要命令擊鼓進兵，曹劌說：「君侯，別忙，靜觀其變。」於是洶湧上前的齊軍再次面對固守抵抗的魯軍，最後還是沒有辦法攻破魯軍構建的防線，只能又一次撤回去。

雙方就這樣對峙著，鮑叔牙心想：難道上次魯軍被打怕了，一點兒士氣都沒有？齊軍求勝心切，鮑叔牙再次擊鼓進軍。齊軍進攻了兩次之後，將士有些疲憊，以爲魯軍還是不敢出擊，於是開始輕敵。面對齊軍的第三次攻擊，曹劌對莊公說：「破齊正在此時，請您擊鼓進攻，必勝齊軍。」

西周晚期．侯母壺

一九七八年山東曲阜魯國故城望父台墓地四十八號墓出土，曲阜市文管會藏。此器呈匏形，小口直領，圈足，兩側上下各有一鼻。蓋頂作蟠龍形，兩側各一小鼻。器身紋飾由上而下四段，依次為象鼻龍紋，斜條紋，對稱式捲龍紋，斜條紋，鱗紋。蓋沿和壺領鑄相同的銘文一周十五字。

於是莊公下令擊鼓進攻，憋了一肚子火的魯軍將士奮力衝殺，結果齊軍潰散，死傷無數。莊公下令魯軍乘勝追擊，曹劌說：「稍等片刻。」曹劌登上戰車遠眺一番，又跳下戰車看了看地面，然後說：「追擊吧。」於是魯軍傾力掩殺過去，一直追出國境幾十里。

戰爭結束後，莊公對曹劌的戰術頗爲不解，便向曹劌請教：「先生爲何在齊軍三鼓之後才讓我軍擊鼓進軍呢？」曹劌答道：「擊鼓是爲了鼓舞士氣，士氣旺盛就會勇猛衝鋒，所以士氣是決定戰爭勝負的重要條件，並且因爲得來不易，必須善加利用。第一次擊鼓，士氣高漲；第二次擊鼓，士氣開始低落；第三次擊鼓，則士氣已盡。我們不擊鼓是爲了積蓄士氣，而齊軍屢次擊鼓則是在消耗士氣。我們以高漲的士氣對抗低落的士氣，能不取勝嗎？」莊公又問道：「先生爲何一開始先不追擊齊軍，而是望了一下遠方，察看地面？」曹劌答道：「齊國是個大國，大國用兵多用計謀，我擔心中了齊軍的埋伏，我登上戰車看見他們戰旗不整，察看他們留下的腳印和車轍極爲凌亂，因此可以斷定齊軍是潰逃而不是誘敵深入，所以才敢請大王追擊齊軍。」

長勺之戰，齊軍落荒而逃，齊桓公覺得顏面無光，決意要壓服魯國。於是齊桓公聯合宋國再次侵魯。魯軍應敵，先打敗了士氣不振的宋國，魯莊公射傷並俘獲了宋國大將南宮長萬，此役以齊宋聯軍失敗告終。

魯莊公雖然擊敗齊宋聯軍，但是與齊宋兩大國交惡對魯國沒有好處，爲了將戰場取得的勝利盡快轉爲政治的優勢和外交威望，魯莊公於第二年齊桓公迎娶周王室之女的時候，親自爲齊桓公主婚；宋國發生嚴重水災，魯莊公派人前去慰問。魯國與齊宋兩國因此捐棄前嫌，重修舊好。

南宮長萬惱羞弒君

南宮長萬爲魯莊公所俘，但是莊公憐惜其勇猛過人，沒有殺害他。魯宋兩國重修舊好後，莊公便把南宮送回宋國。回國之後的南宮長萬屢次遭到宋閔公的譏諷，剛開始南宮隱忍不發，委曲求全。後來周莊王駕崩，南宮長萬主動請纓前往周王室弔唁。宋閔公又一次譏笑南宮：「難道我宋國沒人了嗎？讓一個俘虜去丟人現眼？」戰敗被俘已經夠令人顏面盡失了，宋閔公還屢次在南宮的傷口上撒鹽，不顧及南宮的顏面尊嚴。這一次南宮爆發了，他把宋閔公痛打一頓，結果閔公當場斃命。眞是君戲臣以言，臣戲君以拳。

西周晚期．魯仲齊匜銘文

管仲相齊

齊桓公之所以能九合諸侯，一匡天下，在諸侯面前盡顯霸主雄風，是因為齊國有深謀遠慮的賢相管仲。管仲幫助齊桓公首霸天下，自己也成為流傳千古的賢相。這位濟世安民的曠世賢才出身貧寒，一開始並沒有顯示出治國之才，幸運的是，他有個知交鮑叔牙。在關鍵時刻，是鮑叔牙將管仲推向了歷史舞台的中央，成就了管仲的偉業。

管鮑之交

管仲出身寒微，年輕的時候諸事不順。後來結交了鮑叔牙這個朋友，兩個人合夥做生意，管仲管理賬目，到年底分錢的時候，他總是喜歡做些手腳，自己拿得總是比鮑叔牙豐厚些。鮑叔牙也是個非常聰明的人，但他從不在意，鮑叔牙知道管仲家比較窮，多拿一點不過是爲了維持最基本的生計罷了。

後來管仲棄商從政，結果也不順遂，三次求官都被拒之門外。後來管仲應徵入伍，但是每次作戰他從不在前衝鋒，因爲家中還有老母需人奉養，要是自己戰死沙場，就沒人照料自己的老母了。

後來管仲與鮑叔牙分別輔佐公子糾和公子小白，管仲要比鮑叔牙更有政治頭腦，當時齊襄公昏庸無道，與妹妹文姜勾搭成姦，鮑叔牙建議小白前去勸諫襄公，管仲聽了大吃一驚，跟鮑叔牙說：「倘若公子小白能活著回來，你趕緊帶著他逃走吧。」襄公爲了與妹妹在一起，聽不進任何勸諫，朝臣們都敢怒不敢言。由此來看，管仲比鮑叔牙更能審時度勢，趨利避害。

當公子糾爭位失敗之後，同爲公子糾師傅的召忽寧死不回齊國，撞死在宮殿的柱子上。管仲滿不在乎地說：「有人爲君死，那就得有人爲君活著，既然召忽做了死臣，我也沒必要跟著犧牲，我還是去齊國爲公子糾鳴冤吧。」於是，管仲便從容地上了囚車回到齊國。

桓公拜相

桓公即位之後，勵精圖治，爲了

使齊國強盛壯大，他打算讓鮑叔牙擔任齊相。鮑叔牙知道桓公的心思，便對桓公說：「我只不過是君侯的庸臣，君侯施恩於我，讓我不至於凍死餓死，這就是君侯對我最大的恩惠。如果希望我治理國家，這樣的重任我無法勝任。君侯懷有雄心壯志，如果只是希望齊國政治昌明、百姓樂業，那我和高傒這樣的人就足以輔佐您；但如果您想在諸侯中揚名立威，建立霸業，這就非我所能了，您必須用一個人。」桓公問：「誰？」鮑叔牙說：「管仲。」桓公說：「我與他有射鉤之仇，怎麼能任用一個仇人呢？」鮑叔牙勸道：「君王應該唯才是舉，不能計較個人恩怨，況且管仲當初也是忠心於公子糾才這麼做的。」鮑叔牙在桓公面前把管仲誇了一頓，桓公終於答應了。

管仲回到齊國之後，鮑叔牙先把他安排在高傒的家中，然後說服桓公親自出城迎接管仲。桓公答應了鮑叔牙的請求，親自迎接管仲，然後恭恭敬敬地請管仲坐下來和他交談。桓公誠懇地對管仲說：「過去先君襄公廣開苑囿，修築台榭，恣意田獵，不理國政，欺侮聖賢，親近女色。後宮女寵嬌奢而戰士百姓日益貧困，國家日漸削弱。這種情況再不加以改善，恐怕離亡國就不遠了。請問先生，現在應該怎麼做呢？」面對桓公真誠的詢問，管仲說：「按照先王治理國家的經驗，現在最重要的是要安定民心，使百姓有固定的居所，不隨便遷徙流亡，使他們各司其職。」桓公問：「那具體該怎麼做呢？」管仲回答：「首先要使士農工商四民各安其居，各守其業，不讓他們交錯雜亂，事情就很容易辦理。其次，將全國劃分爲二十一個鄉，然後讓國家的元老貴族對這些鄉進行管理……」聽著管仲講治國安邦的措施，尊王圖霸的道理，桓公深深沉浸在其中。拜相之初，管仲便許諾桓公在三十年之內使齊國雄霸天下，桓公終於找到了一個可以幫助自己實現夢想的人，所以對管仲言聽計從。在齊國，凡事都要先報告管仲，再呈報到桓公那裡。

稱霸天下的基礎是雄厚的經濟實力，沒有經濟實力做後盾，戰場上的

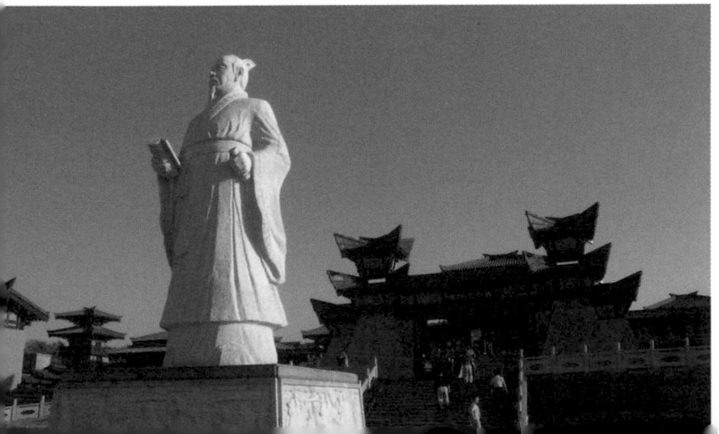

氣勢恢弘的管仲紀念館

管仲紀念館位於山東省淄博市臨淄區齊陵街道辦事處北山西村，於二〇〇四年建成並對外開放，是展示天下第一相——管仲生平事跡、《管子》思想以及歷代宰相文化的專題紀念館。

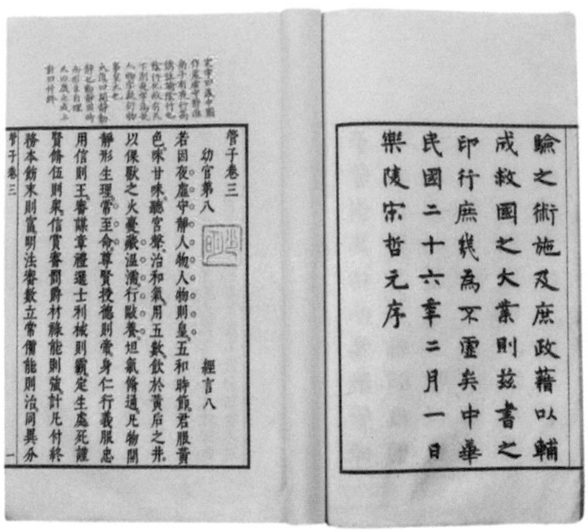

《管子》書影

《管子》是齊國政治家、思想家管仲及管仲學派的著述總集。大約成書於戰國（西元前四七五年至二二一年）時代。劉向編定《管子》時共八十六篇，今本實存七十六篇，其餘十篇僅存目錄。

爭霸只是窮兵黷武、勞民傷財之舉。百姓手中有錢，國家自然可以通過徵稅獲得對外戰爭所需要的軍費，於是管仲便大力發展農業、商業和手工業，爲齊國的稱霸天下打下基礎。爲了發展農業，他先對土地制度和賦稅制度進行改革，將部分土地分給農民耕種，並且按照土地的肥沃程度徵稅。這樣就大大刺激了農民的生產力，男女老幼都積極耕作。此外還大力提倡發展家庭副業，使百姓有飯吃，有衣穿。「倉廩實而知禮節，衣食足而知榮辱」，百姓安居樂業，偷雞摸狗等影響社會治安的事情才會減少。

管仲很清楚商業是國家積聚財富最便捷的途徑。齊國佔據地利之便，爲了吸引各國商人前來經商，管仲在齊國設立市場，並且對市場進行有效的管理，而且制訂的稅率非常低，只有百分之二左右。因此各國商人聚集在齊國，齊國呈現一派繁榮景象。商業的繁榮也推動手工業向前發展，管仲設立了「工正」、「工師」、「鐵官」等官職專門管理手工業生產，大力發展冶金、紡織等產業。值得注意的是，管仲格外關注齊國的海鹽生產。鹽是生活必需品，由於鹽的產量不多，食鹽往往非常稀少，在古埃及食鹽甚至被當作錢幣來使用。齊國靠近大海，海水中的含鹽量非常高，所以管仲「煮海爲鹽」，使齊國成爲當時最大的海鹽生產基地，同時也壟斷了食鹽的市場，齊國依靠「出口」大量食鹽，換回了大量的民用和軍用物資，爲齊桓公的霸業提供了物質保障。

修繕甲兵

經濟財富只是國力的一個面向，在春秋爭霸戰爭頻仍的時期，大國需要整軍備武，擴充兵員，大修戰車，鍛造兵器。管仲認爲兵在精不在多，他對齊國的軍事制度進行調整，實行軍民合一的政策，寓兵於民，以民養兵。

管仲將全國分爲二十一個鄉，六個工商之鄉；十五個士之鄉，桓公自己率領五個士鄉，國家元老貴族國氏、高氏各率領五個士鄉，從而建立起對全國的有效控制。同時規定，五家爲一軌，每一軌設軌長一人；十軌爲一里，一里設里司一人；四里爲一連，設連長一人；十連爲一鄉，設良人一人。每家出一人，一旅有二千人，由鄉里的良人統率。全國十五旅，合計三萬人，編爲左中右三軍。

千古管鮑

管仲雖然才智非凡，但是沒有鮑叔牙的幾次舉薦，也許管仲在報國無門的情況下，也只能鬱鬱終生了。鮑叔牙舉薦管仲，齊桓公答應了，鮑叔牙還提出三個要求：其一，要給管仲最高的官職；其二，要將從市場徵收賦稅的十分之三給管仲；其三，齊桓公與管仲行父兄之禮。只有這樣管仲才能命令國中的高門大族、豪強巨富，從而爲管仲在齊國順利施政創造了條件。難怪管仲說：「生我者父母，知我者鮑子也。」

農忙時期耕作，農閒時進行軍事訓練，使百姓習慣耕戰生活，士兵們都是同鄉，有親族關係，關係緊密，即便夜間也能聽聲辨人，隊伍不會散，隊伍的戰鬥力大幅提升。管仲堅持走精兵之路，幾年之後，齊軍成爲一支守則固，攻必勝的軍隊。桓公有了這支龍虎之師，便可以在諸侯之間縱橫捭闔，實現自己的夢想了。

管仲認爲齊國要想在諸侯之間取得霸主地位，不能力爭，還得依靠靈活多變的外交手段。雖然周王室已經衰落，但是周王仍保持著天下共主的地位，要想得到霸主的尊位就要得到周王的承認。桓公登基之後，便迎娶周王室的女兒，奉天子以令諸侯，借助周王的名號討伐不聽話的諸侯國，齊桓公成了周王室的代理人。

管仲迎寧戚

寧戚，生卒年不詳，春秋萊棠邑（今山東平度）人，一說是衛國（今河南境內）人，早年懷經世濟民之才而不得志。齊桓公二十八年（西元前六八五年）拜為大夫。後長期任齊國大司田，為齊桓公重要輔佐者之一。

傷心獨有息夫人

江山美人、美人江山似乎是歷代君王難以超脫的兩大難題，因為女人而失去或放棄江山的君王不在少數，衝冠一怒為紅顏者亦不罕見，可是歷史上能有幾個美女像息夫人那樣引起三國大戰，兩個國家因此亡國？也許不該怪罪息夫人的美色，而是應該哀歎息夫人紅顏薄命，是君王難以抑制的佔有慾與征服欲引發了無止盡的戰爭，貌美如花的息夫人不過是他們的權力鬥爭的犧牲品而已。

姐夫調戲小姨子

陳國國君有兩個女兒，大女兒嫁給了蔡哀侯，小女兒嫁給了息侯，即爲息夫人。息夫人貌若天仙，目如秋水，面似桃花，所以也被稱爲桃花夫人。蔡哀侯對這個貌美的小姨子仰慕已久，只是一直沒有機會相見。

機會終於來了。息夫人回娘家途中路過蔡國，順便拜訪一下姐姐。蔡哀侯心想：「有這樣的好機會，我一定要見見這個傳說中的美女。」於是跟夫人商量，要在宮中大擺筵席招待息夫人。息夫人爽快地答應了，畢竟在自己親姐姐家自然不需要客氣。但她沒想到的是，姐夫原來是個輕薄無禮之徒，酒宴之間盡是調戲之語。

息夫人受辱回國，悶悶不樂。息侯從耳目那裡也聽說了哀侯調戲息夫人之事，息侯大爲震怒，別人覬覦自己的嬌妻也就罷了，蔡哀侯與自己還有連襟之誼呢。無奈息國國小兵寡，息侯沒有實力攻打蔡國爲自己的夫人討回公道，只能將苦水暫時咽到肚子裡。但是這口惡氣不出，豈能罷休？若是自己不能整治蔡侯，那就假別人之手吧。當時楚國是江漢流域的大國，漢東諸國無不對楚國稱臣納貢，唯有蔡國倚恃自己與中原各國盟主的齊國有姻親關係，不服楚國。息侯打算用楚文王之手教訓一下蔡哀侯，於是派人帶著厚禮到楚國，面見楚文王：「蔡國依仗中原各國的勢力對您表示不敬，如果您出兵息國，我將向蔡國求援，哀侯是個有勇無謀之人，礙於連襟之誼不會袖手旁觀，到時候息國與貴國裡應外合，一舉俘虜蔡哀侯，蔡國就不得不向貴國稱臣納貢了。」

楚文王也正想征服蔡國，於是派軍進攻息國，息侯向蔡哀侯求援，蔡哀侯果然起兵救息，結果遇到楚軍的伏兵。蔡哀侯的軍隊哪裡是楚軍的對手，幾個回合下來，蔡哀侯力不能敵，敗退下來，向息國逃竄。結果息國城門緊閉。蔡哀侯被追擊而來的楚軍所俘。戰爭結束後，息國大開城門，大擺筵席酬謝楚軍，蔡哀侯這才知道自己上了息侯的當，被人從背後捅了一刀。現在輪到哀侯咬牙切齒了，他沒想到這是當初調戲人家媳婦的後果。

春秋．公父宅匜

匜為槽形長流，與流對應的一側有獸頭鋬，圜底下有四個扁獸足。口沿下飾竊曲紋，腹飾瓦紋。內底鑄銘文二十九字：「唯王正月庚午，浮公之孫公父宅□（鑄）其行也（匜），其□（萬）年，子子孫孫永寶用之。」

蔡哀侯被擄回楚國，楚文王想把蔡哀侯給烹了，祭祀祖廟。楚文王終於拔掉了這根眼中釘、肉中刺，這樣做也是想殺雞儆猴，從此就沒有哪個小國敢對楚國不從。只是當時楚文王的大夫鬻拳苦諫文王：「如果殺了蔡哀侯，哪個小國還敢順從楚國？樹立霸主地位不能只靠暴力。」這才保住了蔡哀侯的一條命，但是蔡國的「獨立自主」已是不可能了。

楚王情傾息夫人

蔡哀侯被擄到楚國，顏面盡失，好不容易保住了身家性命，但是自此對息侯恨之入骨。楚文王爲了籠絡人心，大擺筵席歡送蔡哀侯回國。席間有位彈箏的女子，面容姣好，體態雍容，文王認爲此女已是絕色美女，於是招呼這位女子給蔡哀侯敬酒，蔡哀侯一飲而盡。文王笑問：「您還見過比這女人更美的美人嗎？」蔡哀侯心想：「天下烏鴉一般黑，男人都是好色之徒，既然你也喜歡美女，那我就投你所好。我今日淪爲階下囚全是息夫人惹的禍。」蔡哀侯眼瞅著彈箏女子說：「要說絕世美女非息夫人莫屬，麗若芙蓉，雅若蕙蘭，立若臨風弱竹，行若凌雲之仙子，眞是古今絕世美色。」蔡哀侯的一番描述讓文王思緒萬千，他自言自語道：「此生若不能見一見此等絕色，終生抱憾！」蔡哀侯恭維道：「大王文治武功威震江漢，即便中原各國聯盟也不能拿大王怎麼樣，何況是一個弱女子呢？不過是大王盤中之飧而已。」文王聽後大笑，賓客盡歡而散。

送走蔡哀侯之後，楚文王的心思就被那位素未謀面的息夫人所擄獲。

桃花夫人像

息夫人，是春秋時期息國國君的夫人，因其貌美異常，史稱桃花夫人。她的一生，是紅顏薄命的寫照，正因如此，才成為了後世文人吟詠的對象。有道是：「千古艱難唯一死，傷心豈獨息夫人。」

爲了一睹息夫人的美貌，楚文王假藉巡防爲名到了息國。楚文王親自來訪，息侯自然盛情招待，夾道歡迎，親自設宴款待楚文王。息侯捧著酒杯爲楚文王祝壽，楚文王並不領情：「昔日我對您有些小恩惠，夫人受辱我替她出氣，今日怎麼不見夫人呢？請夫人出來與我同飲一杯。」

息侯已聽出弦外之音，眞是趕走了狼迎來了虎，可是無奈息國國勢弱小，而且早已對楚國稱臣納貢。楚國滅息不過是覆手之間的事。息侯只好極不情願地讓人請夫人出來招待客人。不消多時，環珮之聲響起，息夫人盛裝而出，楚文王眼睛都看直了，「果然名不虛傳，如見天人！」息夫人玉手執杯敬楚文王，楚文王連連答謝，連飲數杯。敬酒完畢，息夫人婀娜離去，也帶走了楚文王的魂魄。楚文王心裡惦記著離去的息夫人，滿席山珍海味吃在嘴裡卻如同嚼蠟，酒未足、飯未飽便意興闌珊地離去。回到住處，楚文王輾轉難眠，腦子裡全是那個人間罕見的美女的身影。楚文王開疆拓土，功高蓋世，但是還是過不了美人關，甘心成爲息夫人的俘虜。

楚文王得不到息夫人，怎能心安呢？他決心將息夫人變爲文夫人。

息夫人變文夫人

文王一夜輾轉未眠，第二天起了個大早，在館舍設宴招待息侯表達謝意，這次宴席卻是殺機四伏。息侯惴惴不安地赴宴，酒過三巡，楚文王開腔了：「昔日我三軍爲了息夫人不惜與蔡侯開戰，夫人今日應該當著我三軍的面感謝一下寡人。」

楚文王也欺人太甚了，息侯雖然只是個小國之君，無力抵抗強大的楚軍，但他好歹是個男人，豈能不出面保護自己的妻子。於是息侯推辭道：「敝國褊狹，不時興這樣的禮儀，還是免了吧？」

文王震怒：「無禮小子，竟敢巧言敷衍我？左右還不快給我拿下！」楚文王事先安排好的士兵衝出來將息侯五花大綁，可憐的息侯居然在自己的國家成爲楚文王的階下囚。楚文王此刻也不顧主客之禮了，親自帶兵衝入息侯的王宮，尋找令自己夜半難眠的美人。息夫人聞知息侯被擄，歎惜道：「眞是引狼入室啊。」說完便跑到後花園準備投井自殺，結果被楚文王的人一把拉住：「夫人自殺，息侯便性命不保。難道夫人願意看到息侯喪命嗎？」息夫人無奈，只好作罷。

楚文王見到息夫人之後，喜不自勝，好言相勸後許諾不殺息侯，便滿心歡喜地帶著息夫人回國。轉眼之間息夫人成了楚文王的女人，息夫人搖身一變成爲文夫人。女人猶如戰利品，只有兵多將廣者才有資格擁有絕世美女。即使息侯是名義上的眞正丈夫，但也沒有什麼用。楚文王並未食言，不但沒有殺息侯，還給了他十戶人家供養他，保證息侯的香煙不滅。但這與滅國有何異？

文夫人爲楚文王生了兩個兒子，但是每天愁眉不展，楚文王問她：「夫人嫁給我，並且給我生了兩個兒子，妳還在想著息侯嗎？」文夫人說：「一女侍二夫，我有何顏面苟活於世？這一切都是蔡哀侯惹的禍。」楚王一聽夫人並不恨自己，便說：「夫人放心，寡人爲妳報仇。」於是發兵蔡國，將蔡哀侯擄回楚國，囚禁起來，九年之後，蔡哀侯客死於楚國。蔡哀侯貪色，最終自食其果。

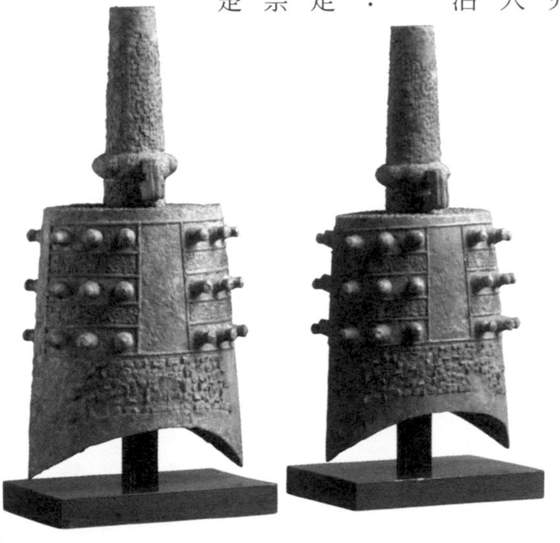

春秋．蔡侯申編鐘

一九五五年安徽省壽縣蔡侯墓出土。同時出土的甬鐘十二件，其中八件比較完整，形制相同，大小依次遞減，最大者通高七十九公分，最小者高約四十八公分。鐘上有銘文，每件銘文字數不一，有的自名「歌鐘」，有的自名「行鐘」。該墓出土器物中還有鈕鐘一套，亦有銘文。蔡雖是小國，但蔡侯申墓中隨葬器物卻多得驚人，這反映出春秋時期「禮壞樂崩」，諸侯可僭越禮制。

齊桓公援燕

北方戎狄屢犯中原各國，成為各諸侯國的重大邊患。齊桓公會盟中原，為諸侯們推為盟主，他提出各國一致對外，合力消除戎狄的危害。山戎進犯燕國，燕莊公向桓公求援。齊桓公親率大軍遠征山戎，一直追擊到孤竹而返，不僅消除了戎狄對中原各國的侵擾，而且還向北拓地五百里，聲威大震。

桓公援燕

在歷史上，中國北方的戎狄部落經常南下侵擾中原王朝。商周時期，經常派大軍討伐戎狄部落，商王武丁征伐戎狄足足打了三年。雖然史書記載每次征戰都俘獲十幾個戎狄的領袖，但是戎狄部落並沒有因此斬草除根，依然活躍在北方。春秋時期，周王室衰落，各諸侯國彼此爭鬥不已，從而給戎狄南下提供了可乘之機。

北方大國如鄭國、晉國、齊國都常常面臨戎狄的入侵。齊僖公在位時，山戎入侵齊國，鄭國派世子鄭忽協助齊國趕走了外敵。山戎盤踞於燕、齊、魯三國之間，佔據地理優勢，經常威脅三國的安全。齊桓公時期，齊國兵強糧足，內結中原各國，外抗山戎。當時中原各國面臨的三大外部威脅，一是北方的戎，二是西方的狄，三是南方的楚國。對於齊桓公的霸業而言，主要有兩大威脅，北戎與南楚，西狄有西方大國秦晉抵禦，輪不到東方的齊國費心。

北戎之一——令支進犯燕國，燕國國小兵弱難以抵擋。令支在燕國境內擄掠了大量的人口和牲畜，燕國面臨亡國滅祀之災。燕莊公無奈之下，只好遣使向齊桓公求援。齊桓公多次召集諸侯大會，燕國都沒有受邀，也沒有主動參與，燕國一直沒有加入齊桓公所主導的「圈子」，即便如此，齊桓公仍然發兵救燕，一來齊燕是鄰居，齊國當然懂得唇亡齒寒的道理；二來，齊桓公既然登上盟主之位，抵禦外來侵略也是盟主的責任，否則勢將難以服眾。

齊國爽快地答應了燕莊公的求援，一等軍隊集合完畢，糧草輜重準備妥當之後便出征。齊軍渡過濟水，與魯莊公在魯濟會面。魯莊公並沒有打算跟隨齊桓公同去救燕，只是說：「偶感小疾，不便遠行，但是可以爲齊軍提供後勤援助。此次遠征討伐山戎，一舉消除北戎對中原各國的威脅，功在當代，利在千秋。」齊桓公見魯莊公並沒有跟隨的意思，也就沒有勉強，便說了幾句客套話：「北征山戎，路途遙遠艱險，如果我不能取勝再請您出兵相助。」

春秋前期．薛子仲安簠

一九七三年山東省滕縣官橋鄉出土。此器內底部有銘文十五字，為薛子仲安作器。同出土有銅簠四件，其中三件的形制、大小相同，銘文也完全相同。另一件為薛仲赤作器。薛國任姓，祖先奚仲為夏代的車正，居於薛（今山東滕縣南），一度遷於邳（今山東微山西北）。春秋後期薛國遷到下邳（今江蘇邳縣西南），薛成為齊邑。

寒暄過後，齊桓公便率領大軍繼續前進。令支國王密盧聽說齊桓公率領大軍正往燕國趕來，便趕緊帶著擄掠的戰利品回國。等齊桓公趕到燕國之時，密盧早已逃之夭夭。燕莊公出城迎接齊軍，感謝齊桓公救國之恩。密盧雖已撤軍，管仲仍認爲：「山戎雖然不敢與我軍接戰，但是也算得勝而歸，如果我們就此班師，他們必定還會進犯燕國，不如繼續進軍，一勞永逸消除這個邊患。」齊桓公也有此意。

遠征拓土

齊桓公與管仲率領齊軍討伐令支，但是齊軍對北方的地形、風俗都不熟悉，唯有瞭解敵情才可能取勝。燕莊公告訴齊桓公，燕國邊境有個小國名叫無終（今河北玉田西北），雖然是山戎的一支，但並不屬於山戎陣營，可以找他們作行軍的嚮導。齊桓公派人送給無終國國君大量的金帛，無終國君不僅答應爲齊軍作嚮導，而且還派出大將率軍幫助齊軍討伐令支。

有了無終的將領引路，齊軍順利進軍，開始圍攻令支的國都。密盧一方面加強防禦工事，另一方面又派人前往孤竹（今河北盧龍一帶）求援。密盧據守險要的地勢，並且大掘壕溝深塹，阻遏齊軍的進攻。於是管仲命令士兵每人背一個沙袋，將密盧挖掘的壕溝一一填平。齊軍一舉突破了密盧的巢穴，把密盧擄掠來的燕國臣民救了出來，將他們遣返回國。桓公下令不准濫殺無辜，令支人對桓公感恩戴德。桓公詢問令支人：「你們的國君已經逃竄，他會跑到哪兒去？」令支人說：「令支與孤竹友好，先前密盧已經向孤竹國王求援，現在他應該在孤竹。」

齊桓公和管仲決心乘勝追擊，桓

公將俘虜來的令支兵撥給無終以補償兵員損失。稍事休息後，齊軍繼續進軍。孤竹國周遭有一條水流湍急的溪澗，是齊軍必經之處。孤竹國王命人將河上所有的船隻燒燬，沒有渡河的工具，齊軍只能望洋興嘆。一籌莫展之際，史書記載桓公遇到了「俞兒」（傳說中的山神，只有遇到霸主他才會顯形）。在俞兒的幫助之下，齊軍終於順利渡河，向孤竹的國都無棣城殺去。

山東東阿管子祠

管仲祠為五開間、四阿重簷結構。祠內，漢白玉質管仲雕像威嚴肅穆，眉宇間、神色和舉止中盡顯名相氣度。左右配有六重臣漢白玉塑像，分別是鮑叔牙、隰朋、寧戚、王子城父、賓胥無、東郭牙。廳的四角，飾有漢白玉刻字描金名人楹聯。

孤竹國王沒有料到齊軍能夠越過溪澗，情急之下，只能棄城逃跑。孤竹北部有個叫「旱海」的地方，此地是個不毛之地，不時狂風怒號，飛沙走石。孤竹國王決定將齊軍引誘到此地，讓「旱海」吞噬桓公的大軍，於是他率軍北行，當齊軍到達無棣城時，他早已遠去。桓公繼續追擊至茫茫荒漠，夜晚到來，風沙俱起，濃霧瀰漫，聲如鬼泣，人馬俱驚。桓公大驚，管仲說：「臣曾經聽說北方有個旱海，是個有去無回之地，恐怕我們已經進入旱海了。不能再向前走了，還是收兵撤退吧。聽說老馬識途，這些馬匹多是從漠北來的，它們應該知道返回之路。」桓公便讓士兵選擇幾匹老馬走在前面，士兵們跟隨其後，終於走出了令人膽寒的旱海。

齊軍歷盡千辛，終於從旱海中走出。桓公率軍再次來到無棣城，卻發現孤竹國王早已回到無棣城，此時正準備守城禦敵呢。管仲要無終大將帶人喬裝入城。入夜時分，裡應外合一舉攻破無棣城，孤竹國王被擒，桓公歷數他的罪狀後，便將他梟首示眾。

割地送燕

桓公大勝，斬殺孤竹國王凱旋而歸。燕莊公前去迎接並酬謝齊軍。席間，桓公對燕莊公說：「寡人應君之邀，孤軍千里兵定孤竹，一舉消滅了令支和孤竹，不僅解除了北戎對燕國和中原各國的邊患，而且闢地五百里。這些土地與我國並不毗鄰，我無法有效管理，還是送給您吧。」

燕莊公一聽，天下竟有這樣的好事，桓公不僅危難時解救燕國，而且還把征伐得來的土地送給燕國。燕莊公連忙推辭：「受惠於齊軍威嚴，敝國才得以保存宗社，怎麼還敢期望別的呢？」

桓公不愧是個大政治家，他坦誠地對燕莊公說：「這回征伐的土地偏於北方邊陲，如果不進行有效管理，山戎很快便會復國，繼續危害燕國。希望您能固守這些土地，拱衛中原各國。」

燕莊公聽了後，也不再推辭，這不僅是個恩惠，也是個任務。征伐結束，大功告成，齊桓公便班師回朝，燕莊公一路相送，不知不覺進入齊國邊境五十里。桓公下車對燕莊公說：「按照禮制，諸侯相送都是不能出國境的，寡人不能不遵循禮制。」於是齊桓公割了五十里地送給燕國，燕莊公轉眼之間又得到了五十里沃野。

在這場持續了將近一年的戰爭之中，燕國獲益良多，不僅保國無憂，還假齊桓公之手向北拓地五百里，一躍成爲北方大國。對於齊桓公來說，一戰定軍威，不但向各國顯示了齊國強大的國力，又盡了盟主之責，與桓公結盟的各國無不敬畏齊桓公。齊桓公離霸主之位又近了一步。

齊桓公來到魯濟，魯莊公設宴恭賀齊軍大獲全勝。桓公也不是小氣之人，便將所獲的戰利品分一半給魯莊公。管仲輔佐桓公一戰定乾坤，諸侯莫不側目讚歎。管仲有個采邑名叫小谷（今山東東阿）靠近魯國邊界，魯莊公便徵調民夫修建小谷的城郭，修成之後送給管仲以討好他。

桓公遠征孤竹，消滅了北戎對齊國的威脅，聲威大震，而楚國在南方的勢力不斷膨脹，齊楚爭霸之勢開始形成。

春秋．鳥形匜鼎

一九五二年河北唐山賈各莊出土。全器呈鳥形，器體似匜，有流口與鋬手，蓋已遺失。流向前突出作鳥首狀，傾水時上喙可以開啓，設計頗為巧妙。外腹部飾精細的羽毛狀紋，腹內鑄有兩個鴨形圖案，鴨頭與流朝同一方向，張翅展尾，非常生動；環形鋬與流口相對，上飾一鳥呈回首狀。該器出土地屬燕國，表現了燕國的地方特色。

衛懿公好鶴亡國

古往今來，建功立業留下美名的王侯屈指可數，反倒是貪財好色、荒淫無道者不在少數，其中不乏玩物喪志不理國政者。衛懿公就是因為沉迷於自己的愛好而失去民心，慘死於狄人刀斧之下。令人難以相信的是，害他成為亡國之君的竟然是白鶴。

賜鶴乘軒

衛國自州吁之亂以來，多次陷入內亂，衛懿公的父親衛宣公仰仗齊襄公之力才穩住了王位。幾任衛國國君都沒有雄心壯志，因此國勢不斷衰微。到衛懿公時期，衛國已經不在中原大國名單之列。此時急需一個賢君重整旗鼓，方能恢復大國地位。不幸的是，衛懿公對治國安民、重振國勢沒有興趣，他只喜歡一樣東西，那就是白鶴。

衛懿公對白鶴的喜愛已經到了癡迷的地步，甚至算是有點瘋狂。上有好之，下必甚焉。朝野都知道國君愛鶴不愛美人，於是四處爲衛懿公尋鶴。要是能找到一隻讓衛懿公喜愛的鶴，等於是找到了榮華富貴的敲門磚。衛懿公登基幾年後，治國興邦的本領不見長足的進步，養鶴的經驗卻是大增。王宮內外，到處是鶴群。白鶴本是聖靈之物，可惜卻淪爲君王宮苑中的玩物。

衛懿公沉迷於白鶴而喪失治國之志，不僅是白鶴的悲哀，也是衛懿公的悲哀。然而悲劇還不止於此。對一種事物沉迷過甚便會做出瘋狂甚至瘋癲的事情。由於衛懿公太愛這些白鶴了，就把不同的鶴像官階一樣分成不同的品階：上等的白鶴封爲大夫，待遇與大夫相同。白鶴們的食宿不僅比老百姓好得多，而且爲了給這些寶貝提高生活水準，衛懿公不惜加徵各種稅收。老百姓食不果腹，衣不蔽體，他全然不放在心上，只有自己的鶴才重要。更有甚者，懿公外出遊玩，必定帶著這些心肝寶貝，爲牠們安排豪華的車馬。

凡事皆須適可而止，養鶴本是陶冶性情的娛樂活動，可是衛懿公卻玩得實在太過火了一點。好在衛懿公身邊還有幾個忠順之臣。大夫石禰子是石碏之後，石禰子的搭檔寧速也是個賢臣，二人多次勸諫衛懿公當以國事爲重，但是這位好鶴的國君總是置若罔聞。

好鶴亡國

當衛懿公專心在宮苑中養鶴的時候，北邊的北狄部落卻磨刀霍霍，北狄首領瞍瞞聽說齊桓公遠征孤竹，非常生氣，想給中原各國一個下馬威，於是率軍南下，兵鋒直指衛國。

當衛懿公仍悠閒地帶著寶貝鶴遊玩的時候，邊境來報：「狄人大舉入侵，勢頭猛烈，無法抵擋。」衛懿公驚惶無措，著急地下令徵召百姓抵擋來犯之敵，但是沒有幾個人願意保家衛國。衛懿公命令地方長官把那些不願意入伍的人抓起來，義正詞嚴地問他們：「大敵當前，爲何不肯參軍入伍？」百姓都說：「抵禦狄人的入侵，不需要我們，只要一件東西就可以了。」衛懿公以爲這些人有破敵的妙招，忙問道：「什麼東西？」眾人齊答道：「就是您的鶴啊。」衛懿公說：「怎麼可能？鶴怎麼會打仗呢？」眾人答：「鶴既然不能保家衛國，保障四方安寧，但是那些鶴卻比我們生活得都好，養尊處優，您何時關心過我們老百姓的死活？」

衛懿公聽完，心涼了大半，過去幾年沉迷於養鶴，

淇河風光

淇河發源於山西省陵川縣棋子山，流經河南鶴壁、淇縣。這條河可以說是中國古代文明的發祥地之一。商王朝的故都朝歌就位於淇河之濱，春秋時期，淇河流域又是衛國的領土。一代代的衛國國君在這裡留下了他們的足跡。

大失民心，如今悔之晚矣。衛懿公決定放走那些鶴來拉攏民心。大夫石襯子到街市向百姓解釋：「國君已經懺悔，現在把白鶴都放了，希望大家能同心協力趕走外敵。」百姓們看著散去的鶴群，稍微相信衛懿公已改邪歸正。衛懿公決定御駕親征，要石襯子代理國政，寧速負責國都的防禦工作。部署完畢之後，衛懿公與兩位大夫揮淚作別。衛懿公率軍趕赴前線，臨時召集的軍隊沒有經過訓練，戰鬥力可想而知，最關鍵的是，衛懿公久不理國政，失去民心，沒有人願意爲這樣的國君死戰。這樣一支軍隊自然不可能抵擋狄人數以萬計精兵的進攻。

衛懿公的先鋒將軍渠孔是個有勇無謀的人，他見對方陣容看來似乎孱弱便擊鼓進軍，結果陷入了敵軍的埋伏。衛軍頓時陷入混亂之中，士兵們本來就無心作戰，遇上精悍的敵兵更是潰不成軍，紛紛逃亡。衛懿公被重重包圍，渠孔要衛懿公喬裝成士兵逃跑，但衛懿公決心以死謝罪。結果，衛懿公被狄兵剁成肉泥。

前線的衛軍已經全軍覆沒，狄兵來勢洶洶，國都防禦空虛，石襯子和寧速帶著衛國宮室連夜出城逃亡。狄兵長驅直入，而衛國都城已無城防，狄兵入城後燒殺擄掠。百姓死傷無數。王宮府庫中的金帛盡數爲狄兵擄走。

許穆夫人像

這是《女史箴圖》中許穆夫人的形象。許穆夫人，姬姓，衛公子頑和宣姜的女兒。長大後嫁給許國許穆公，故稱許穆夫人，她是衛懿公的異父同母妹妹。許穆夫人聞知衛國被滅的消息，異常悲痛，決然馳驅至漕，歸唁衛侯，並要控於大邦，拯救衛危。半路上，她被許國的大夫追上強迫回國，夫人對此十分憤怒，賦《載馳》一詩，痛斥了許國那些目光淺短的庸官俗吏。

衛國興復

石襯子和寧速帶著人民逃出國都，狄人一路追殺過來，脫隊落後的百姓多半被狄人所殺戮。他們逃到黃河邊，幸好宋桓公派兵前來接應，衛國難民連夜渡河才躲過一劫。到達共邑（爲衛國采邑，在河南輝縣）後清點人數，發現只剩七百三十人，可見這一戰對衛國的打擊有多大，這些人數加上共、滕兩地的民眾不過五千人。雖然國都已經陷落，不過衛國王室的香火仍在。先君已死，當務之急是另立新君。石襯子與寧速兩位大夫在漕邑（今河南滑縣舊城東）搭設茅廬扶公子申登基爲王，即衛戴公。可惜，戴公早已身染重疾，沒幾天就死了。

過去經過數次宮廷內亂殺伐，衛國王室血脈所剩無幾。其中一個是在齊國的公子燬，當年他看衛國王室亂象橫生，藉著出使齊國的機會就留在了齊國，沒想到因此撿了一條命。國破家亡之際，公子燬責無旁貸地肩負起保國安民的重擔。寧速到齊國迎立新君。齊桓公與公子燬臨別之際，桓公說：「衛國此時陷入窘境，公子身負重擔，物資匱乏，還是從齊國帶一些回去吧。」於是，齊桓公送給公子燬良馬一匹，祭服五稱，牛羊豬狗雞各三百。他還贈給公子燬夫人一些飾品與禮服，因爲即便衛國一片狼藉，但是祭祀等禮儀還是要舉行的。爲了防止狄人再次入侵，齊桓公命令自己的兒子公子無虧率領三千兵馬守衛衛國邊境。

公子燬回到漕邑，將衛懿公收殮入棺，然後登基爲國君，即衛文公。文公是位有道明君，國家處於危難，他布衣帛冠，粗茶淡飯，安撫百姓，選賢任能，鼓勵工商，發展農業，衛國的元氣才得以慢慢恢復。衛文公之所以能在衛懿公身死國滅之後重建國家，全賴齊桓公鼎力相助。身爲諸侯盟主的齊國幫助衛國復國乃是理所當然。正是這種諸侯會盟、相互扶攜的制度保證了諸侯國可以在一片廢墟，甚至可以換一個地方重新建立國家。

弘演以身爲棺

衛國大夫弘演先前出使陳國，等他回國發現衛國都城已經被狄人攻破，屍橫遍野，血流成河，一副慘狀。倖存者告訴弘演國君已經戰死，屍體還沒找到，弘演便四處尋找衛懿公的屍首。不遠處發現衛懿公的大旗，旁邊不遠處一個宮廷內侍倒地呻吟，他指著一堆肉泥告訴弘演：「這就是國君的屍體。」血肉模糊，只有肝還是完整的。弘演拿出刀開腸破肚，取出肝臟，把懿公的肝臟放進去，拿自己的身體給懿公（只剩下一具肝臟）做棺材。沒過多久，弘演便死了。弘演的忠心可嘉，不過爲了這麼一個好鶴失國的國君而死，到底值不值得呢？

齊桓公抗狄

齊桓公乃是按照管仲提出的「尊王攘夷」的戰略方針邁向霸主之路，「尊王」是為了獲得統領中原各諸侯國的合法地位，以周天子的名義來號令各路諸侯。「攘夷」是為了給中原各國提供一個比較安全的外部環境。但是北方戎狄部落的兵力強大，遠非齊國一國之力可以抵擋，雖然齊桓公率軍遠征孤竹，那也不過開地五百里而已。齊桓公遠征孤竹之後不久，狄人又開始進犯中原各國，接連洗劫了邢國與衛國，於是齊桓公召集各國存邢救衛，履行霸主職責。

桓公禦狄

周平王東遷之後，王室衰弱，黃河流域的各諸侯國力量分散，內亂不已，難以集中力量抵抗來自北方草原部落的進攻。與中原的農耕文化相比，草原部落更具有破壞性，他們進攻中原各國的目的不在於兼併土地，而是劫掠財物與人口。春秋初年，戎狄的攻擊浪潮曾經一度到達齊國。當時鄭國是中原首要強國，在鄭國的幫助之下齊國才趕走了進犯的狄人，當時鄭忽不過斬殺了三百敵兵，便被齊僖公讚爲大勝，還想把女兒許配給他。

狄人的侵犯與劫掠並沒有因爲這次小小的失敗而結束，反而愈演愈烈。齊桓公二十七年（周惠王十八年，西元前六五九年），赤狄進犯邢國（今河北邢台）。邢國是個小國，難以抵擋赤狄的攻勢，於是向齊國求援。當時齊軍剛剛遠征孤竹歸來，雖然一舉消滅了令支與孤竹，但是經歷長距離作戰，已是人困馬乏，軍隊需要休養生息。管仲認爲：「戎狄豺狼成性，是中原各國的一大禍害，屢次侵奪各國，毫不滿足，中原諸侯都是兄弟之國，關係密切，不能棄之不顧。何況大家同是周王室的子民，各國都曾盟約，一國有難，各國責無旁貸，身爲盟主的齊國更應該爲各國樹立榜樣。」於是齊國邀請宋國、魯國、曹國和邾國出兵合力抗狄救邢。約定各國軍隊在聶北（今河南清豐北）集合待命，宋國與曹國軍隊先趕到，此時赤狄軍隊正在圍攻邢國國都。管仲發現赤狄軍隊的戰鬥力非常強，如果貿然進攻未必能取得上風，況且齊軍還未從遠征孤竹的疲憊中恢復，於是沒有主動攻擊狄軍。管仲用兵一向謹慎，不做無把握的事情，這次也不例外。

雖然管仲極力主張抗狄救衛，但是最根本的目的還是爲了齊國的霸主地位，要是不能拯救邢國於水火中，齊國還有什麼資格號令天下。但是管仲不願意用自己苦心經營的三萬精兵爲一個小國的安危而冒險。於是，管仲便建議齊桓公屯兵於聶北，等魯國與曹國軍隊到來。結果便出現了一場奇怪的戰爭，幾個大國看著一個小國爲了自己的生死存亡與狄人奮戰。

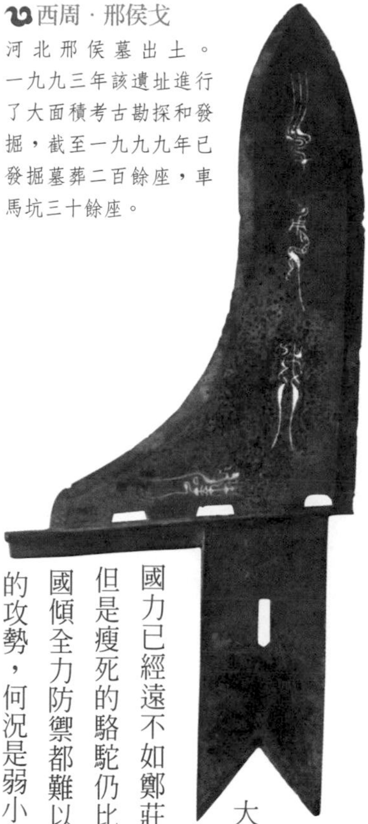

西周·邢侯戈

河北邢侯墓出土。一九九三年該遺址進行了大面積考古勘探和發掘，截至一九九九年已發掘墓葬二百餘座，車馬坑三十餘座。

作壁上觀

三國大軍在聶北按兵不動，邢國國小兵弱，勢單難支。雖說救人需救急，但管仲則不這麼認爲。在他看來，狄兵士氣正盛，此刻出擊不過是硬碰硬。殺敵一千自損八百的買賣，管仲是不願意幹的。

當時狄人氣焰囂張，連鄭國也受到狄人攻擊，鄭國派大夫高克駐守北部邊境，結果高克大敗而歸。雖然鄭國國力已經遠不如鄭莊公時期，但是瘦死的駱駝仍比馬大，鄭國傾全力防禦都難以抵擋狄人的攻勢，何況是弱小的邢國。

管仲要三國大軍屯紮在聶北，一方面派人告訴邢國國君，他們在聶北等待魯軍與曹軍的到來，五國大軍匯聚之後便發兵救邢。其實管仲這麼做只是爲了保存實力，因爲邢國爲了社稷的安危必定不惜死戰，必然會大大消耗狄兵的士氣和兵力。

狄兵進攻邢國數日，兩軍互有勝負，但是邢國終究是個小國，難以抵擋狄人的猛烈攻勢，最後邢國爲狄兵所攻破，邢國百姓紛紛逃亡，多數到了齊國，以求在霸主的大傘之下得到庇護。

邢國國君叔顏的運氣比衛懿公要好，他從狄兵的重重包圍中逃出，好歹保住了一條性命。叔顏來到齊桓公的大營便大吐苦水，桓公只好爲自己開脫，說正在與宋、曹兩軍商議進軍路線，現在已經擬定進軍方略，即日便可起程追剿狄兵。

狄兵進入邢國國都之後便大肆搶

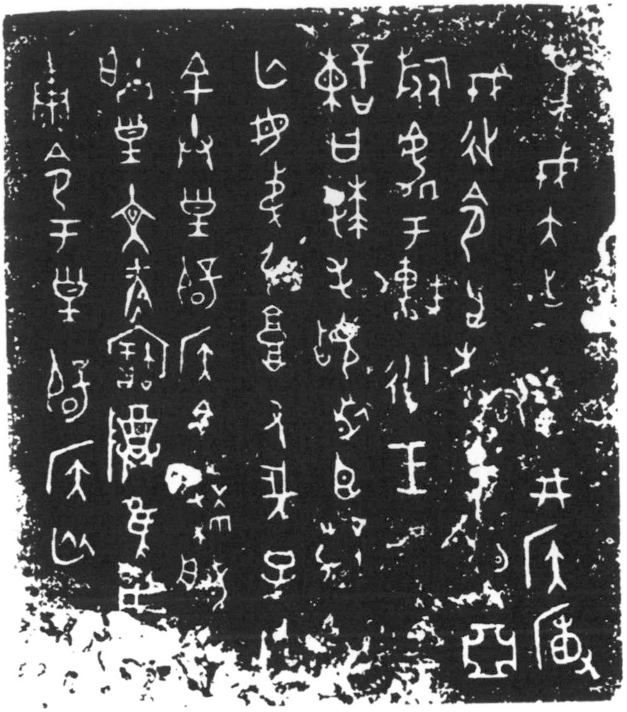

西周．臣諫簋拓片

臣諫簋，一九七八年出土於元氏縣西張村西周墓葬內。器內底鑄有銘文。銘文因鏽蝕較嚴重，多數漫漶不清，或根本無存。臣諫簋銘文的主要內容是：當戎人大舉出現于地之時，邢侯即率軍與戎人作戰，同時邢侯命令諫率亞旅居于地，並命諫為國的執政大臣。諫則稟告邢侯，其子早亡，請邢侯允許其胞弟引之長子（即諫之長侄）入朝，繼承他的官職。諫的請求得到了邢侯的應允，故作器以記之。

掠，齊、宋、曹三軍拔寨起程。三國大軍浩浩蕩蕩，軍容齊整，頗有攻無不克的氣象。狄兵主帥瞍瞞已經攻破衛國、殺死懿公，劫掠了大量財物。此次征伐收獲頗多，但是作戰時間太久，士氣下降，戰鬥力銳減。三國大軍已經屯紮甚久，養精蓄銳，個個摩拳擦掌準備找瞍瞞算帳，爲衛、邢兩國報仇雪恥。瞍瞞聞知三國大軍來勢洶洶，於是命令士兵加緊劫掠財物，準備班師撤退。等到三國大軍殺過來的時候，瞍瞞已經率兵北歸，邢國國都早已殘破不堪，滿目瘡痍。

邢國與衛國在狄人的攻擊之下幾乎滅國，齊桓公救援不力是兩國蒙難的重要原因。《春秋》一書中沒有記載齊桓公爲保留實力，屯兵聶北作壁上觀這一件事情。因爲這件事有損齊桓公的威名，齊桓公登上霸主之位倚仗的是以德服人，若是爲了保存自己實力而置中原諸侯的安危不顧，甚至坐山觀虎鬥，有損齊桓公的道德形象。

扶危濟困

狄人此次南犯，造成了衛國和邢國極大的破壞。齊桓公興兵救援不利，已經理虧，作爲霸主自當扶危濟困，紓解各國的困難。既然沒有能夠抵擋狄兵的進犯，那麼戰後重建理應履行霸主的職責。

邢國百姓逃亡大半，國都破損嚴重，而且所處位置正位於抗擊狄人的第一線，一旦狄人南下，邢國國都首當其衝。桓公問邢侯叔顏：「舊都是否可以翻修？若想在故址重建，寡人將派人協助。」邢侯深受狄人侵犯之苦，他不想再做抗擊狄人的「先鋒」了，於是選擇就此遷都。他回答齊桓公：「老百姓大都已經逃至夷儀（今山東聊城西南），也不願意繼續在舊都居住，還是順從民意，就此遷都夷儀吧。」

反正重修舊都與另建新都所耗費的人力物資差異不大，齊桓公便痛快地答應了邢侯的要求，於是命令三國軍隊在夷儀爲邢國另立新都。建立宗廟、修設宮殿、修整道路，三國的士兵反倒成了泥水匠。

狄人勝利北歸之後，邢國百姓的財物已經被擄掠殆盡，於是齊桓公命令軍隊從齊國運來豬牛羊雞等禽畜給邢國，送衣物與糧食給邢國百姓。都城修建完工之後，邢國百姓歡欣鼓舞地搬進新城，就像回到故都一樣。他們已經將夷儀當作自己的國都，早已忘卻了狄人入侵帶來的苦痛。

夷儀修建完畢，宋曹兩國準備班師回朝，桓公說：「諸君稍等，我們給邢國建立了新都，衛國比邢國的狀況還慘，現在衛侯還在漕邑苦心經營，我們還是一起給衛國也建立新都吧。」盟主一言既出，誰敢不服。其實大家都是心知肚明，衛文公的姐姐長衛姬是齊桓公非常寵愛的妃子。幫助衛國建都除了履行霸主職責外，也是姐夫試圖幫助小舅子。

衛文公也盼望齊桓公能夠爲自己建立新都，當齊桓公問他是不是已經選好地點了。衛文公答道：「已經選擇好了，在楚邱（今河南滑縣東北）。但是興建費用非衛國所能承擔。」

齊國國勢鼎盛，幫助衛國修建新都不過是小事一樁，況且現在還有宋曹兩國軍隊聽候差遣。三國士兵又當了一次泥水匠，幫助衛國在楚邱建立了新都。衛國上下自是對齊桓公的無量功德感激不盡。邢衛兩國百姓非常滿意齊桓公興建的新都城，史書大表齊桓公的功德說：「邢遷如歸，衛國忘亡。」意思是，邢國遷到夷儀絲毫沒有陌生感，如同回家一樣愜意，而衛國人都忘掉了亡國之恥。

衛文公作詩答謝

衛文公非常感激齊桓公幫助衛國重建新都，也是爲了討好齊桓公，所以給齊桓公作了一首詩：投我以木瓜，報之以瓊琚。投我以木桃，報之以瓊瑤。投我以木李，報之以瓊瑤。這首詩後來成爲男女之間互訴情愛的情詩，衛文公將這首詩送給齊桓公，可見他對齊桓公的感激有多深。

召陵之盟

中原各國不僅受到北方戎狄的侵犯，還受到日益強大的南方楚國的蠶食。中原各國在南北夾擊之下，生存困難。《穀梁傳》中這樣描寫中原各國的處境：「南夷與北狄交，中國不絕如線。」還沒等齊桓公把北方的戎狄趕走，南方的楚國便開始進攻鄭國，窺視中原。北方的戎狄不過是劫掠財物而已，而南方的楚國則試圖問鼎中原，這對齊國是一個更大的挑戰。

楚國伐鄭

楚國經過數代君王的苦心經營，國勢日漸強大，不斷兼併周邊許多小國，成爲獨霸江漢流域的南方大國。與齊國相比，楚國的地位是建立在武力征服和威懾的基礎上，而齊國則是依靠「尊王攘夷」得來的威望。楚國的疆域經過幾代君王的征伐已經有了很大的拓展，而齊國則仰賴管仲在政治、經濟、軍事等諸多方面的改革得到了一種集約型的發展，領土沒有太大的拓展，但是國力卻有很大的提升。

與齊國在周王室的崇高地位以及在諸侯國中的八面威風相比，楚國只能算個「暴發戶」。楚成王登基之後在令尹子文的輔佐之下內修政治，外樹威名，積極向北方發展，圖謀中原盟主之位。看著齊桓公在中原各國中的地位與名望，楚成王難免有些心急。雖然楚國實力不在齊國之下，但是德不足以服人，威不足以懾眾。令尹子文安慰成王：「齊桓公經過將近三十年的時間才逐漸建立起霸業，冰凍三尺非一日之寒，大王必須耐心等待，步步爲營才能奠定百年基業。」

鄭國自莊公之後便開始沒落，由於地理位置十分重要，衰落之後的鄭國成爲南方的楚國與北方各國爭霸的戰場。鄭國是屏蔽中原各國免受南方楚國入侵的關鍵所在，所以時刻得提防楚軍進犯，君臣枕戈待旦，但這並不足以讓楚國打消進攻鄭國的念頭。

楚成王十四年（周惠王十九年，西元前六五八年）冬，楚成王已經按捺不住角逐霸主之位的急切心情，於是命令大夫鬥章率軍進攻鄭國。鄭國立即派人向齊國求援，齊桓公在檉

（宋邑，今河南淮陽西北）大會諸侯，準備救助鄭國。鬥章僅僅率領了二百輛兵車，實力不強，而且看見鄭國準備就緒，齊桓公已經召集眾諸侯準備合力救鄭，他認爲勝算不大，於是班師回朝。楚成王大怒，認爲鬥章貪生怕死，要鬥廉斬殺鬥章。鬥廉不忍心殺鬥章，便讓鬥章將功折罪，命他即刻率軍再次攻鄭，鄭國必定沒想到楚軍會退而復還。於是鬥章便急行軍到鄭國，鄭國的聃伯沒有做好禦敵準備，結果被鬥章擒獲，成了階下囚。

鬥章小勝回國之後，算是勉強撿回一條性命。但楚成王並不滿足，他的目標是以鄭國作爲跳板，爲謀取中原霸主之位奠定基礎，擒獲一個聃伯對於楚成王的雄心壯志而言，根本算不上什麼成功。於是，楚成王命令鬥章再度進軍，不達目的誓不罷休。南北兩強的齊楚大戰就此上演。

春秋楚國．螭虎天圓地方龍鹿紋燈台

春秋戰國時期的漆器是中國漆工史上一個重大發展時期，器物品種及數量大增，值得一提的是此件漆器底部為青銅，以青銅和漆器合為一體，一是為了加重器物下部重量使其平穩，更是此時期工藝水平提高的展現，同種技法在漆器製造中非常罕見。

桓公救鄭

面對楚國這龐大的勢力，即使齊桓公傾全國之力也難以制伏楚國。齊桓公一如以往，通知各路諸侯，要求一致抗楚救鄭。

齊桓公這次抗楚行動不僅與中原各國會盟，而且還挖了楚國的牆角。江（今河南正陽塗店附近）、黃（故地在今河南潢川一帶）兩國本來是楚國的屬國，但是這次卻主動加入齊桓公的反楚陣營。齊桓公非常高興，認爲自己的威名已經遠達南方，只是這些國家懾於楚國的淫威而不得不服從於楚國而已。如果中原盟主能向他們伸出援手，他們自然會歸順中原。管仲認爲此事不妥，江、黃兩國是楚國的勢力範圍，而且齊國與這兩個小國距離遙遠，如果楚國征討這兩個國家，齊國必然要按照盟約施以援手。管仲是一個具有戰略眼光的政治家，在那個時代就懂得成本與收益的計算，江、黃兩國的加盟雖然能夠使齊國得一時之快，但是卻意味著承擔長久的沉重義務，並不划算。

但是這次桓公沒有聽從管仲的勸說，齊桓公二十八年（西元前六五八年），齊桓公與江、黃兩國的國君在陽谷（即今山東陽谷）會盟，約定聯合討伐楚國。魯國新君僖公派叔父季友前來致歉，因爲上次抗狄之戰魯國缺席，此次伐楚，魯國積極參加。此時楚軍又開始進攻鄭國，鄭文公害怕楚國強大的兵力，想和楚國媾和，大夫孔叔勸諫：「齊國正在準備幫助我國，我們若與楚國言和，是不道德的，無法取信於各國。」於是鄭國再次遣使到齊國，聲言戰事緊急，請齊國盡早出兵。

齊桓公三十年（西元前六五六年），齊桓公召集魯國、宋國、陳國、衛國、鄭國、許國、曹國以及齊國軍隊，祭天拜地之後出發討伐楚國。齊桓公的內侍豎刁作爲先遣隊將軍先行進攻蔡國，待占領蔡國之後借道進攻楚國。豎刁是個貪財的傢伙，蔡侯於是投其所好，施以重金，結果豎刁將作戰計畫悉數告訴蔡侯。小小的蔡國本來就不是中原聯軍的對手，蔡侯連夜跑到楚國，將齊國入侵楚國的作戰計畫如實向楚國報告。

大軍壓境，楚成王只能將自己爭霸中原的計畫暫且擱置，一方面命令鬥章把伐鄭的軍隊調回駐防楚國邊境；另一方面則動員國內兵員積極防禦。齊桓公率領聯軍南下，蔡侯已經不戰而逃，聯軍沒有遇到什麼抵抗就直抵楚國邊境。

楚王既然已經自鄭國撤圍，救鄭的目的自然達到了，管仲認爲只有這種出其不意的用兵戰略才能方便快捷地解救鄭國。管仲用兵不僅謹慎小心，而且詭譎玄妙。

屈完卻齊

聯軍浩浩蕩蕩地開赴楚國邊境，結果路上遇到楚國的大夫屈完。齊桓公沒想到楚國早已有所防備，更沒想到洩露祕密的是自己寵愛的內侍豎刁。屈完奉楚成王之命，詰問齊桓公有什麼理由集結多國軍隊侵犯楚國。師出無名，即便軍威再盛，軍力再強也難免心虛。

屈完彬彬有禮地向前，但是語中帶刺：「我們國君特派我來向您請教，您居在北海，我們身處南海，本是風馬牛不相及的，不知道有什麼地方冒犯了您，勞駕您興師動眾前來討伐？」

齊桓公聽完之後，一時語塞，屈完說得並不是沒有道理。此時管仲走上前義正詞嚴地說：「當年周成王封我先君太公望於齊時說，公侯伯子男五等候爵，九州各地的諸侯，你都可以征討，以拱衛周王室。此外，東起大海，西到黃河，南至穆陵（故地在今湖北麻城北），北達無棣（故地在今山東無棣境內），凡有不供奉王室者，你都可以征討。楚國每年都應當向王室進貢供祭祀用的包茅，你們多少年沒有進貢了？當年周昭王討伐南征而殞命，你們該負什麼責任？」

管仲這一反駁也算有理有據，不過都是頂著周王室的名號，屈完也不甘示弱：「不向王室進貢包茅是我們的過錯，理當改正。但是昭王南征殞命，跟楚國沒關係，您還是跟漢江討回昭王吧。」屈完的話也是綿裡藏針，每年一車包茅對楚國來說，又算得了什麼，所以屈完索性承認那是個錯誤。當年周昭王南征落入河裡淹死，這可是個大錯誤，要是承認，那齊桓公號令各路諸侯前來討伐楚國那就是名正言順了。所以屈完不承認周昭王之死與楚國有關係。

齊桓公見楚國並未被懾服，所以命令聯軍繼續進逼，在陘（楚地，在河南郾城境）駐紮。其他諸侯也想盡快進軍，一舉攻下楚國。管仲反對：「討伐楚國的目的只是讓楚國臣服而已，不是佔領楚國的土地。現在我軍兵多將廣，對楚國是一種震懾。最好是不用兵戎相見便可以制服楚國。」不戰而屈人之兵是戰略的最高境界，齊桓公退守召陵（在今河南漯河境內），陳兵於楚國邊境，意在給楚國造成心理壓力。楚國雖然在江漢一帶獨霸一方，但是面對齊桓公如此之多的軍隊，楚軍也不敢貿然出擊。屈完再次來到桓公兵營，雙方展開談判。

楚成王讓屈完帶著一車包茅到齊桓公那裡，一方面表示認錯，另一面尋求和平解決兩強之間衝突的方法。齊桓公故意在屈完面前展示聯軍的兵威並問屈完：「我有這樣的軍隊，什麼戰爭打不贏？什麼城池攻不下？」屈完答道：「如果您以德服人，誰敢不服呢？但如果您執意進軍的話，楚國會以方城山為城，以漢江為池，不知道您的大軍如何攻陷這樣的城池？大王素來以德服人，現在為何不與楚國結盟，和平解決雙方紛爭呢？」齊桓公同意屈完的提議，於是在召陵歃血結盟。齊楚之間劍拔弩張的緊張氣氛，便在結盟的裊裊青煙中飄散。

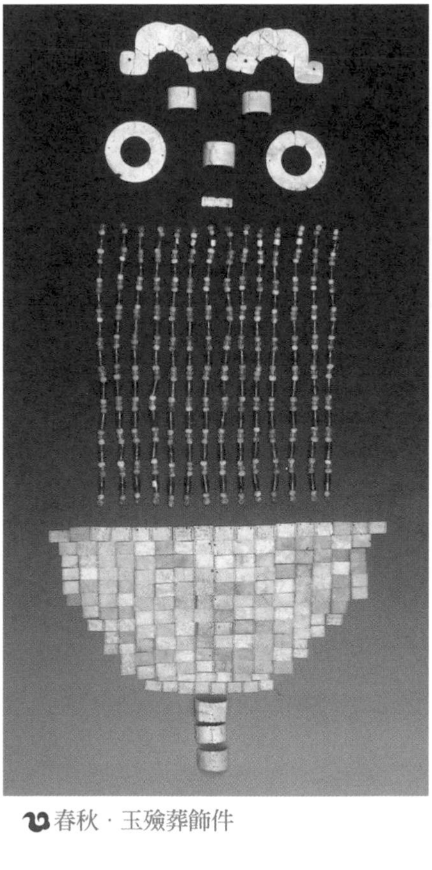

春秋．玉殮葬飾件

葵丘會盟

齊桓公北征孤竹，南伐荊蠻，救燕定魯，遷邢救衛，以德服人，恩澤四鄰，儼然成為名副其實的霸主。「尊王攘夷」的政策不僅打造了齊桓公的霸業，而且維繫了周王室的存續與威嚴。不過周王室的頹勢難以遏止，數次王位之爭都有諸侯國介入干預。周襄王正是借助齊桓公的威名才得以登基為王，襄王大表齊桓公的扶攜之功，齊桓公則在葵丘（今河南民權東）大會諸侯。

齊桓尊王

齊桓公伐楚歸來，聲威日隆。楚成王已經答應朝貢周王室，於是派人向周惠王進貢一車上好的包茅。周惠王大喜，多少年來荊楚一直是周王室的隱痛，如今歸順周王室，周惠王將大功攬在自己身上。

楚成王的使者前腳剛走，齊桓公的使者後腳便來了。齊桓公替王室制服了楚國，當然要表一下自己的功勞。當時的使者還身兼間諜的功能，負責觀察周王室的政治動向，使者回國之後向齊桓公報告：「王室可能會出現內亂。」原因很簡單，周惠王的嫡長子名鄭，已經立爲太子。太子鄭的母親姜氏死後，周惠王寵幸一個妃子，她爲惠王生了一子，名帶，帶善於逢迎，深得惠王的歡心。惠王打算廢黜太子鄭，另立帶爲儲君，一場王室內部的權力爭鬥即將上演。自東遷之後，周王室屢屢因爲廢長立幼引起王室內亂，每次都得靠諸侯來平息叛亂。如果沒有諸侯的支持，周王室或許早在內耗中亡國了。

齊桓公以「尊王」、「攘夷」作爲稱霸的兩大政策支柱，王室出亂子，齊桓公豈能坐視不管。但是現在王室內鬥還在暗火悶燒階段，齊桓公沒有理由領軍出師。既要保證周王室王位順利交接，又要保持齊桓公的霸主風範，這的確是個難題。管仲又一次爲齊桓公解決難題，獻出了一個妙計：太子鄭的儲君之位之所以岌岌可危，根源在於他的政治勢力過於單薄，現在齊國號召各國會盟，要求太子鄭出席，就說各國諸侯想一睹太子尊容。各國諸侯成爲太子鄭的支持者，周惠王便不敢造次廢長立幼了。

齊桓公深以爲然，於是召集各國在首止（衛地，今河南睢縣東南）會盟，派遣使者告訴周惠王：「諸侯會盟於首止，請太子鄭代表王室參加，讓諸侯們以表尊王之意。」周惠王本不想讓太子鄭參加會盟，但是齊國的勢力遠遠超過王室，周惠王敢怒不敢言，只好派太子鄭參加會盟。

齊桓公三十一年（西元前六五五年），齊、宋、魯、陳、衛、鄭、許、曹等八國諸侯會於首止，等太子鄭抵達首止時，齊桓公以君臣之禮稽首拜禮，以示尊重太子鄭，其他諸侯莫不如此。太子鄭受寵若驚，齊桓公倒是開門見山：「此次會盟主要是爲了擁戴太子，有各路諸侯的鼎力支持，太子可以高枕無憂。」太子鄭在首止逗留數日後，害怕給各路諸侯造成不便，便向齊桓公辭行。

齊桓公勸太子鄭：「現在讓太子在此逗留，目的是使大王知道各國對太子留戀不已，太子滯留的時間愈久，您的地位就愈穩固。」於是，太子又在首止多逗留數日。

春秋．虎形玉佩

虎形佩，一對，形制大小相同。玉色灰白夾黑。扁平體，虎形。虎作伏臥狀，頭微昂，有一小孔，似為目，亦可綬繫，腹下四足屈蹲，捲尾高翹，背脊琢出扉稜。正面以減地斜切手法陰刻變體夔紋，填以羽狀細劃紋。反面光素，留有直線鋸痕四道。這是一對能合為一體的虎佩，據其反面的鋸痕觀察，兩佩是從一塊器胎上切割琢成的。兩虎造型生動，紋飾線條粗獷遒勁，刀法犀利有力，富有古樸的藝術美。

太子鄭在首止久留不歸，周惠王知道這是齊國在向他施加壓力，內心十分不快。加上叔帶與其母日夜圍繞在周惠王身邊讒言不斷，周惠王決定要逆勢而行。

齊桓公伐鄭

周惠王身爲天下共主卻受制於齊桓公，內心十分痛苦。楚成王進獻包茅並表示服從王室，此事讓周惠王看到了一線生機和希望。楚國與齊國爲敵，而北方大國晉國並沒有加入齊國的陣營，若能挑起這些大國之間的對抗，便能坐收漁翁之利，這似乎是周惠王制衡齊國，擺脫其控制的一條捷徑。

周惠王首先要做的是瓦解齊桓公的陣營，於是他寫信給鄭文公，希望他背叛齊桓公，聯合楚國和晉國共扶王室，並且許下了優厚的條件。在首止參加會盟的鄭文公看完周惠王的親筆信之後大爲心動。遙想當年，鄭武公與鄭莊公在周王室任卿士，是各路諸侯的領袖，只是如今中道衰落，鄭

春秋・玉谷紋璧

國淪落為一個二流國家，只能加入齊桓公的陣營。現在周王室垂青於鄭國，鄭國可藉機中興。大夫孔叔勸諫鄭文公：「君侯不可輕舉妄動，輕信妄言就可能會令我們失去援助，沒有援助，內憂外患紛至沓來，困頓時再乞求幫助就非常困難了，那個時候您將追悔莫及。」大夫申侯反對孔叔：「周天子的命令，不可違抗。」鄭文公不聽孔叔的勸諫，連夜從首止回國，齊桓公大怒。鄭國中途退席，並沒有影響首止會盟的大局，剩下的諸侯國在首止歃血為盟，宣誓要扶助王儲，穩定王室。太子鄭已經從首止得到了足夠的政治支持，再三感謝各路諸侯之後便起程回國。

鄭文公回國之後，便準備與楚國結好，楚成王也想藉此機會入主中原，雙方一拍即合。鄭文公的大夫申侯本就是楚國人，熟悉楚國高層，因此成為楚鄭兩國談判的聯絡人。鄭楚兩國正在密謀合作，齊桓公則是召集各路諸侯準備討伐鄭國背盟。齊桓公三十三年（西元前六五三年），齊桓公率領聯軍圍攻鄭國。鄭國遣使向楚國告急，楚國這次也學會了齊桓公的招數。許國是齊國的親密盟友，楚國發兵攻擊許國，齊桓公為了救許國不得不從鄭國撤圍。

齊桓公胸中一口惡氣未出，怎能善罷甘休，鄭國背盟一事直接損害了齊桓公的霸主尊嚴。第二年齊桓公又率軍圍攻鄭國。楚成王這次似乎打算作壁上觀，鄭文公後悔當初沒有聽從孔叔的勸誡，中途背盟結果招致齊軍兩度圍攻鄭國，此時已經是後悔不迭。孔叔勸鄭文公修書求和，而齊桓公也不想在同盟內部兵戎相見，於是齊國、宋國、陳國與鄭國在寧母（今山東魚台）會盟。鄭文公心虛膽怯不敢親自參加會盟，派出世子華代表與會。鄭文公繞了一圈又回到了原地，唯一得到的就是在諸侯之間喪失了信譽。

葵丘會盟

齊桓公三十四年（西元前六五二年）冬天，周惠王病死，太子鄭密不發喪，遣使到齊國，告訴齊桓公惠王已死，希望各國支持自己順利登基。齊桓公立即召集各國諸侯在洮（今山東鄄城西）會盟，各國都派出使者到周王室，等各國代表到齊之後才為周惠王發喪。不久，太子鄭順利登基，即周襄王。

周襄王能順利登基主要是靠齊桓公的鼎力支持，既已登基當然要答謝齊桓公的幫助。齊桓公也自感功勳卓著，內尊王室，外攘戎狄，維護了中原各國的穩定。齊桓公三十五年（西元前六五一年），齊桓公在葵丘大會諸侯，這次會盟更像是爲齊桓公的霸主之位加冕。周襄王派宰孔帶著祭祀用的肉（胙）、彤弓矢、大路參加葵丘會盟。被稱做「胙」的祭品不是一般諸侯可以得到的，這是周天子祭祀用的祭品，只有同姓大宗才有資格得到。所以周襄王給齊桓公「胙」，是相當高的禮遇了。

齊桓公上前領受「胙」，宰孔說：「天子臨行前告訴我，伯舅年事已高，加賜一級，不用下拜。」雖然周王室勢力沒有齊國強大，但是天子的威嚴尚存，而且齊桓公以尊王爲口號，怎麼也不能違背禮制。於是齊桓公就冠冕堂皇地說：「天子的威嚴不遠，近在咫尺，小白怎敢廢棄君臣之禮呢？若不下拜，將令天子蒙羞。」於是下拜接受天子的恩賜。各路諸侯都跟隨齊桓公行叩拜大禮。

周襄王遣使參加會盟，並且給齊桓公如此之禮遇，事實上等於承認了齊桓公的霸主之位；而參加會盟的諸侯國都是齊桓公陣營的，早就承認了齊桓公的霸主之位。各國在葵丘會盟上重申：凡參加會盟各國，言歸於好。討伐不孝之徒，不能廢長立幼，不能以妾代妻；尊重賢良，培養人才，表彰有德之人；尊老愛幼，幫助賓旅；不殺士大夫。將盟約書寫下來，只是宣讀一下而已，不用歃血，諸侯便非常信服。

葵丘會盟之後，齊桓公的霸業達到登峰。常言曰：「月滿則虧，水滿則溢。」齊桓公本來就好色，葵丘會盟之後，更加忘形自滿。這回輪到齊國上演紅顏禍水的悲劇。

齊國的外交幹才隰朋

隰朋是齊國的公族，在齊桓公時期擔任大行一職，也就是相當於現在的外交部長。管仲對於隰朋曾做出這樣的評價：「升降揖讓，進退閑習，辯辭之剛柔，臣不如隰朋。」在齊桓公稱霸的過程中，隰朋在外交方面做出了巨大貢獻，折衝樽俎是隰朋最擅長的工作。其中最令人稱道的是平晉之亂。齊桓公三十五年（西元前六五一年），齊桓公召集葵丘之會後不久，晉獻公病逝，晉國發生內亂，隰朋統率諸侯聯軍平定了晉國之亂，與秦穆公之軍共納晉公子姬夷吾於國，是為晉惠公。第二年四月，隰朋作為諸侯聯軍的統帥，又與周王室的代表周公忌父及大夫王子黨共同為晉惠公舉行了即位典禮。

春秋・蟠虺紋斗

此斗帶有曲柄的小杯，如北斗星之形。敞口圓底，短直柄微向上，斗與柄身相接處為一獸首。斗腹飾弦紋一周，弦紋上下飾繁密的蟠虺紋。

霸主的身後事

春秋征伐不斷，能得天下英才而善用者將稱霸天下。齊桓公便是這樣一個英明的君主，他不計較當年管仲一箭之仇而拜為國相，而管仲的謀略與運籌也讓齊桓公登上了中原霸主之位。不過王侯將相也是凡夫俗子，有著自己的愛好與惡習。齊桓公不但是個好色之徒，而且還喜好與豎刁、易牙等奸佞之臣為伍。管仲猶如一道防波堤一樣，阻礙著後宮與這些佞臣作亂。等到管仲、鮑叔牙等忠臣賢相一死，齊國宮室便陷入狂風暴雨，雄霸天下的齊桓公被三個奸臣關於高牆之內，孤獨終老。桓公的兒子們磨刀霍霍，昔日的朝堂瞬間變為權力的角鬥場。

管仲死後的政局

管仲病重，齊桓公前去探視。齊桓公希望管仲能留下一些治國方略。命在旦夕的管仲心懷齊國霸業，但是環視朝野，幾乎無人可以替代他。管仲提的第一個建議便是要齊桓公將豎刁、雍巫、開方等佞臣逐出朝堂。其次便是讓鮑叔牙接任國相之職，但是管仲深知鮑叔牙是個嫉惡如仇之人，眼睛裡容不得沙子，作爲國相的人應該要能海納百川，周旋於形形色色的人之間。

齊桓公四十一年（西元前六四五年），管仲去世，鮑叔牙接任，繼續推行管仲制定的治國方略，齊國國力繼續增長。但是沒有豎刁等人的陪伴，齊桓公的生活失去了樂趣，整日食不甘味，夜不能寐，面容憔悴。齊桓公的寵妃長衛姬說：「趕走了豎刁等人後，國家並沒有因此而更加繁榮昌盛，既然如此，何不把他們召回呢？」

齊桓公說：「我非常思念他們，但管仲臨終前再三叮囑，而且鮑叔牙對這三個人沒有好感，如果召回，恐怕鮑叔牙不同意。」長衛姬說：「大王年事已高，應該開開心心地安享晚年，怎麼能聽任他們擺佈呢？還是先把雍巫召回來吧。」於是，齊桓公先將雍巫召回宮中，鮑叔牙得知此事進諫說：「大王難道已經忘記管仲的遺言了嗎？爲何將雍巫召回？」齊桓公說：「此三人對我有益，無害於國家，仲父說此三人會使齊國遭受大禍，未免言過其實了。」齊桓公不聽鮑叔牙的勸阻，又將開方、豎刁兩人一併召回。三人官復原職，時時不離齊桓公左右。

鮑叔牙看齊桓公寵信佞臣，鬱鬱寡歡，最後在憤懣中死去。三人從此更加肆無忌憚，見齊桓公垂老無能，便趁機專權，齊國朝野內外烏煙瘴氣。

春秋前期．黃夫人豆

有蓋，斂口，平沿，束頸，折肩，斜腹，下收成平底，高圈足，其上有三角形鏤孔，腹內有三行十六字銘文：「黃子作黃甫（夫）人行器，則永寶寶，靈冬（終）靈後。」此豆與黃君孟豆的造型既別緻又實用，其高圈足配有鏤空的裝飾，使該豆上實下虛，既穩定又便於把握。

齊桓公大病臥床，三人便密謀切斷齊桓公與外界的聯繫，以齊桓公的名義寫了一個小牌掛在宮門口，上頭寫著：「寡人身體不適，不論何人一律不許入宮，若有國事，等寡人病好再奏。」齊桓公就這樣被軟禁起來，英雄一世的齊桓公就這麼落在幾個奸詐小人手中。這些小人治國無能，整人倒是非常有一套。他們將齊桓公的侍衛全部趕走，在齊桓公的寢宮周圍築起高牆，英明一世的齊桓公就此成了「囚犯」，直到死去再也沒有從高牆之內走出來過。

更令人頭疼的是，齊桓公妻妾成群，三位正室都沒有生下兒子，只有他的如夫人爲他生了六個兒子，這些公子覬覦君位已久。長衛姬的兒子無虧年齡最長，且長衛姬深得齊桓公寵愛，加上雍巫、豎刁都與長衛姬關係密切，於是他們請齊桓公立無虧爲世子。但是齊桓公更喜歡賢能的公子昭，希望百年之後由公子昭繼位，便立公子昭爲世子，並且在葵丘會盟上將昭託付給宋襄公。

群公子大鬧朝堂

齊桓公孤獨地在高牆之內喪命，雍巫、豎刁得知齊桓公死訊後，密不發喪。兩人跑到長衛姬宮中謀劃扶公子無虧繼任君位。長衛姬自然喜出望外，母以子貴，假若無虧能榮登大寶，長衛姬自然地位就攀升了。

於是，雍巫、豎刁召集家丁殺入王宮擒拿世子昭。世子昭也非等閒之輩，身處亂局之中，必須眼觀六路，耳聽八方。雖然雍巫、豎刁築起高牆，但是齊桓公的死訊還是洩漏了出來。齊桓公死後上演了一場權力的爭鬥，雍巫、豎刁等人擁戴無虧，而世子昭的政治靠山遠在宋國，風緊雲驟

春秋．曾子簠
附蓋方簠，動物形鈕、方口、折壁、圈足，口沿有小獸首，足側鏤空為几字形。蓋以鏤空飾幾何紋、八卦，腹飾蟠虺紋。器底有銘四行。

之時，世子昭只好出奔宋國。

雍巫、豎刁等人率領家丁殺進世子昭的宮中，卻發現昭已經逃之夭夭。既然世子已逃，那麼當務之急便是佔領朝堂，如果被其他公子捷足先登，無虧便失去優勢了。因爲正選的繼承人已經棄國而逃，剩下的幾個公子，誰佔領朝堂便可以具有優勢。雍巫、豎刁等人率軍殺向朝堂，等他們趕到時，發現朝門已經大開，原來百官已經知道雍巫、豎刁帶兵圍東宮一事，斷定會有奸臣乘機作亂，大家正在商議救護世子之事。百官一擁面前，都問：「世子何在？」雍巫答道：「世子無虧正在宮裡。」眾人說：「無虧未曾受命冊立，不是合法繼承人，還我世子昭來！」豎刁仗劍道：「昭已棄國而逃，奉先君臨終遺命，立長子無虧爲世子，有不從者，天下人共誅之。」眾人憤憤不平，個個怒火中燒，雙方廝打起來。手無寸鐵的朝臣當然不是訓練有素的士兵的對手，半數朝臣死於亂劍之下。剩下的懼於無情的刀劍，敢怒不敢言，紛紛回家，大門緊閉，躲避這次平地乍起的政治風波。

無虧在刀劍的幫助之下登上君位，可是朝堂內外只有雍巫、豎刁甘爲臣子，桓公朝的重臣非死即傷，平日論政議事的肅穆之地卻變成了政權奪位的戰場。除公子雍之外，其他公子莫不磨刀霍霍，公子潘集結家丁壯士佔據了朝堂右殿；公子商人與公子元也不甘示弱，率領兵丁佔領左殿。

爲什麼這些公子如此激烈爭奪王位而不顧國家安危、人民疾苦？理由很簡單：既然都是齊桓公的骨血，如果世子昭回來了，大家擁戴他登基爲王，如果不回來，齊國江山大家都有份。於是他們先從佔領朝堂開始，準備瓜分齊桓公的江山。

結果，朝堂之上三國鼎立，公子無虧佔據正殿，左右兩殿也各自有主。四個不肖子，互不相讓地在朝堂對峙數月，而父親的屍體此時已經腐爛生蟲。

宋襄公伐齊立君

世子昭逃到宋國，對宋襄公陳述齊國的混亂局勢，希望宋襄公能夠出兵穩定齊國局勢，幫助他回國即位。宋襄公本來就是仁義之人，一直銘記當年齊桓公的囑託，現在該是踐行承諾的時候了。此外，出兵齊國還有更深的含義：連齊國這首屈一指的大國都需要宋國的幫助才能穩定局勢，那麼齊桓公死後，宋襄公便可接過霸主的大旗了。

於是，宋襄公約了衛、曹、邾三國共同護送世子昭回國就位，四國大軍浩浩蕩蕩地來到齊國邊境。無虧是在腥風血雨中登上王位，朝野內外本是迫於壓力才承認這個新君的，一旦外部有風吹草動，反對無虧之人何止成百上千？四國聯軍開始伐齊，無虧命令高虎、國懿仲負責城防，國高兩家是左右齊國政局發展的最重要的兩大家族。兩大家族向來擁護世子昭，只是如今世子昭遠在異國他邦，為了穩定政局，他們才迫不得已接受了無虧。

聞知宋襄公率大軍護送世子昭回國即位，高、國兩大族自是非常欣慰，於是高虎先是用計謀殺掉了豎刁，向宋襄公獻城。無虧得知豎刁被殺，便帶領十幾個侍衛從宮中倉皇出逃，結果死於亂劍之中。雍巫得知無虧、豎刁已死，連夜逃往魯國。高虎率軍迎接世子昭，昭登基即位，即齊孝公。四國聯軍完成任務之後便自行退兵。

世子昭即位之後，地位並不穩定，其餘三位公子仍繼續作亂，剛剛回國的宋襄公調轉馬頭，又一次幫昭平息了內亂。三位公子不是逃跑出奔，便是死於刀劍之下，齊國政局趨於平穩。

忠貞如一的晏蛾兒

齊桓公被軟禁在高牆之內，終日無人陪伴。有一天忽然有個貌美如花的女子來到他的病榻前，桓公甚是驚喜。一問才知，這個女子叫晏蛾兒，曾經被齊桓公臨幸過一次。晏蛾兒冒著生命危險越過高牆來探望桓公。齊桓公身邊的女人不可計數，他最寵幸的女人在他病危之時卻忙著爭權奪位，而這個自己難以記起的女子卻為他殉情。

管仲墓

管仲墓在山東省臨淄區的南牛山北麓。北臨淄河僅一百公尺，西瀕溝塹。墓高十四公尺，東西長三十六公尺，南北長約十四公尺。墓前有「齊相管夷吾之墓」石碑，周圍有新砌磚石圍牆環繞。傳說墓前原有一幢石碑，上面刻著毛維孫的詩：「幸脫當年車檻災，一匡霸業為齊開。可憐三尺牛山上，千古常埋天下才。」

春秋主要諸侯國簡介

西周自文王、武王、周公以來，封邦建國，開疆拓土，建立起煌煌氣象的偉大王朝。數百年來，各諸侯國拱衛京畿，為周天子藩屬之邦。隨著時間的推移，各國裂土分治，蠶食著周天子的王土，銷蝕了周天子的威嚴與權力。諸侯國爭權奪利的廝殺構成了一部春秋史的主要圖景。在烽煙四起的爭霸戰爭中，大國各領風騷幾十年，小國只能如牆頭之草，迎風而動，時起時仆。

魯國

魯國是周公旦之子伯禽的封國，周公旦有大功於周王室，因此周王朝對周公後人委以重任。當初魯國封地爲東夷部落所聚居，將伯禽分封在此，是作爲周朝在東方的重要據點。魯國在春秋時期一直是舉足輕重的國家，魯莊公時期曾多次用兵於齊國，只是魯國地處齊楚之間，難以施展自己的抱負，在漫長的春秋爭霸歷史中，魯國一直扮演著二流強國的角色，這種尷尬的局面也許有違當初周天子分封時的初衷。

齊國

齊國與魯國一樣，系出名門，齊國始祖乃是周朝開國功臣姜尙，也就是大名鼎鼎的姜子牙。齊國據有魚鹽之利，一躍成爲東方大國，成爲周天子東方的據點。齊桓公廣攬賢良，勵精圖治，九合諸侯，一匡天下，成爲春秋初期首位獨領風騷的霸主。

晉國

據史籍記載，晉國始祖是周成王的弟弟虞。周成王滅唐國後，將唐國分封給虞，其子燮父又改遷晉水旁，改國號爲晉。晉國在春秋初期陷入內亂，無暇參與爭霸，直到晉文公流亡十九年，歷經人間悲苦後回到晉國。他整軍經武，城濮一戰定乾坤，奠定了晉國上百年的霸業。雄霸諸侯各國的晉國最後陷入內部紛爭，六卿專權擅政，最終，三家分晉結束了晉國的國脈，同時也爲春秋史畫上了句號。

秦國

秦國偏居西部，秦國的始祖秦襄

公因護送周平王東遷有功，被封爲諸侯，方始建國，長期與西部的戎族部落爲伍。秦國在與戎狄部落的爭戰中造就了一支能征善戰的軍隊。秦國據守關中，表裡河山，易守難攻。東部的晉國擋住了秦國逐鹿中原的去路。因此，春秋時期秦國一直沒能如願爭霸中原，只是一個西部大國。

春秋時期古周城

古周城又名襄王受覲城，位於河南孟州西北丘陵地帶的槐樹鄉境內，和順澗湖共同組成了古城湖風景區，城內有春秋時期遺留下來的古周城城牆、古戰道、千歲墳、烈婦井和白衣堂等歷史遺址。

鄭國

鄭國與周天子爲鄰，平王東遷之時，鄭國鼎力相助，春秋初年，鄭國便與周天子一爭高下。鄭莊公掃除了自己兄弟的割據勢力之後，國力大增，成爲中原地區第一強國。北方狄人頻繁南侵，鄭莊公的兒子曾經幫助齊國驅趕狄人。鄭國的霸業曇花一現，等到南北兩大國——晉楚崛起之後，鄭國就只能在夾縫之間求生存。

宋國

宋國是殷商之後，周天子滅商之後，爲了安撫殷商之後，便將其後代分封在宋國。宋國是春秋初期的大國，向來以仁義治國治軍。泓之戰中，宋襄公在戰場上自毀長城，爭霸未遂。宋國一直處於大國爭霸的夾縫之中，亡國之後難得善待。

楚國

楚國始祖乃是祝融八姓，相傳爲顓頊之後，由於非華夏民族，因此楚國的爵位一直居於末流。楚國在各個諸侯國之中一直是一個異類，但是各國都懼怕楚國的國力，即使英武一世的齊桓公也拿楚國沒有辦法。楚莊王飲馬黃河，楚國勢力延伸到黃淮一帶，勢力非其他國家可比。

吳越

吳越兩國地處東南之濱，直到春秋晚期，吳越兩國才引起各國的注意。吳越兩國的崛起代表了春秋爭霸的重心轉向東南，只是兩國「其興也忽焉，其衰也忽焉」。未等夫差與勾踐北上爭霸，戰國歷史就開始了。

假道滅虢

自晉武公重新統一晉國之後，晉獻公多次征伐開地，晉國國勢日長。晉國的兩個鄰居虞國和虢國，則是在兩個無道之君的統治下，國勢日殆。更可笑的是，虞侯貪戀美玉良駒，讓晉軍從虞國借道攻擊虢國，最後虢國與虞國都被晉國收入囊中。

晉國的崛起

平王東遷之時，晉國有功於周王室，成爲黃河上游屈指可數的幾個大國之一。晉文侯三十五年（周平王二十五年，西元前七四六年），晉文侯仇去世，其子昭侯即位。昭侯將自己的叔叔分封到曲沃，結果，曲沃的勢力不斷增強，兩強抗衡前後長達六十七年，晉國陷於內耗，無力向外擴張。

晉武公三十八年（西元前六七八年），晉武公重新統一晉國，消除了晉國的割據勢力，集權於中央。武公的兒子晉獻公將威脅國家安全的世家大族勢力加以分化消滅，並建立起一套行之有效的權力機制。經過一段時間養精蓄銳之後，晉國開始兼併周圍的小國。

晉國南方的鄰國虞國（今山西平陸、夏縣一帶）與虢國（今河南三門峽一帶）是同姓封侯，關係一直非常緊密。兩國佔據著有利地勢，虞國佔據茅津，虢國據有崤函，如果吞併兩國，晉國就可以將西方的秦國堵在西部，阻止其向東發展。

虢國經常侵犯晉國的南部邊境，晉國一直在尋找機會吞併虢國，但是攻打虢國需要經過中間的虞國，虢國與虞國向來親密友好，晉國苦於沒有機會進犯虢國。由於虢公是個好色之徒，晉獻公的大夫荀息便獻策，選出能歌善舞的絕色美女送給虢公，虢公必然沉湎於酒色而荒廢政事，從而給晉國可乘之機。

晉獻公從國中挑選了數名美豔女子送給虢公，虢公甚爲喜歡，於是終日與美女爲伴，早將國家大事拋諸腦後。虢公的大夫舟之僑認爲這是晉國的糖衣毒藥，勸虢公還是遠離美色，勤於政事。深陷溫柔鄉難以自拔的虢公怎麼聽得進逆耳的忠言，憤怒之餘，他將舟之僑發配到下陽（今山西平陸盤南村一帶）戍邊。

當時北方的戎狄勢力強大，經常南下進犯華夏各國。當邢國與衛國因爲戎狄入侵而滅國時，晉國和虢國還可以獨當一面，可見兩國的國力不弱。晉國軍力強大，戎狄不敢進犯，而虢國勢力相對弱小，戎狄便伺機進犯虢國。晉獻公十七年（西元前六六○年），犬戎進犯虢國，襲擾渭汭（渭河入黃河之處，在今陝西華陰北），爲虢公所敗。

春秋晉國．玉神人面飾

這一玉面飾出土於山西曲沃羊舌村，這裡是晉國公卿羊舌氏的墓地。這一玉飾是晉國玉器的傑作。

後來犬戎繼續侵擾虢國，晉獻公十九年（西元前六五八年），虢公率軍抵抗犬戎，雙方在桑田（今河南靈寶西）相持不下。強鄰環伺，本來就非常危險，即便警鐘長鳴都不一定能夠保證國家安寧，虢公卻自恃先祖爲周王室卿士，貪戀女色，不理朝政，疏遠忠良。虢國依靠險要地勢或許能夠拒敵一時，但不能保證國家的長治久安。如果虢國與其他華夏國家聯盟對抗戎狄，便可減輕邊防壓力，可是西方各國各自爲政，虢國的近鄰卻在關鍵時刻出賣了虢國。令虢公意想不到，也無法抵擋的是晉國借道虞國，從背後進攻虢國。

晉國對虢國、虞國覬覦已久，併吞兩國已是晉國爭霸的基本條件，晉獻公自然不會輕易放過這兩塊嘴邊的肥肉。

虞侯受賄

虢公在桑田與犬戎對峙，晉獻公打算趁火打劫。爲了借道虞國，晉獻公決定賄賂虞侯。只有投其所好才能達到賄賂的目的，每個人都有自己的愛好，而這種愛好往往就是弱點，虞侯不喜歡財貨，也不喜歡美女，他只喜歡兩樣東西：美玉和良馬。晉獻公有來自垂棘的美玉和屈地的良馬，但是這兩樣寶物是獻公的至愛，怎麼能輕易送給他人，而且對方還是個小國的國君。荀息勸諫道：「大王該有長遠眼光，江山社稷要比美玉良駒重要得多，何況虞國遲早也是您的囊中之物，現在把良駒美玉送出去，不過是

春秋・青銅鼎

將美玉寄存在虞國，良駒拴在虞國的馬廄而已，他日虞國都是您的了，自然可以將美玉良駒收回。」

晉獻公聽了也覺得頗有道理，於是就命荀息帶著美玉良駒出使虞國，虞侯一聽晉國要借道攻打虢國，大搖其頭。虞侯雖然不是個精明的君王，但是他至少還知道虞國與虢國是同姓封侯，兩國本是一體。但是當荀息將虞侯心癢難耐的兩件寶貝拿出來的時候，虞侯就不再堅持了。

為了給晉國進攻虢國找一個正當的理由，荀息在虞侯面前慷慨陳詞：「當年晉國國內兩強相爭時，虢國曾多次捲入其中，現在虢國仍多次侵犯我南部邊境。請貴國給予方便，我們要向虢國討回一個公道。」

虞侯的大夫宮之奇勸諫虞侯：「大王萬萬不可讓晉軍從我國過境攻擊虢國，虢國與虞國唇齒相依，這些年，強國不敢加兵於我國，關鍵在於我國與虢國相互扶攜支持。俗話說，唇亡齒寒。如果虢國被消滅了，那麼虞國離亡國也不遠了。」

已經為美玉良駒迷住的虞侯怎聽得進，與宮之奇同朝為官的百里奚不但沒有與宮之奇一起勸諫虞侯，反而勸宮之奇少說為妙。面對一個愚昧昏庸的君王，一味直諫容易成為刀俎之魚肉，宮之奇不是比干，他不想讓昏聵的虞侯把他的心也挖了。於是宮之奇開始舉族而遷。

百里奚仍舊忠心於虞侯這個昏君，並未隨之離去，但是他自己也知道，虞國借道無異引狼入室。併吞虢國尚需要借道虞國，而進犯虞國則不需要借道，況且虢國一滅，虞國勢單難支。

面對強國，小國往往左右為難，要不是聯合起來共同對抗大國，就只好依附於大國。

唇亡齒寒

虞侯答應借道，晉獻公欣喜異常，遂任命里克為主將，荀息為副將，率領大軍討伐虢國。虢國領土由三部分組成：東部滎澤地區的虢亭稱為東虢；黃河北岸的下陽稱為北虢；黃河南岸的上陽（今河南陝縣）稱為南虢，是虢國的都城駐地。晉國要併吞虢國就得攻破上陽。

虢國雖然國勢不強，但是據守險要地勢，曾經數次擊退戎狄的進犯，所以對晉國而言，襲取虢國也並非輕而易舉之事。晉軍決定分兩步併吞虢國：先佔領下陽，再攻取上陽。

晉獻公十九年（西元前六五八年），里克、荀息率領晉國大軍抵達虞國，虞侯熱情招待了遠征軍，並表示願意協助。虢國的下陽由舟之僑據守，易守難攻，里克決定智取。虞侯收受了晉國的寶物，自當有所回報，於是率領夾雜著晉國士兵的軍隊來到下陽城，謊稱要幫助虢國抵擋犬戎。舟之僑信以爲眞，打開城門，沒想到虞侯竟送來一個「特洛伊木馬」，下陽遂被晉軍佔領。

東周・玉鏤雕螭虎紋雙瑗並體璧

玉料呈深綠色，體扁平，通體鏤雕，兩面紋飾相同，璧肉部分為兩個大小不等的瑗，瑗體一飾臥蠶紋，一飾勾連雲紋，兩瑗間由一螭虎相連，璧的外側各鏤雕螭虎一個，形象生動。

得勝的晉軍繼續向南推進，南渡黃河，直逼上陽，虢公聞知下陽失守，率軍撤回上陽加固城防。晉獻公讓卜偃占卜一下，要多久才能夠攻克上陽。卜偃說，需要四個月。晉軍從八月開始圍攻上陽，到了十二月，上陽城中糧草匱乏，百姓生活難以爲繼，虢公自認守城無望，便棄城逃往雒邑。

虢國的都城已經成爲晉國囊中之物，如果晉國不趁勢將虞國一起併吞就無法對虢國進行有效的統治，若是每次都得向虞國借道的話，等於是受制於人。凱旋的晉軍回到虞國的都城，主將里克自稱身體不適，需要在虞國靜養一段時間才能回國。虞侯信以爲眞，並沒有想到其中有詐。

過了一段時間，屬下回報虞侯：「晉侯率軍前來。」虞侯開城迎接，雙方一團和氣。幾天後，晉獻公約虞侯同去打獵，虞侯爲了展示軍力強大，將精壯武士悉數帶上。沒過多久，虞侯收到通知：「都城失火。」虞侯火速趕回都城，才發現根本不是失火，而是晉軍佔領了虞國的都城。虞侯捶胸頓足，後悔當初沒有聽宮之奇的勸諫，宮之奇當時的勸諫又迴盪在虞侯的耳邊：「輔車相依，唇亡齒寒。」但如今已悔之晚矣。

荀息牽著當初送給虞侯的良駒，捧著美玉來到晉獻公面前說：「臣的計謀已經實現，現在還璧於府，還馬於廄。」晉獻公笑著說：「玉仍舊是美玉，可惜馬的年紀大了。」不過對他來說，出借美玉良駒而得以兼併虢國與虞國，可算是撿了大便宜。

五羖大夫百里奚

姜太公八十垂釣於渭河，周文王載之以歸，拜為尚父，輔佐武王伐紂，匡定天下；百里奚七十入秦，秦穆公不嫌其年老體衰而拜為相國，輔佐秦穆公征服西戎，拓地千里，爭霸中原。這樣的一位治國賢才卻是秦穆公用五張公羊皮換回來的。百里奚坎坷流徙數國，備嘗人間艱辛，這些苦難卻凝聚成他治國的智慧，使偏居西隅的秦國熠熠生輝。

窮百里坎坷流浪

百里奚是虞國人，年輕時飽讀詩書，眼看年齡即將三十了，卻只成家而未立業。男兒志在四方，豈能安於貧困的現狀而無所事事，於是百里奚決定外出遊歷，尋求入仕爲官。妻子杜氏是個通情達理的女人，非常支持丈夫的想法，於是百里奚拜別妻子，踏上了漫長的創業之旅。

雖然百里奚腹中詩書萬卷，但是無人舉薦，仍是懷才不遇，最後淪落至乞討爲生的地步。他流浪到一個叫銍（今安徽宿州）的地方，認識了蹇叔，蹇叔也是當地知名的賢士，兩人因此惺惺相惜成爲至交。當時齊國公孫無知篡位弒殺齊襄公，張榜招賢，百里奚想前去應徵，但蹇叔勸他不要去。他說無知弒君而立，王位並不穩固，況且還有公子糾和公子小白出逃在外，於是百里奚便不去了。後來百里奚聽說周王子頹好牛，善於飼養牛的人便可以獲得官職。百里奚非常善於養牛，於是決定前去爲王子頹養牛。臨行前蹇叔告誡百里奚：「大丈夫不可輕易委身於人，賢臣擇明主而事，飛鳥擇良木而棲。萬一遇上昏聵之主，拋棄他那就是不忠，如果跟他一起共赴患難，就是不明智。」

百里奚辭別蹇叔前往成周，百里奚果然不負「養牛大王」的美名，沒過多久，百里奚善養牛一事便傳到王子的耳朵裡，王子想讓百里奚成爲自己的家臣。此時，蹇叔從銍到成周，與百里奚一起拜見王子。後來蹇叔告訴百里奚，王子並非明主，志大才疏，周圍皆是佞臣，這種人難成大氣候。因此百里奚假託回鄉探望妻兒，辭別了王子。

蹇叔告訴百里奚，虞國大夫宮之奇也是自己的朋友，他可以向宮之奇引薦百里奚。百里奚回到闊別數十年的老家，發現妻兒早已流落他鄉，下落不明。百里奚遂前去拜見宮之奇，宮之奇認爲百里奚是個賢才，於是舉薦爲官，共同輔佐虞侯。

晉國假道伐虢，宮之奇苦諫，虞侯不從，遂舉族而遷，百里奚則留在虞侯身邊。當虞侯淪落爲晉國階下囚時責怪百里奚爲何不阻止他借道，百里奚只是苦笑了一下，「您連宮之奇的話都不聽，怎聽得下我的話呢？」虞侯聞之默然。

百里奚大半生漂泊，周遊各國，熟知各國的人情風俗、山川地形，也深知各國政治制度的優劣，儘管半生流徙，卻積累了許多寶貴的治國見聞。

百里奚陪嫁拜相

虞國傾覆，百里奚被俘虜到晉國，有人向晉獻公舉薦百里奚，於是晉獻公派人去勸百里奚，結果碰了一鼻子灰回來。百里奚說：「我既然已是虞國大夫，就要忠於虞國。即便我再次爲官也不會在晉國！」看來，百里奚是鐵了心不效忠晉國，於是晉獻公開始嫌棄百里奚。

晉國西邊的秦國在秦穆公的統治下，國家開始振興，秦穆公登基數年尚未娶妻，便派人帶著金帛向晉國求親。晉獻公也想與秦國聯姻，打算把女兒嫁給秦穆公。在選擇陪嫁的奴僕時，一個好事者向晉獻公推薦了百里奚。晉獻公對此人已無好感，於是就把這個快七十歲的老頭子作爲陪嫁品一同送給秦國。

百里奚聞知自己將被當作陪嫁品送給秦國，不禁仰天長歎：「眞是造化弄人，當年我帶著滿腔熱情與抱負別離妻兒，遠走他鄉，沒想到輾轉顛簸幾十年之後竟淪落到這種境地。」在前往秦國的路上，百里奚尋機逃到了楚國。楚國的獵人將他綁送到當地

春秋早期．秦公鎛

橢圓長體，于部略斂，口平齊，器身有四道扉稜，兩側的扉稜由九條透雕夔龍組成，連接成懸鈕。鎛身中部上下各飾一條由變形蟬紋、竊曲紋、菱形紋作圍邊的帶紋。帶紋中有四組夔龍紋。

官府，百里奚自稱是虞國人，因爲虞國覆滅而逃亡至此。官府問他有何特長，百里奚回答善於養牛。於是，官府就派百里奚養牛，沒過多久，牛隻在百里奚的餵養下健碩肥美，連楚王都聽聞了百里奚善於養牛。楚王召見百里奚詢問養牛之道，百里奚答道：「適時餵養，體恤其體力。」楚王點頭默許，說：「既然深諳養牛之道，那麼肯定也可以養馬。」於是，命百里奚到南海牧馬。

後來秦穆公發現陪嫁的禮單上有百里奚，卻沒有看到這個人，便問大夫公孫枝：「百里奚是什麼人，爲何會出現在禮單上？又爲什麼沒來？」公孫枝原是晉國人，因爲在晉國不得志而投奔到秦國。公孫枝說：「百里奚有經世濟民之才，只是虞侯愚昧沒有重用他。虞國亡國之後，百里奚忠於虞國而拒絕在晉國爲官。據說百里奚的妻兒在楚國，我猜想，現在百里奚應該在楚國。」秦穆公胸懷凌雲之志，正大力建設秦國，求賢若渴，如此良才自然不會拱手讓給他人，於是他命公孫枝攜帶重金贖回百里奚。公孫枝說：「萬萬不可，楚王也是惜才之人，此刻沒有重用百里奚是因爲還不知道他是治國賢才，如果您大張旗鼓地重金贖買必將引起楚王的懷疑，反而得不到百里奚。」於是秦穆公派人帶著五張公羊皮前去楚國，告訴楚王：「敝國有僕役逃往貴國，現在想緝拿治罪，希望貴國施以援手。」楚王不願因爲一個馬伕得罪秦國，於是就把百里奚交還給了秦國。

百里奚到達秦國，秦穆公出城迎接。秦穆公與百里奚談起治國之道，百里奚果然政治經驗豐富，滔滔不絕，一連與秦穆公談了幾天。秦穆公大喜，如獲至寶。

百里奚坎坷大半生，終於在秦國

明·仇英·吹簫引鳳圖

《吹簫引鳳圖》描繪的是秦穆公之女弄玉在鳳樓上吹簫引來鳳凰的故事。

找到了一展其才的天地。

百里奚舉薦蹇叔

秦穆公想拜百里奚爲上卿，百里奚連忙推辭：「還有一個人比我更適合做上卿，我的朋友蹇叔比我賢能十倍，您要振興秦國還是請蹇叔出山。」

百里奚不棄糟糠

百里奚的妻子杜氏在楚國替人洗衣維持生計，後來聽說自己的夫君在秦國拜相，於是輾轉到了百里奚的相國府。可是沒人相信一個洗衣服的老婆子會是相爺夫人。一天相國府奏樂，杜氏說自己略通音律，於是得以奏樂唱歌。百里奚聽到當年自己妻子最喜歡唱的曲子，來到歌者面前，才發現眼前的人正是自己苦苦尋找的髮妻。於是，一家人經過千辛萬苦又喜獲團圓。

秦穆公以爲百里奚故意推辭，「蹇叔的賢能我沒見到，所以無法確定，但是您的才能我已見識過了，您還是不要推辭。」

百里奚說：「蹇叔安貧樂道，不願意出仕爲官，所以他的才能不爲人所知。臣曾經打算侍奉齊國的公孫無知，蹇叔阻止我去，後來又幫助我離開了周王子頹，臣兩次脫離政治災禍都仰賴蹇叔的先見之明。後來臣在虞國爲官，蹇叔勸阻我，臣這回沒有聽從蹇叔的勸告，結果虞國傾覆，臣因此淪爲晉國的俘虜。」

秦穆公這才相信世間有如此賢士，於是派公子縶攜重金前去邀請蹇叔。公子縶到了一個風景秀麗的世外桃源，費盡周折之後終於見到蹇叔。剛開始，蹇叔非常客氣地推辭，表示已經沒有出仕爲官的想法，只希望過田園牧歌的生活。公子縶將百里奚的信交給蹇叔，信中寫著：「奚不聽兄長規勸，虞國滅，弟淪爲階下囚，多蒙秦君不棄，委以重任。弟自知才智遠不如兄長，秦君志存高遠，求賢若渴，因此特向秦君舉薦兄長。若兄長難捨山林田園生活，弟當棄爵前往。」

百里奚知道蹇叔淡泊功名利祿，但是十分珍視朋友之誼；蹇叔知道百里奚非常渴慕官位，期望能夠一展胸中宏圖，如果自己拒絕，百里奚便要辭官與他一起歸隱山林。爲了朋友，蹇叔決定入秦爲官。

秦穆公見了蹇叔之後，與其坐而論道，蹇叔對治國之術瞭然於胸，並且提出了秦國內修政治，外爭霸權的具體方略。秦穆公非常滿意，於是任命蹇叔爲右庶長，百里奚爲左庶長，兩人被稱爲二相。

在蹇叔、百里奚的輔佐之下，秦國的國力迅速提升，一舉奠定了秦國的大國地位。

宋襄公爭霸

齊桓公死後，齊國霸業中衰，宋襄公貪慕霸主之名，但宋國勢小力衰，兵少糧稀，無力撐起霸主的威名。為了霸主的虛名，宋襄公先是號召周邊的小國參與會盟，結果連小國都不把宋國放在眼裡；宋襄公退而求其次，與齊楚等國結盟，企圖借助兩大國的勢力來獲取盟主的威名，後來竟為楚王所劫，淪為階下囚；宋襄公伐鄭以立威，楚救鄭而伐宋，宋襄公回師與楚軍對峙於泓水兩岸，標榜「仁義」的宋襄公屢失戰機，落得大敗而歸，霸主之夢從此破滅。

襄公定齊

齊桓公一死，齊國陷入內亂，幾個公子爭奪君位，王宮內外烽煙四起，公子昭靠著宋襄公的幫助才得以成爲國君。宋襄公自恃有功於齊國，既然齊國的內亂都得宋國來平息，那麼宋國接過齊桓公的霸主之位再自然不過了。於是宋襄公朝夕圖謀盟主之位，蠢蠢欲動。

宋襄公同父異母的兄長目夷（字子魚）看出了宋襄公的心思，勸諫道：「宋國無力承擔霸主之名，宋國畢竟與齊國相差甚遠。齊國據有泰山渤海之險，有琅琊即墨（今山東即墨）之饒，而我宋國則深處中原無險可守；齊國有管仲、鮑叔牙等賢才輔佐，而我宋國人才匱乏。」子魚是個有遠見卓識的政治家。地理位置對一個國家具有重大影響，若是處於四戰

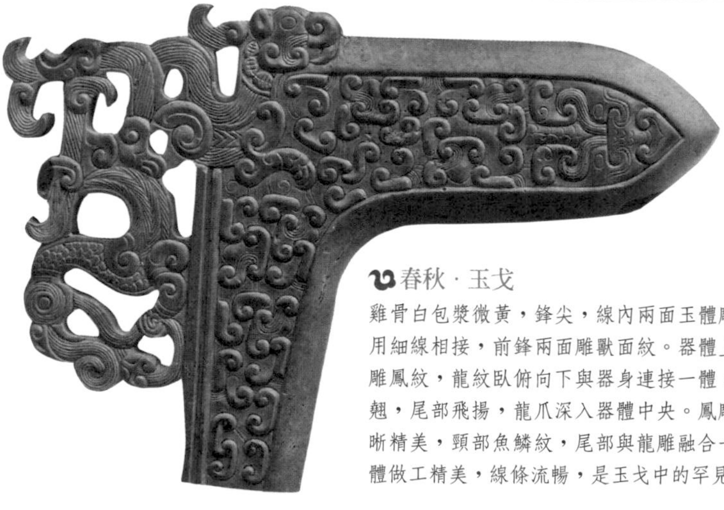

春秋·玉戈

雞骨白包漿微黃，鋒尖，線內兩面玉體雕雲紋，用細線相接，前鋒兩面雕獸面紋。器體上雙面鏤雕鳳紋，龍紋臥俯向下與器身連接一體，龍角外翹，尾部飛揚，龍爪深入器體中央。鳳雕羽毛清晰精美，頸部魚鱗紋，尾部與龍雕融合一體。整體做工精美，線條流暢，是玉戈中的罕見之物。

之地，往往成爲大國征伐的戰場。宋襄公則認爲，儘管宋國的軍事實力和經濟財富都比不上齊國，但是宋國有一樣東西是其他國家所沒有的，那就是仁義。於是宋襄公便學習齊桓公的做法，召集諸侯會盟來確立盟主的地位。

宋國在中原只能算二流國家，在齊、楚、晉等大國中沒有什麼威望，因此宋襄公首次會盟便專找那些末流小國，他向滕、曹、邾、鄫等國發出邀請，相約在曹國會盟。結果鄫國的國君遲遲未到，宋襄公大怒。連這樣彈丸小國都不把宋國放在眼裡，爲了在諸侯之間揚名立威，宋襄公便把鄫國國君給殺了。其他幾位諸侯大吃一驚，曹國國君則中途退場，宋襄公責問曹共公爲何不盡地主之誼，曹共公根本不理會宋襄公，拂袖而去。宋襄公寄予厚望的會盟就這樣不歡而散。

在一群小國面前顏面盡失，宋襄公決定討伐曹國。子魚又勸諫道：「當年周文王因爲崇國國君辱蔑父兄，不敬長老，刑獄不公，分配不均，百姓難以生活才伐崇，圍了三個月沒有攻克，後來崇國國君因爲受到文王的道德感化而主動請降。如今您在道德修爲上有所缺失卻討伐別人，這怎麼可以呢？還是好好反思內省一下吧！」

宋襄公聽不進子魚的勸諫。宋襄公十年（周襄王十二年，西元前六四一年），宋軍圍攻曹國，久攻不克，於是從曹國撤軍。曹共公派人向宋襄公致歉，給宋襄公一個台階下，宋曹兩國又和好如初。

春秋早期．黃君孟鼎

一九八三年河南光山出土，此器斂口，方折沿，立耳，微鼓腹，蹄形足，腹有凸弦紋，沿下有「黃君孟自作巧器，子孫則永寶寶」銘文一行。

楚國爭盟

宋襄公本想召集小國樹立威信，沒想到事與願違。自齊桓公死後，國際形勢大變，原本的強國齊國國力衰退，楚國成了首屈一指的大國，中原霸權開始南移。桓公死後，以齊國爲首的中原同盟便開始瓦解，首先是鄭國於宋襄公九年（西元前六四二年）倒向楚國的懷抱，更有甚者，隔年楚國竟邀請鄭國、齊國、魯國、陳國、蔡國在齊國舉行盟會。事實上，齊國、鄭國、魯國等中原大國已承認了楚國的霸主地位，國力尚弱的宋國想在各大國之間謀取霸主之位談何容易。

春秋・宋公欒

一九七八年河南固始縣侯古堆一號墓出土，蓋、器形制相同，長方口，直壁斜腹，平底，四個矩形足外侈，兩側有粗壯的獸首耳一對，通體飾雷紋。

宋襄公謀霸心切，他的大夫公子蕩更是異想天開，居然想了一個狐假虎威的奇招：借助楚國的威望召集各個諸侯國，然後再以各個諸侯國的力量來制衡楚國。公子蕩的理由是：當今只有齊楚是大國，齊國國內政局剛剛穩定，無力向外擴張，楚國雖然國力強大，但是楚王的爵位並非周王室所封賜，名不正言不順，況且它與中原各國不常往來，各國不過是屈從於楚國的強大罷了，宋國居間可以坐收漁翁之利。子魚聽了之後仰天長歎：「宋國這樣的小國覬覦盟主，戰敗而不亡國就算是一大幸事了！」

宋襄公十二年（西元前六三九年），宋襄公約齊孝公與楚成王在鹿上（今安徽阜陽南）會盟。齊孝公當初仰賴宋襄公的護送才得以即位，因此對宋襄公尊敬有加，早早就來到鹿上，楚成王則是數日之後才到鹿上，三國君王設壇盟誓，宋襄公依恃自己爵位比齊楚兩國高，以盟主自居。宣讀完盟約之後各國君主必須簽字才能生效，此時，宋與齊楚兩國的矛盾便顯露無遺。盟約是宋襄公事先起草的，只是當年齊桓公盟約的一個翻版，了無新意。宋襄公先把盟約交給楚成王，成王發現宋襄公已經簽名，心中暗暗生氣。但齊孝公更生氣，因爲按照爵位，齊孝公要高於楚成王，但是宋襄公卻把盟約先交給楚成王，分明目無齊國，因此齊孝公拒絕在盟約上簽字。

宋襄公自認爲鹿上會盟是一大勝利，於是打算秋天時在盂（今河南睢縣西北）大會諸侯，正式確立盟主地位。而在楚成王眼中，宋襄公不過是貪圖虛名之徒，準備下次會盟時劫持宋襄公，在諸侯之間樹立楚國的威名。

宋襄公十二年（西元前六三九年）秋天，宋襄公在盂與楚、陳、蔡、許、曹、鄭等六國會盟，事先已約定好這是一場「衣裳之會」，各國君不帶片甲與會。子魚想帶兵埋伏在會場附近保護宋襄公，宋襄公認爲此次盟會由宋國做東，如果帶兵前去將破壞盟會氣氛。爲了防止子魚帶兵進入會場，宋襄公要子魚和他一同參加盟會。

令宋襄公意想不到的是這次會盟竟讓自己顏面盡失，楚成王帶著數千精兵參會，這些士兵外穿禮服，內穿鎧甲。會盟一開始，楚成王便當仁不讓，自行登台。宋襄公上前爭論，結果楚成王大喝：「問問各位諸侯，此次盟會是爲宋而來，還是爲楚而來？」結果其他諸侯都說爲楚而來。爭論之間，楚王的士兵便上前把宋襄公給綁了，將會場的祭品等物搶掠一空。

魯僖公左右逢源

楚成王在盟會上劫持了宋襄公，本想狠狠地宰宋國一刀，結果宋國自稱已有新君，宋襄公轉眼之間成了個燙手山芋。楚國與魯國來往不深，而且魯國對宋襄公的狂妄也頗有微詞。楚成王便請魯僖公出面釋放宋襄公，魯僖公欣然從命：魯國一方面賺足了面子並且攀上楚國這一強國，另一方面則施恩於宋國。

宋師敗績

楚成王在盟會上劫持宋襄公，隨後就帶著宋襄公圍攻宋國都城，要宋國繳械投降，不然就殺死宋襄公。宋國守軍說：「我們已經有了新的國君，你要殺就殺吧。」原來子魚趁亂逃回國都，加強都城的防禦。子魚認爲楚成王肯定會以宋襄公作爲人質來侵略宋國，與其如此，倒不如先宣稱宋國已有新君。事實證明子魚的策略是正確的。楚軍攻城數日毫無進展，楚成王的大夫成得臣進諫：「大王還是放了宋襄公吧。」

楚成王請魯僖公出面召集諸侯國在亳會盟，然後在盟會中歷數宋襄公的罪過，之後便將其釋放。蒙羞受辱的宋襄公回到宋國之後，胸中一口惡氣難出，他認爲自己謀霸屢屢受挫都是由於鄭國從中作梗，於是興兵伐鄭。此時鄭楚已經結盟，鄭國向楚國求援，於是楚國出兵進攻宋國，宋襄公只好從鄭國撤圍。宋楚兩軍在泓水（在今河南柘城西北）兩岸對峙。

宋襄公的軍隊已布好陣勢，而楚軍多數尚未渡河，大司馬公孫固說：「敵眾我寡，趁他們正在渡河，應該馬上進攻。」宋襄公說：「不行，我不攻擊正在渡河的部隊。」等楚軍悉數渡河之後，公孫固又說：「楚軍強大，請馬上進攻吧。」宋襄公說：「我不攻擊沒有擺好陣形的軍隊。」

等楚軍擺好陣勢，奮力掩殺過來，宋軍大敗，宋襄公大腿中了一箭。宋國人都將這次失敗歸罪於宋襄公，宋襄公卻理直氣壯地說：「君子不傷害已經重傷的士兵，不俘虜滿頭白髮的老兵。古人作戰，不在隘口阻擊敵人。所以我不會攻擊沒有擺好陣勢的軍隊。」子魚無奈地說：「大王不懂得領兵打仗之道。」

晉國內亂

王位繼承紛爭似乎是每個國君無解的難題，無論中外，由於王位繼承而引起的戰亂與紛爭不可勝數。每位君王在位期間往往妻妾成群，於是後宮之內便展開了一場沒有硝煙的繼位之爭。每個母親都希望自己的兒子能繼承君位，因此後宮紛亂所引起的朝堂喋血就在所難免。晉獻公寵愛驪姬，廢長子申生，引發奪位動亂，公子重耳避禍外逃，踏上了十九年的流亡之旅。

驪姬得寵

晉獻公即位之前娶賈姬爲妃，賈姬沒產子便去世了。後來晉獻公又娶了兩個犬戎的公主，分別生下了重耳和夷吾。晉獻公的父親晉武公晚年從齊國娶了個小妾，名爲齊姜。齊姜年少貌美，晉獻公非常喜歡，便與其私通，生了一個兒子叫申生，晉獻公即位後便封齊姜爲夫人。

晉獻公的婚姻關係複雜，不過這只是當時諸侯婚姻生活的一個縮影。重耳年長於申生，但是申生的母親是正后，按照立嫡不立庶的原則，晉獻公立申生爲世子。如果晉獻公從此不再娶妻，也許晉國宮室就不會出現什麼紛爭，申生與重耳、夷吾三兄弟的關係非常親密。

晉獻公發兵討伐驪戎，驪戎請和，獻上了兩名絕色美女給晉獻公，長者叫驪姬，幼者叫少姬。驪姬容貌堪比息嬀（即前文引起三國征戰的息夫人），口齒伶俐，善於琢磨晉獻公的心思，深得君王歡心。驪姬生有一子，名叫奚齊；少姬也生一子，名爲卓子。驪姬終日陪伴晉獻公左右，晉獻公早已將齊姜拋諸九霄雲外。晉獻公想廢齊姜而立驪姬爲夫人，要太卜郭偃占卜一下，占卜的結果是如果立驪姬爲夫人將引起宮廷的動亂。

晉獻公本來打算藉由占卜爲廢齊姜立驪姬尋找一個合適的理由，結果不但沒有找到理由，反而還多了個阻礙。此時晉獻公已經情迷驪姬，當然不會聽從卜筮的結果。晉獻公一意孤行，挑了個日子便立驪姬爲夫人，將少姬封爲次妃。

晉獻公的舉動引起了朝中重臣的不滿與不安，深諳卜筮之道的史蘇對

春秋‧蓮蓋方壺

一九八八年山西太原金勝村趙卿墓出土。貴族使用的貯酒器，亦可盛水。方口，圓腹，下接高方圈足。壺蓋上有八片鏤空的蓮花瓣斜立於蓋沿。壺頸兩側各附一獸形耳。頸、腹皆飾夔龍紋，頸部的獸形耳與蓋上的蓮花瓣，給人生動活潑和運動的韻律感，動與靜集於一體，相映成趣。

大夫里克說：「晉國恐怕有滅國之災。」里克不解，問其緣故，史蘇說：「當年夏桀伐有施（今山東蒙陰、費縣一帶），有施獻妹喜給夏桀，妹喜得寵而夏亡；紂寵妲己而商亡；幽王寵褒姒而周滅。如今大王寵幸驪戎送來的驪姬，難保有滅國之災。」太卜郭偃則調侃道：「說晉國會亡國是誇大其詞，晉國基業已經奠定，只是會出現紛亂而已，不至於亡國。」

君王常在江山與美人間難以抉擇，當自感基業常青之時，便將注意力放在美人身上。驪姬被立為夫人之後，便開始圖謀立自己的兒子奚齊為世子，可是申生已經被立為世子，而且頗受朝野愛戴。如果無故廢嫡立幼，不但有悖於禮制，甚至會引起朝野上下的不滿。

君王可以另謀新歡，拋棄舊愛，但是不會輕易更換自己的繼承人。驪姬要想讓自己的兒子在晉獻公百年之後登上君位，恐怕還要費此周折。

迫害申生

驪姬憑藉自己的姿色和心計，在很短的時間內就贏得了晉獻公的寵幸而被立為夫人，但是要廢掉申生卻還需要花一番功夫。驪姬並沒有什麼親信，她只能步步為營。晉獻公有兩個佞臣，一個叫梁五，一個叫東關五，二人並稱為「二五」。驪姬決定假「二五」之手除掉申生以及重耳、夷吾兄弟。但是驪姬不能直接與「二五」聯繫，晉獻公有個優人（負責娛樂君王的人）年少俊秀，可出入宮廷內外，驪姬與優人私通，情深意篤，優人對驪姬更是言聽計從。

驪姬命優人攜帶重金拜訪梁五。梁五深諳權力的遊戲規則，天下當然沒有白吃的午餐，便對優人說：「夫人有什麼吩咐儘管吩咐，梁五不是無功受祿之人。」優人看梁五十分爽快，於是開門見山地說：「夫人欲立奚齊爲世子，想請大夫出手相助。」梁五是個趨炎附勢之人，看驪姬深得獻公寵幸，也想巴結驪姬。於是梁五說：「這事需要跟東關五大夫商量。此事事關重大，需要從長計議。」

後來，「二五」向晉獻公進諫，如今晉國疆域廣大，應該遣世子申生、公子重耳和夷吾戍邊，拱衛都城。晉獻公深以爲然，於是將世子申生派到曲沃（今山西曲沃），重耳和夷吾分主蒲（今山西蒲州）與屈（今山西吉縣北）。

申生到曲沃之後，政治修明，深得民心，而且數次出征都獲得成功，作爲儲君，申生深受朝野的讚揚。驪姬本想支開申生，對晉獻公進讒言，結果沒想到反而讓申生獲得了更多的聲望。驪姬非常焦慮，卻又找不到一個殺掉申生的名正言順藉口。她只好使用女人常用的伎倆，讓晉獻公將申生從曲沃召回，假稱想念申生，留申生在宮中吃飯。晚上她便向晉獻公哭訴說申生調戲她。晉獻公並不相信溫良有禮的世子會做出這種事情。第二天，驪姬邀請申生遊園，故意在鬢角抹上蜂蜜，蜂蝶紛紛向她鬢角飛去。

春秋．白玉龍鳳佩

白玉質，扁平形。通體以透雕、圓雕、淺浮雕和陰線刻等手法雕龍鳳紋，喻龍鳳呈祥。

驪姬要申生幫她驅趕蜂蝶，遠處觀望的晉獻公以爲申生在調戲驪姬，痛斥申生，欲將其治罪。驪姬虛情假意地爲其求情，晉獻公便讓申生回到曲沃。

沒過多久，申生從曲沃送來祭祀用的祭品，晉獻公恰好不在宮中。驪姬在酒肉中下了劇毒，等晉獻公回來之後請他享用。晉獻公剛要吃，驪姬說：「外面送來的東西還是先讓下人嘗一嘗。」結果，宮中的內侍吃了肉之後，七竅流血斃命。

晉獻公大怒，派東關五領兵討伐不肖子申生。驪姬除掉申生的計畫終於得逞。

重耳出逃

申生在東關五到達之前便已自殺。當時眾人勸申生先出逃，等眞相大白之後再回國。申生認爲如果眞相明瞭，那麼就意味晉獻公是個昏聵之君，做兒子的不能讓父親惡名遠播，於是他選擇了自殺。

驪姬雖然已經除掉申生，但是仍不滿足，重耳、夷吾與申生三人關係甚篤，爲了剷除後患，就必須將重耳、夷吾一併除掉。驪姬半夜三更向晉獻公哭訴：「賤妾聽說重耳、夷吾與世子是同謀，他們必定認爲世子之死是賤妾所爲。」碰巧的是，沒過多久，有人回報蒲、屈的兩公子本來要朝覲，不知何故雙雙返程。晉獻公認定重耳與夷吾是申生的同黨，命令軍隊前去討伐。

狐突聞知晉獻公要興兵討伐重耳，便讓自己的兒子狐偃火速將這一情況報告給重耳，並叮囑狐偃與其兄長狐毛好好輔佐重耳，不離不棄，日後必成大業。

狐偃快馬趕到了蒲地，將情況匯報給重耳，重耳大驚，於是與狐毛、狐偃商量出奔之事。三人火速逃往狄國，重耳的母親是狄女，所以狄國非常樂意接受重耳。沒過多久，有一小隊人馬從後面追來，重耳本以爲是晉獻公派來追殺的軍隊。後來才發現是胥臣、先軫、魏犨、介子推等賢臣名士，他們聞知重耳出奔便前來同去。

重耳的追隨者中不但有蒲地的名士，還有在朝爲官的大臣。晉獻公寵幸驪姬，逼死世子申生，種種違背禮法之舉令朝野上下頗有微詞，驪姬擾亂了晉國王室的正常運轉，有識之士已意識到晉國即將經歷一場嚴重的政治內亂。

魏犨勇猛無比，提議重耳召集蒲地的士兵起來反叛，以清君側的名義殺回都城奪位。眾人皆不同意魏犨的魯莽之舉，打回都城固然可行，但是重耳必定揹上弒父篡位之名。名不正，言不順，則難以教化百姓，於是眾人決定追隨重耳流亡。

夷吾聞知晉獻公派軍來屈，於是謀劃出奔之事。重耳已經逃往狄國，倘若夷吾也逃到狄國，那麼世人便會相信兄弟合謀的說法。於是夷吾逃往梁國（今陝西韓城），梁國地近秦國，或許可以借助秦國的力量爭奪王位。

晉獻公托孤荀

驪姬雖然讓奚齊做了世子，但是朝野內外除了「二五」之外都痛恨驪姬的陰險毒辣。驪姬擔心一旦獻公去世，朝野內外會群起反對奚齊，於是要獻公給奚齊找一個老師兼保護人。獻公將荀息召來：「朝中眾臣，論才德品質，愛卿出類拔萃，現在將奚齊托付於你，希望你忠心輔佐。」荀息垂淚道：「臣當竭盡全力輔佐幼主。」荀息才智超群，但一味遵從先君遺命，使得晉國王位繼承紛擾不安。

重耳流亡列國

驪姬之亂，晉國王室元氣大傷，公子重耳率眾出奔狄國躲避政治風暴。夷吾在晉國登基為君之後，深恐重耳前來奪位，於是派人前去狄國暗殺重耳。在狄國已經娶妻生子的重耳不得不再次倉皇出逃，情急之下重耳與隨從孤身逃出，落難公子一路盡遭白眼。

重耳出狄

申生自殺，重耳、夷吾出奔，驪姬終於讓奚齊登上了國君寶座。但是朝中多數大臣除了荀息和「二五」之外多半是重耳的支持者，沒過多久，里克便殺了奚齊和卓子，「二五」和荀息等人也命喪王位之爭的亂劍之下。

重耳的弟弟夷吾逃往梁國，爲了得到王位，夷吾向秦穆公許諾割河西五城給秦國作爲酬勞，以換取秦穆公出兵護送他回國就位。後來夷吾變卦，導致秦晉在韓原（今山西河津東）發生大戰，結果夷吾淪爲秦國的階下囚，最後不得不割讓河西五城，才得以回國。

經過如此變亂之後，夷吾並未反思自己的治國之道。登基數年，朝野皆不服，他只能以殺戮震懾朝臣。即便身旁都是自己的親信，他仍舊不放心。哥哥重耳深孚眾望，而且周圍還有一群忠臣死士，一旦出現風吹草

晉文公復國圖・鄭國受辱

重耳出奔圖．僖負羈饋食

據史書記載，僖負羈諫君而君不從，回到家中憤懣不已，他的妻子問清其中的緣由，分析了曹國的形勢以及未來的前途，曹國必然會受到晉國的討伐，甚至有破國亡家的危險。聽了妻子的一席話，僖負羈連忙帶著玉璧和食物去拜見重耳，為自己的前途考慮。

動，重耳非常可能回國爭位。爲了消除這一隱患，夷吾決定派人刺殺重耳以絕後患。

狐突是晉國重臣，他的兩個兒子狐偃和狐毛都追隨重耳出奔。狐突隨時注意夷吾的動向，他獲知夷吾要派人刺殺重耳，便命人送密信給重耳。重耳大驚，於是收拾行裝連忙逃往齊國。

野人授土

重耳有如喪家之犬倉皇失措地逃出狄國，一路狂奔，鞍馬勞頓自不必說。他流亡十二年，本已把狄國作爲自己的歸宿，可是夷吾非要斬草除根，重耳只得再度奔波。從晉國到齊國路途遙遠，重耳等人倉皇出走身無分文，儘管身爲晉國的公子，但是沒有人會在乎落難的公子。重耳一行到達衛國邊界，衛國邊關守將問來者何人，重耳答道：「晉國公子重耳，到楚國避難，借道於貴國。」衛文公聞訊後，並不歡迎重耳的到來：「當年寡人遷都楚邱，晉國人也沒伸出援手，現在憑什麼要我優待一個落難公子？」結果重耳被拒之門外，魏犨等人大怒，嫌衛文公太過無禮。趙衰勸重耳不要生氣：「蛟龍失勢，比於蚯蚓。」

重耳一行人饑腸轆轆，繼續往前走。他們來到一個叫五鹿（今河南濮陽南）的地方，大家饑餓難耐。看到田裡耕作的農夫，重耳便叫狐偃向那個農夫要點食物。狐偃走到農夫面前恭敬地說明來意，孰料那農夫說：「一個堂堂的公子出來竟然不帶食糧，還好意思向我要吃的。我一個種地的哪裡有那麼多吃的東西。」狐偃強忍著怒火，對那農夫說：「即便沒有吃的，給一個吃飯的傢伙事總可以吧？」那農夫說：「吃飯的傢伙事？給你一塊土你自己去做吧！」說完將一塊黃土遞給狐偃。重耳看了氣得命人要鞭打這個農夫，狐偃連忙阻止道：「得到食物容易，得到土地就難了，這是老天爺藉他的手授予你土地，這是要得到國家的徵兆。公子不要生氣，你還是下車拜受吧！」重耳一聽這話也有理，便恭敬地下車施了一禮，將這個土塊接了過來。那些耕地的農夫看到這一幕，不由得哈哈大笑：「這人簡直就是一個傻子！」

寄身齊國

重耳君臣一路歷盡艱辛，好不容易到了齊國。這時候的齊國，管仲、鮑叔牙、隰朋等人都已經去世，齊桓公無心於朝政。當重耳到了以後，齊桓公相當高興，隆重地招待了重耳等人，並將自己的女兒嫁給了重耳。重耳在齊國一待就是七年，錦衣玉食，倒也逍遙自在。這期間，桓公去世，齊國大亂，然而這些並沒有影響重耳的生活。

對於重耳的那些僚屬來說，這並不是一件值得高興的事，他們深知這樣下去回國就遙遙無期了。因此，眾人私下議論應該要離開齊國，另謀出路。於是眾人約好在一片桑林裡面商量離開齊國的事，最後大家決定趁重耳出城打獵的機會離開齊國。

他們哪裡知道，桑林中有一個採桑的宮女將他們的計畫聽得一清二楚。這名宮女連忙回到宮中，將眾人的計畫全部告訴了重耳的妻子齊姜。那齊姜也是有膽有識的人，聽聞此言，便將這個宮女暗地裡滅口。深夜，齊姜叫醒熟睡的重耳，對他說：「你是一國的公子，屬下跟隨你受盡煎熬來到齊國，他們把自己的前途命運都交給了你。公子現在享受安逸，不思考歸國之事，這樣如何能報答這些追隨你的人呢？你現在迷戀我一個人，胸無大志，我感到很慚愧。你現在不去追求，哪裡會成功呢。」重耳聽了這話，對齊姜說：「這裡相當安逸，人生就該如此，我不會離開這裡的。」聽了這話，齊姜知道自己再勸下去也沒意義，便私下和趙衰、狐偃等人商量，想辦法使重耳離開齊國。

齊姜要人將重耳灌醉，趁著他酒醉的時候，將他抬上車子，快馬加鞭，離齊而去。遠離齊國後，在車子的顛簸中重耳的酒也醒了，他覺察到這樣的事相當生氣。重耳下車拿起戈，想要收拾狐偃，狐偃邊跑邊對重耳說：「如果殺了我能夠使公子成就一番事業的話，這是我的意願，萬死不辭！」重耳怒氣沖沖地說：「如果歸國不成，我就剝了你的皮，吃了你的肉！」狐偃笑著說：「事情即便不能成功，我的肉有騷味，恐怕沒法吃。」重耳無奈之下，只得和眾人再次流亡。

艱辛歸國

重耳離開齊國以後到了曹國。曹共公早就聽說重耳天生「駢肋」，便趁著他洗澡的時候偷窺。曹國大夫僖負羈對曹共公說：「重耳是晉國的賢公子，況且又是同姓，如今蒙難來投奔我們，為什麼做出這樣無禮的事情呢？」曹共公哪裡聽得進去，依然故我。僖負羈心裡清楚，一旦重耳復國，肯定不會善罷干休，因此他私下拜見重耳，將貴重的玉璧藏在食物裡送給重耳。重耳接受了食物，卻退還了玉璧。

受到曹共公的無禮對待，重耳離開曹國前往宋國。宋國不久前才遭受了宋楚之戰的慘敗，哪裡還有心思接待重耳。重耳只得前往鄭國。到了鄭國以後，鄭文公很瞧不起這位流亡公子。鄭國的大夫叔詹對鄭文公說：「你應該好好招待他，他的名聲很好，手下的人也很有才能，何況他還是咱們的同姓呢！」鄭文公說：「照你的意思，每個諸侯的流亡公子是不是都應該好好招待？這樣的話，哪裡招呼得來呢。」叔詹說：「君侯不願意接待他，那就將他殺掉，否則必將後患無窮。」鄭文公懶得理會叔詹，對重耳之事全然不放在心上。鄭國待不下去，重耳一行便前往楚國。

到了楚國以後，楚成王按照接待諸侯的禮節隆重地接待了重耳，並贈送諸多禮品。在楚國待了幾個月，剛好晉國內亂又起，秦穆公派人請重耳前去秦國，準備回晉國勘定內亂。重耳告辭楚成王，踏上了回國之路，從此結束了十九年的流亡生涯。

晉文公復國圖．宋襄公贈馬

秦晉結好

一女不侍二夫，一臣不侍二君，這種規則似乎在春秋時期往往難以貫徹實行。諸侯之間聯姻之風盛行，婚姻不僅僅是愛情，更多的是政治權力的糾結。落難的王孫公子同樣可以妻妾成群，重耳流亡十九年娶了三個妻子，而他與懷嬴的婚姻最具戲劇性。懷嬴本已嫁給重耳的侄子為妻，但為了秦晉之間的聯盟，懷嬴又改嫁給年過六旬的重耳。在這場政治婚姻中，女人不過是政治棋盤上的棋子。

入秦締姻

秦國和晉國都是西方的大國，秦穆公也想稱霸中原，但晉國擋住了秦國東出中原的門戶。如果無法使晉國屈服，那麼就只能與晉國結盟，希望日後晉國能保持「善意的中立」。自晉獻公身故以來晉國陷入動亂，秦國曾多次干預晉國王位的繼承，晉惠公夷吾的兒子圉雖然在秦國做質子，不過秦穆公待他不薄，不但沒有虐待他，還把女兒嫁給他，她叫懷嬴（嬴是她的姓，後來圉逃回晉國，登基爲王，即爲晉懷公，所以稱他的妻子爲懷嬴，等到懷嬴嫁給晉文公重耳之後便稱爲文嬴）。

晉惠公病重，公子圉拋下妻子從秦國逃回晉國，秦穆公聞訊大怒，大罵晉惠公父子背信棄義。秦晉間脆弱的友好關係便因公子圉出逃而破裂。秦穆公後悔當初沒有迎立公子重耳就任晉國國君，於是便派人四處打聽重

晉文公復國圖．重耳入秦

秦穆公數次安晉，無奈晉惠公、晉懷公以怨報德。穆公為了達到自己的目的，最終派人到楚國邀請重耳入秦，並協助他完成復國大計。

晉文公復國圖．臨河盟誓

狐偃作為重耳的舅舅，一直追隨重耳左右，為重耳成就霸業立下了汗馬功勞。臨河盟誓一節看起來好像是狐偃在要挾自己的主君，實際上是對這種親情和君臣之情的刻畫。

耳的下落，打算利用重耳干預晉國的內政。等到重耳從楚國來到秦國之後，秦穆公許諾要幫助重耳重返晉國。秦穆公對重耳極盡地主之誼，除了好酒好菜招待之外，秦穆公還提出將宗室的五個女子包括自己的女兒懷嬴許配給重耳。

重耳對這場婚姻也頗爲猶疑，雖然他渴望回晉國登基，但是搶自己的侄媳婦卻有悖倫理。司空季子對重耳說：「都要奪取他的國家了，哪裡還顧得了他的妻子。況且接受了便能和秦國結好，復國就有了希望，現在哪裡還顧得了那些小節。」趙衰也說：「公子能不能回到晉國，關鍵在於秦國能否出面幫忙。如果接受這樁婚姻，未來我們周旋的餘地會大得多。」重耳也知道這樁婚姻的政治含義，但是他心裡還是無法接受懷嬴曾經是自己侄媳婦的事實。狐偃更是一針見血地說道：「如果公子以圉爲國君，那麼懷嬴就是晉國的夫人，如果要回去奪位，那麼懷嬴就是自己仇敵的妻子。」趙衰補了一句：「圉的王位都要奪了，何況一個妻子？」重耳聽完僚屬們的話之後，便欣然決定娶懷嬴爲妻。

對於重耳的決定，秦穆公十分高興，便設宴好好款待重耳和他的僚屬。酒席間，趙衰乘機演唱了〈黍苗〉這首詩，詩裡面流露著濃郁的思鄉情懷。秦穆公很清楚趙衰的用意，他對重耳和趙衰說：「我明白你們急著回國。」聽了這話，重耳和趙衰連忙離席下拜，對秦穆公說：「是呀，我們仰仗君侯成全，就好比百穀等待及時雨一樣。」於是秦穆公爽快地答應了重耳君臣的請求。

重耳即位

此時的晉國，依然動盪不安。晉懷公並非仁義之君，登基之後不施仁政，還大開殺戒，以此立威，朝野內外莫不離心離德，暗暗期盼重耳回國秉政。由於晉懷公早年在秦國做質子，所以朝中並沒有什麼心腹死黨，登基之後只能相信呂甥、郤芮，其餘老臣皆疏遠不用。這些朝中大臣對晉懷公頗爲不滿，欒氏、郤氏派人與在秦國的重耳聯繫，表明願意作爲重耳的內應。

秦穆公二十四年（周襄王十七年，西元前六三六年），秦穆公親自護送重耳回國。在渡過黃河的時候，狐偃對重耳說：「我跟隨公子周遊天下，犯下了許多錯誤，我心裡非常清楚。我認爲現在應該離開你了。」重耳對他說：「要是我回到晉國，不能和狐偃共富貴的話，就請河伯明鑒。」說罷便將玉璧投入河中，與狐偃盟誓。當時介子推也在船上，笑著說：「公子返國是上天所賜，狐偃卻認爲是自己的功勞而要挾公子，實在是丟臉的事呀！我不想和他待在一塊。」

此時，秦軍爲了幫重耳返國，出兵圍攻令狐（今山西臨猗）。晉懷公聞訊命令呂甥、郤芮率軍抵擋，秦軍軍容嚴整，呂、郤自知難以抵擋秦軍進攻，不得以只好投降重耳。狐偃和前來迎接重耳的晉國大臣立誓之後，大家便向晉國的國都曲沃進發。

回國之後，重耳先朝拜了祖廟武宮，然後舉行了隆重的即位儀式，成爲歷史上大名鼎鼎的晉文公。晉文公元年（西元前六三六年），晉國開始進入了一個新時代。當初投降的呂甥、郤芮內心忐忑不安，害怕晉文公秋後算賬。於是二人密謀放火燒掉宮殿，想燒死晉文公以除後患。哪料人

重耳出奔圖．重耳歸國

在秦穆公的策劃和安排下，重耳最終回到了自己闊別十九年的祖國。在這十九年裡，他可說是受盡艱辛，飽嘗人間冷暖。這十九年的經歷為重耳奠定霸業打下了堅實的基礎。有道是：「轔轔車騎過河東，龍虎乘時氣象雄。假使雍州無義旅，縱然多助怎成功。」

重耳出奔圖．秦晉結姻

重耳到了秦國之後，受到了秦穆公的隆重接待，並將自己已經嫁給晉懷公的女兒又嫁給了重耳。為了復國，重耳在眾臣的勸說下只得叔納侄媳。後人有詩感慨道：「一女如何有二天，況於叔侄分相懸。只因要結秦歡好，不恤人言禮義愆。」

算不如天算，他們的計畫被當年刺殺晉文公的宦者勃鞮知道了。在此關頭，勃鞮立即進宮求見晉文公。晉文公一見到勃鞮，不由得怒火中燒，想起當年勃鞮對自己所做的事情，便厲聲喝問：「在蒲城時你刺殺我，斬斷了我的衣袂。後來我跟狄君一塊打獵，你奉了晉惠公的命令來殺我，惠公命令你三天趕到，你卻一天就趕到了，速度還眞是快呀！現在你還敢來見我，你也不用用腦袋！」勃鞮回答道：「我不過是一個受了腐刑的人，哪裡敢有二心背叛主子，因此才得罪了君侯。君侯現在才即位，難道是在蒲和狄的時候即位嗎？何況管仲射中齊桓公的帶鉤，最後成就了桓公的霸業。現在我這個刑餘之人有要事相告，你卻不願意見我，恐怕你就要大禍臨頭了。」晉文公聽了這些話，便將勃鞮請進殿中，勃鞮遂將事情一五一十告訴晉文公。

晉文公聽完大吃一驚，想把呂甥、郤芮叫來問個明白，一想到他們在朝中朋黨眾多，有可能打草驚蛇。為安全起見，晉文公微服出宮直奔王城（今陝西荔東）和秦穆公相會，這件事沒有人知道。到了這一年三月，呂甥、郤芮果然舉兵造反，火燒宮殿，卻發現晉文公不在宮中。二人才知中計，此時，秦穆公設計將二人引誘到黃河邊，當場擒住殺掉，平息了這場叛亂，晉文公才安安穩穩地回到晉國，開始施展自己的宏圖大業。

城濮之戰

一個是雄霸一方的大國君主，一個是四處漂泊的落難公子，兩個人在晚宴上的戲謔笑談，卻在多年之後主導了一場戰爭。這位君王是楚莊王，而這位公子就是後來的春秋五霸之一——晉文公重耳。當兩國在城濮兵戎相見的時候，造就了一句流傳千古的成語「退避三舍」。

宴席承諾

晉惠公十四年（西元前六三七年），在外漂泊多年的晉國公子重耳來到當時最強大的國家——楚國。這位因權力之爭而被迫流亡的公子受到了楚成王的盛情款待。當時楚國廣土眾民，氣候溫潤，物產豐富，兵力強大，是當時諸強中最具稱霸潛質的一個國家。在這樣一個具有霸主氣象的國家受到國君級別的接待，令公子重耳感激萬分。

在一次宴會上，楚成王問重耳：「回晉國後，你打算如何酬謝我今日的款待呢？」重耳答道：「楚國物產豐富，無所不有，晉國所擁有的象牙、獸皮、珍貴的羽毛不過是從楚國流入晉國的，我拿不出什麼珍貴的物產答謝您的恩德。」楚成王笑道：「那公子也得有所表示吧？」重耳想了想說：「託您洪福，若他日果真能回晉國掌權，我將與貴國必將友好相處。要是不幸哪天在戰場上兵戎相見，我將撤軍三舍（一舍三十里，三舍九十里）以答謝您對我的恩德。如果這樣做還不能得到您的諒解的話，那我也只能以刀劍奉陪了。」

楚成王身旁的子玉悄悄對楚成

春秋晉國·子犯鐘

鐘銘所稱「子犯」，就是《春秋左傳》中所述晉文公的舅父狐偃。據第一鐘的銘首：「惟王五月初吉丁未」，可知這套鐘是屬春秋中期周襄王二十年（西元前六三二年），晉文公五年，而全銘意述晉文公一直蒙受舅父的佑助，在外流亡十九年後返晉匡復其邦國，後又與楚爆發「城濮之戰」，大敗楚軍，從而有「踐土會盟」之稱霸等事件。

晉文公復國圖．拜見楚莊王

公子重耳離開鄭國之後，君臣來到楚國。楚莊王對於重耳的到來相當高興，用迎接諸侯的禮儀接待了他，重耳在此表現得異常謙虛，令楚莊王十分欽佩。酒席宴間，終於引出了「退避三舍」的話題，為城濮之戰埋下了伏筆。

王：「重耳出言不遜，目無君上，他日必成楚國後患，不如就此斬殺以絕後患。」楚成王並不同意，他說：「公子重耳志存高遠，言辭謹慎得當，而且跟隨他的人忠心耿耿，晉國正處亂世，重耳回國掌權乃是天意。天意是不可違的。」

運籌帷幄

晉文公重耳流亡十九年，終於在晉文公元年（周襄王十七年，西元前六三六年）回國即位，漂泊半生的他回國後勵精圖治，修明政治，廣納賢才，整飭朝綱、發展經濟、擴充軍隊，使晉國迅速崛起爲大國。

重耳回晉國之前，秦穆公已將自己的女兒許配給重耳以結「秦晉之好」，晉文公二年（西元前六三五年），晉文公幫助秦穆公佔領秦楚之間的小國——鄀國（今河南內鄉），並且俘獲了楚將子儀與子邊。楚將子玉趕來之時，秦晉聯軍已不見蹤影。晉文公此舉可謂一石二鳥：既交好於秦國；又將秦國征伐的方向轉至楚國。晉國如果再將齊國爭取過來，那麼在未來的晉楚之戰中便有更大的勝算。

晉文公四年（西元前六三三年），楚成王率領楚、陳、蔡、許等國聯軍圍攻宋國。宋國向晉國求援。晉國士大夫先軫主張出兵，認爲這是晉國「報施、救患、取威、定霸」的良機。晉文公五年（西元前六三二年），晉軍欲借道衛國討伐曹國，衛國不許，於是晉軍渡過黃河迂迴到衛國，一舉佔領衛國的五鹿和斂盂（今河南濮陽東南）。衛國國君這下慌了，只恨當初沒有善待流亡公子，現在報應到了眼前。他想進行談判，於是低聲下氣地請求晉國人，可是晉國一點面子都不給。衛國國君心想：好，你不答應和談，我就去投楚國。但投靠楚國的事連八字還沒一撇，老百姓卻先造反了，人民打算一擁而上把衛侯直接交給晉軍，衛成公只得出逃。解決了衛國，接下來該收拾曹國了。晉國三軍一鼓作氣，曹共公肝膽俱裂，哪裡還有勇氣抵擋，晉軍不久便攻破曹都。

此時，楚軍再度包圍宋都，宋國派人向晉國求援。這件事讓晉文公相當爲難：救宋肯定會跟楚國開戰，當年自己曾受人家的恩惠，實在下不了手；宋國當年也給過自己好處，又不能不救宋國。這件事令晉文公很困惑，最後還是先軫給晉文公出了個主意：「君侯，爲今之際，應先把曹伯抓起來，然後將曹國和衛國的土地送給宋國，楚國和衛、曹兩國關係親密，我們這樣做，楚國肯定會先救曹、衛而解宋國之圍。」聽了先軫的計畫，晉文公甚爲贊同，於是依計行事，宋國因此解圍，楚成王引兵而回。

楚國生隙

楚成王看到晉國軍力強盛、君臣同心，心生退意。楚軍雖居各國之冠，但勞師以遠，且不佔據有利的地理位置，貿然突進並不能取勝，於是命子玉從宋城撤圍。

楚成王擔心子玉求功心切而恣意行事，所以再三告誡子玉，不要追擊晉軍，《軍志》有言：「適可而止，知難而退，有德者不可敵。」這三者都適用於晉國。倘若此時子玉能夠收斂自己的傲氣與魯莽，班師回朝，也許晉楚之間的這次衝突就不會發生了。但剛愎自用的子玉卻派伯棼向楚成王請戰。楚成王大怒，只給了他一小部分援兵，而子玉誤以爲楚成王支持他出戰，因此更加信心滿滿。

子玉派遣宛春出使晉軍，告訴晉文公，楚國可以從宋國撤軍，但是前提是晉國應該恢復曹、衛兩國的地位。子玉的這一無禮之舉令晉國大夫子犯大爲光火，「子玉不過是個臣子，卻要求晉國拱手出讓曹、衛兩國，而晉文公是君王只能使宋國一國解困，晉文公的尊嚴何在，君威何存？」先軫說：「一個國家應該安定邦鄰才符合禮的要求，按照現在的情勢來看，我們若不答應子玉的要求，曹、衛、宋三國將會捲入一場因我國而起的戰爭，三國必然遷怒於我國而投入楚國懷抱，有損晉國的聲譽。如此則晉國失道寡助，也難以贏得這場戰爭。」先軫認爲晉國應該打一場兩全其美的戰爭，於是獻上良策。他建議晉文公以兩個步驟進行：第一，私底下答應曹、衛兩國復國以離間二國

蒍賈一葉知秋

子玉是當時楚國的一員猛將，為楚國開疆拓土貢獻良多，城濮戰敗時自刎於連谷，不過戰前有一個人早已預見了子玉的命運。楚成王出兵宋國之前，楚王命子文練兵，子文宅心仁厚，練了一上午就結束了，沒有懲罰一個士兵。後來子玉接任後，從早練到晚，一天之內鞭打了七個人，用箭穿了三個人的耳朵。當時年輕的蒍賈（此公是中國歷史上大名鼎鼎的楚國宰相孫叔敖的父親）在子文的家宴上說：「子玉剛愎自用、狂妄自大又不善理政，您舉薦子玉是害了楚國。依我看，讓他帶領超過三百乘戰車出征，恐怕他就會胡來了。」城濮之戰，子玉手下有五百乘戰車。蒍賈有如此管中窺豹的本領，其子「孫叔敖治楚，三年而楚國霸」也就不足為奇了。

與楚國的親密關係；第二，拘捕宛春來激怒子玉。

宛春被拘留於晉軍大營之中，子玉大怒，沒想到自己的如意算盤被識破，反而被晉國將計就計狠狠地將了一軍，顏面無存。子玉怒氣騰騰地率軍殺向晉軍，結果晉軍拔寨後撤，子玉更是追得欲罷不能。他沒想到的是，晉軍退避三舍不僅僅是爲了餞行當年的諾言。

退避三舍

子玉發兵攻擊晉軍，晉文公下令軍隊後撤三舍於城濮（今山東鄄城西南）安營紮寨以待。晉文公五年（西元前六三二年）四月初四，晉楚兩軍對壘於城濮，子玉在陣前大呼：晉軍大敗的日子到了！楚軍除了子玉指揮的中軍是楚國精銳外，其餘的是陳、蔡等國的附庸軍隊，戰鬥力並不強。晉軍下軍副將胥臣把虎皮蒙在兵車的戰馬上，以此衝擊陳蔡聯軍，陳蔡聯軍以爲神獸降臨怯陣潰散，晉軍趁亂攻擊，陳蔡聯軍落荒而逃，楚軍的右軍潰散。晉軍上軍主將狐毛豎起了中軍的大旗，佯裝敗退，下軍主將欒枝亦如此，且將樹枝綁在馬尾上，後撤時塵土飛揚，儼然一副兵敗如山倒的慘狀。楚軍左軍主將子西不知是計，率軍追擊。接著晉軍中軍主將先軫率領晉軍主力將楚軍攔腰截斷，狐毛的上軍則從東西兩面夾擊子西，楚軍左軍潰敗。深陷晉軍三軍包圍的楚軍落敗而逃。

子玉敗退至連谷（今河南西華境內），所率楚軍精銳盡失。又受到楚成王的責難，便自刎於連谷。

城濮一戰，楚國北進的銳氣受阻，晉國聲威大振，晉文公歸國途中在鄭國的踐土（今河南原陽）與諸侯會盟，周襄王派王子虎參加，正式確立了晉文公的盟主地位。

晉文公河陽稱霸

重耳歷經十九年流亡生活，遍嘗人間辛酸艱苦，一旦秉國執政便大展宏圖，城濮一戰定乾坤。齊桓公死後，中原霸主缺位，宋襄公浪得虛名，楚成王不為中原各國普遍接受。晉文公重新扛起「尊王攘夷」的大旗，伐衛破曹討鄭，每戰必勝，擴建六軍，威服四方。踐土會盟，晉文公接任齊桓公霸主之位，隨後又在河陽大會諸侯，朝覲周天子，刑訊衛侯。

踐土會盟

齊桓公死後，齊孝公想恢復父親的霸業；宋襄公想接手霸主之位；楚成王則是覬覦中原已久。晉楚城濮之戰則使形勢立時明朗，中原霸主非晉國莫屬。昔日齊桓公討伐楚國，尚且還召集了八個國家，而城濮之戰，晉國憑藉一己之力便打敗了楚國，晉文公聲威比之齊桓公有過之而無不及。

城濮之戰改變了南北態勢，楚國敗退回南方，而北方各國聚集於晉國周圍。夾在晉楚之間的鄭國則最窘迫尷尬。城濮之戰前，鄭國投靠在楚國陣營，雖然沒有直接派兵幫助楚國，但是背晉助楚之心眾人皆知。城濮一戰，楚軍大敗，鄭文公急忙向晉文公輸誠，但晉文公依然難以忘記當年鄭文公對他的無禮之舉。但是晉文公謀取霸權不但依靠兵威也要依靠道德感召，如果爲了報當年私怨而討伐鄭國，難免有窮兵黷武之嫌。於是晉國與鄭國在衡雍（今河南原陽西）結盟，鄭國加入晉國的陣營。

雖然城濮之戰是一場爭霸之戰，但是凱旋返國的晉文公卻沒把這場勝利視爲晉國的勝利，因爲周王室的名號仍在，透過周王室更容易把戰場上的勝利轉化爲道德的感召力，這也是每位霸主喜歡用的手法。

周襄王聞知晉國在城濮取得大捷，便要親自犒賞晉國三軍。齊桓公死後，中原各國多屈服於楚國的軍威之下，現在終於有個人爲他們出頭了。雖然各國臣服於楚國或是晉國，本質上沒什麼差別，但是當時人們心中的華夷之分觀念仍舊根深柢固。楚國是蠻夷，中原各文明國家豈能臣服於蠻夷，作爲天下共主的周天子當然要獎賞晉文公這位抵禦荊楚蠻夷的英雄了。

晉文公命令軍隊在踐土修建王宮，迎接周天子的到來，同時向各諸侯國發出邀請，在踐土會盟。宋、齊、鄭、魯、衛、莒、邾等國紛紛參加。但看這次會盟的陣容就知道晉國的影響力有多大，中原大國紛紛參加，小國就更不用說了。周天子接待晉文公的規模之大，可謂前所未有。一方面賜予晉文公諸侯之首的名號，可以挾天子之威征討各國；另一方面又賜予晉文公大輅之服、戎輅之服、彤弓、虎賁之士，這些禮物雖然不是什麼值錢的東西，但卻具有重大的象徵意義。

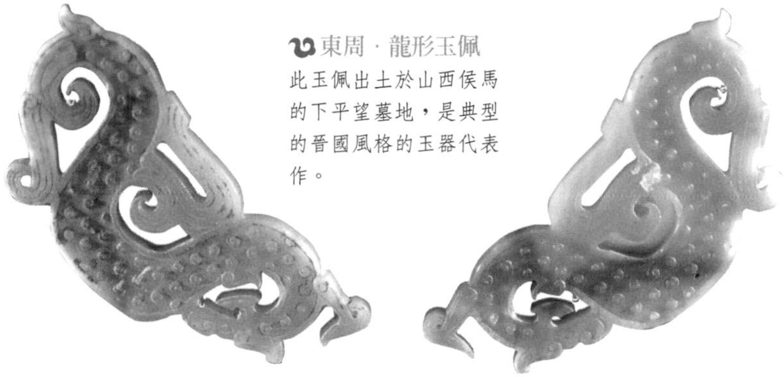

東周．龍形玉佩

此玉佩出土於山西侯馬的下平望墓地，是典型的晉國風格的玉器代表作。

踐土之會與眾不同之處在於它事先沒有經過複雜的外交協商，純粹是晉文公大捷之後的一次「加冕」儀式。美中不足的是，晉國的近鄰秦國沒有參加這次會盟。這需要下一次會盟來彌補。

河陽稱霸

踐土會盟，晉文公一舉成爲霸主，令晉文公感到遺憾的是秦國這個大國沒有與會，鄭國懾於晉國的兵威雖不得不表示歸順，然而心中未服。衛國更是出現變亂，顯然晉文公的霸主之位還不穩固。雖然晉文公的武功堪比齊桓公，但是遠遠沒有達到齊桓公一呼百應的威望。晉文公決心鞏固自己的霸主地位。

鞏固霸主地位不外乎戰爭與外交，晉軍元帥先軫贊成用軍事手段樹威：「晉軍日夜厲兵秣馬，已經做好充分的準備了。」狐偃主張用會盟鞏固霸主之位：「霸主之所以可以領導各個諸侯國，關鍵在於霸主存亡繼絕，德被四鄰，現在應該借助天子的威名來鞏固霸主的地位。」

晉文公對狐偃的一番高論深以爲然，不過要以什麼名義召集會盟，趙衰給晉文公出了個主意：「天子的朝覲之禮廢弛甚久，現在君侯以霸主威名重新恢復朝覲儀式不正逢其時嗎？晉國既能賺取尊王的美名又能懾服各國，一舉兩得。」

於是晉文公派趙衰前去拜見周襄王，並通報會盟的計畫。周襄王並不樂意各路諸侯齊集雒邑，況且舉辦一次會盟也耗資不菲，周王室難以承擔各國諸侯的飲食起居費用。但是晉國已經向各國發出邀請，如果就此取消會盟，晉國將顏面掃地。趙衰想了個折衷的辦法，一方面可以使盟會如期舉行，另一方面可以使王室節省錢財支出，就是周襄王以「巡狩」的名義到河陽（今河南孟州）接受各諸侯國的朝覲。

當初，周襄王的弟弟叔帶曾經在河陽大建王宮，與周襄王的妻子叔隗在此淫亂，後來晉文公帶兵勤王，殺了叔帶和叔隗。周襄王在此接受諸侯的朝覲，頗有諷刺意味。河陽曾是周襄王顏面盡失的傷心地，此刻他將在此重拾破碎的尊嚴，只不過這個機會是晉國所提供的。

這次會盟可謂盛況空前：齊、宋、魯、蔡、秦、鄭、陳、邾、莒等九國紛紛前來，加上召集國晉國，共十個國家。周襄王一到，各個諸侯便峨冠博帶，整整齊齊，恭恭敬敬地向周天子施大禮。自周平王東遷以來，周天子還未受到如此隆重的叩拜，這一切都歸功於晉文公。

河陽之會雖然是以朝覲天子的名義召開，但晉國才是最大的贏家。透過這次盟會，晉國集合了中原地區的主要大國，參與會盟的國家地域範圍較以往更廣，會盟的儀式更為莊重。此次盟會，秦穆公出席與會，秦晉兩個西方大國成為政治舞台上的主角。

衛侯受審

在河陽會盟上另一件戲劇性的事情是，晉文公把參與會盟的衛成公帶到公堂上加以審判，當然周襄王是主審官。藉由這件事情也能看出晉文公

山西晉祠

晉祠，初名唐叔虞祠，是為記念晉國開國諸侯唐叔虞而建的。叔虞死後，後人為記念他，在其封地之內選擇了這片依山傍水、風景秀麗的地方修建了祠堂供奉他，取名「唐叔虞祠」。叔虞的兒子燮父繼位後，因境內有晉水流淌，故將國號由「唐」改為「晉」，祠堂也改名為「晉王祠」，簡稱「晉祠」。

春秋・竊曲紋卮

與齊桓公稱霸方式的差別：前者以威服人，後者以德服人。

晉文公率軍攻打衛國時，衛侯逃跑，讓自己的弟弟叔武暫時攝政，大夫元咺幫助叔武操持國事。晉文公退兵之後，衛侯聽說元咺已經擁立叔武爲君，於是就把元咺的兒子元角給殺了。等局勢稍稍穩定下來，叔武打算迎衛侯回國，衛侯內心狐疑，害怕回國之後叔武會殺害自己，於是又派人把誠心幫助他治理國事的叔武給殺了。此時，元咺跑到晉文公那裡告衛侯的狀。

衛侯接到晉文公召集諸侯的邀請後，內心忐忑不安，他不僅得罪過晉文公，而且還殺死了自己的弟弟，參加會盟可能會遭遇不測。但是如果不參加會盟，晉文公肯定會興兵討伐衛國，他只好硬著頭皮參加。果然不出所料，朝拜完周天子之後，上演了一場激烈的廷堂對質：一方是衛國大夫元咺，一方是衛侯的「代理人」士榮和鍼莊子。

雙方辯論得非常激烈，元咺備述衛侯諸多不仁不義之舉後，要求周天子嚴懲衛侯以安人心。

衛侯本就理虧，加上元咺口若懸河滔滔不絕，士榮與鍼莊子皆不是元咺的對手。士榮爲衛侯辯護道：「古往今來君王枉殺的臣子不計其數，衛侯殺叔武也是受奸臣蠱惑，衛侯已經把奸臣斬殺並且厚葬了叔武，可謂賞罰分明，何罪之有？」

士榮的辯護之詞反倒爲元咺抓住話柄：「當年紂王枉殺比干，武王伐之。叔武守國有功，卻爲衛侯所殺，難道不該治罪嗎？何況衛侯不過是一個封國之君，上有周天子，下有方伯，難道不能懲罰衛侯嗎？」經過來回幾次辯論，最後裁決：砍士榮的腦袋，剁鍼莊子的雙腳以示懲處，將衛侯交由周天子羈押，聽候發落。

齊桓公以安撫各個諸侯國爲己任，而晉文公則以強力鎮壓不服從的諸侯國。同是霸主卻風格迥異。強力鎮壓建立的霸權更加脆弱，因此晉文公要想在如此廣大的區域內維持霸主地位，就需要比齊桓公付出更多的努力。

燭之武退秦師

在風起雲湧的春秋時代，不但湧現出了無數的政治家、軍事家，而且還孕育出了一批口懸河漢、舌搖山嶽的辯論家與外交家。鄉野匹夫曹劌指揮千軍萬馬大敗氣焰囂張的齊軍，而比曹劌更神奇的是古稀之年的燭之武，竟三言兩語就把秦軍勸回了家。此舉令秦軍撤圍，晉文公率軍班師，挽救了鄭國的危機。

秦晉合力圍鄭國

晉文公登基之後，短短數年，晉國便成爲諸侯之長，「尊王攘夷」的大旗舉得比齊桓公還要高。城濮一戰大挫楚國，不但使楚國在數年之間難以恢復，而且還使中原各國叛楚歸晉。河陽朝覲周天子，具體實踐了「尊王」的號召。唯一讓晉文公如鯁在喉的是鄭國還沒有徹底歸順晉國。

按照禮制，天子作六軍，大國只能有三軍，晉文公卻取巧地在三軍之外又設立三行，使晉國實際上擁有六軍，軍力遠遠超過其他諸侯國。軍隊是爭霸的基礎，絕不可抱著刀槍入庫、馬放南山的和平主義思想。長時期的和平容易讓軍隊滋生懈怠和腐敗，晉國自城濮大戰之後便沒有進行大規模的戰爭，晉文公一方面想檢驗一下軍隊的戰鬥力，另一面也想教訓一下鄭國。

鄭國雖然已無當年莊公小霸的強盛氣象，但仍算是一個大國，鄭文公在叔詹、堵叔和師叔的「三叔」輔佐之下，鄭國在大國爭霸中依然扮演著舉足輕重的角色。鄭國是中原各國的咽喉所在，也是楚國入主中原的必經之地，各個大國都得拉攏鄭國，倘若拉攏不成便施行打壓。

鄭文公當年對晉文公無禮，令晉文公難以釋懷，若不將鄭文公羞辱一頓，晉文公覺得一口惡氣難出，這是私人恩怨的部分。鄭國在晉楚兩國之間左右搖擺，經常背叛晉國，鄭國的不忠之舉讓晉國感到憤慨。私怨與公憤夾雜在一起，使晉國征伐鄭國有了充分的理由。

還有一個讓晉文公決定伐鄭的理由，那就是河陽會盟之時，秦晉兩國締結軍事盟約：任何一國出兵，另一個國家必須出兵相助，兩國戮力同心，不可坐視。這是秦晉兩國崛起的標誌，同時也是秦國的無奈之舉。雖然秦國國力有極大的提升，但是晉國堵住了秦國東出中原的必經之路，只有向晉國借道才能參與中原爭霸。此次晉國出兵鄭國，秦國當然願意參與其中。

晉軍元帥先軫害怕秦國會跟晉國爭搶鄭國，如果鄭國落到秦國手中將影響晉國的霸主地位。先軫具有軍事長才，但是缺乏政治家的長遠眼光，他只擅長領兵打仗，卻沒有戰略籌劃的大視野。試想，秦國與鄭國之間還隔著晉國，即便秦國佔領了鄭國，又如何能經營這地方呢？當年齊桓公遠征孤竹，向北開地五百里，最後還不是把這些新征服的土地都送給了燕國。因為齊國不可能越過燕國治理這地區，送給燕國還可以做個順水人情。

籌劃妥當之後，晉文公派人通知秦穆公，並約好進攻鄭國的時間。

春秋・夔鳳紋鑒

一九八八年山西太原金勝村出土，敞口，沿平折，頸微斂，平底，矮圈足，頸腹附對稱的兩對耳，一對獸面環耳，一對獸面鋪首銜環，器頸部和下腹部飾夔鳳紋帶。上腹部為獸面紋帶，用瓦稜紋、三角迴紋、斜線作填紋。

臨危受命

鄭文公四十三年（周襄王二十三年，西元前六三〇年），秦晉聯軍進攻鄭國，一路勢如破竹，直奔鄭國都城而來。跟隨秦穆公出征的有百里奚、孟明視、杞子、逢孫、楊孫等人，秦穆公對此次討鄭也是戮力以赴，所以帶了這麼多賢臣猛將。晉軍駐軍函陵（今河南新鄭北），秦軍進駐氾南（今河南中牟南），兩軍東西夾攻鄭國都城。鄭國本身國力不強，自是無法抵擋秦晉兩大國的聯合進攻。

鄭文公昔日可以在晉楚之間或者宋楚之間搖擺不定，如今秦晉大軍已經兵臨城下，鄭文公束手無策。鄭國之所以能夠在動盪不安的政治局勢中保持自立，是因為朝中有賢臣良相輔佐，尤其是叔詹。當初晉文公重耳途經鄭國，叔詹主張善待重耳，結果鄭文公不聽，將重耳拒之門外。叔詹說：「如果不能以禮相待，還是把他殺掉以免留下後患。」當時鄭文公根本看不起落難的重耳，哪想到幾年之後竟會受制於他。晉文公想剪除鄭文公的股肱之臣，於是要求晉文公交出叔詹。

春秋．瓠壺

因整體形狀像瓠瓜而得名。壺蓋和把手之間有鏈環相連接，當壺身傾斜到一定角度，鏈環帶動壺嘴就可以自然張開，很方便倒酒。鏈環上和壺身都有很精緻的飾紋。

鄭文公怎麼可能把叔詹交出去，這無異是自斷手足。叔詹聞訊便求見鄭文公，要求把自己交出。鄭文公拒絕，叔詹說：「臣聽說，如果讓君王蒙羞，臣子就犯了死罪。如今秦晉大軍進攻不止，城破之日，不但大王蒙羞，滿城百姓都要遭殃，如果以臣一人的性命能保國家安危，臣願意赴死。」隨後，叔詹便自殺身亡。鄭國將叔詹交給晉軍，晉文公則說非得捉到鄭文公才罷休。看來晉文公這次非要懲治一下鄭文公不可。

舉國上下皆無退兵之策，大夫佚之狐進獻良策：「應該派一能言善辯之士說服秦穆公退兵，秦國撤軍，晉國必然也會撤圍。」

鄭文公說：「那就愛卿去吧！」

佚之狐忙推託：「臣不才，不過臣可以舉薦一人——燭之武。此人口齒伶俐，能言善辯，只是一直未能出仕，屈居於馬伕之列。」

鄭文公馬上派人把燭之武召來，發現眼前的竟是一位鬚髮皆白，步履蹣跚的老者。燭之武道：「臣才疏學淺，年輕時尚不能建立尺寸之功，而今已至耄耋之年，恐怕難以勝任大王交付的任務。」鄭文公一聽，知道這是燭之武的牢騷之詞，於是說：「寡人不能舉賢任能，所以才讓愛卿埋沒半生，現在國家處於危難之中，還請您不要推辭。」燭之武何嘗不想建功立業，只是一直沒有機遇，現在天降大任，正是一展才華的時機，自然不會放過。倘能退敵，功名爵位不在話下。燭之武欣然從命。

智退秦師

秦晉聯軍攻城日緊，燭之武臨危受命，擔負著「舌」戰秦軍的使命，如果無法說服秦穆公退兵，鄭國必將大難臨頭。

趁著夜色，鄭國士兵用繩子把燭之武從城牆放下去，燭之武奔向秦軍大營，侍衛把燭之武抓來見秦穆公。燭之武見到秦穆公便開始大哭。秦穆公問：「老者何人？」燭之武說：「臣是鄭國大夫。」秦穆公說：「鄭國將亡，身為朝臣，哭也是正常的。」燭之武說：「臣不僅為鄭國哭，也為秦國哭。」秦穆公一臉愕然與不解。

燭之武說：「戰爭不是目的，只是手段。每個國家都想從戰爭中撈取利益，晉國攻打鄭國是為了私怨公憤，但是更重要的是為了晉國的霸權，晉國一旦征服鄭國便可以執諸侯之牛耳。秦國在這場戰爭中能得到什麼？我想不但得不到什麼實質利益，還大有損失。秦國勞師動眾幫助晉國佔領鄭國，卻只是為晉國作嫁衣裳，秦國與鄭國相隔遙遠，中間有晉國和周王室相隔，試想鄭國滅亡之後，秦國能從鄭國獲得多少實惠？」

秦穆公低頭不語，但燭之武尚有話說，接下來的寥寥數語，句句正中秦穆公的心思：「秦晉都是未來霸主的人選，現在是盟友，日後必成競爭對手。這場戰爭分明是幫助晉國壯大實力。晉國所得變為秦國所失，大王參加這場戰爭十分不智。晉國增兵擴將，磨刀霍霍，現在攻打鄭國向東擴張，一旦實力增強，難免不會西進侵秦。大王幾次幫助晉國穩定局勢，扶危濟困，但是晉國卻常常以怨報德。鄭國滅亡不足歎惜，只是以大王之才智卻陷入晉國的圈套，老臣深感痛惜啊。」

燭之武擲地有聲的幾句話說到秦穆公心坎了，他幡然醒悟。秦穆公心想自己雄心壯志，一心求霸，身邊這麼多謀臣居然都沒有看透晉國的詭計。燭之武看秦穆公還不下令撤軍，便火上加油：「如果秦軍就此撤軍，鄭國甘願做秦國在東方的據點，他日貴國有任何需求，鄭國肯定肝腦塗地。」

秦穆公聽完之後，當即下令撤軍，晉文公聽說秦軍偷偷撤軍，也下令撤軍。於是鄭國得救，秦晉之間反而變成仇敵。燭之武的一席話一石二鳥，既救了鄭國，也使秦晉反目。

子蘭的「愛國」

鄭文公有個兒子叫子蘭，因為兄弟相爭而跑到晉國。子蘭是個聰明伶俐的人，陪伴晉文公左右，深得文公喜愛。文公準備伐鄭，子蘭隨行，快出晉國邊境時，子蘭說：「臣聽說，『君子雖在他鄉，不忘父母之國』，雖然臣身在晉國，但還是鄭國之人，所以此次出征還是不要隨行了。」這可謂子蘭的愛國理論，有時候不叛國也是一種愛國。

崤之戰

晉文公去世後，秦穆公以為自己東出中原爭霸的機會已經到來。秦穆公對中原霸主覬覦已久，只是礙於晉國兵強國盛，秦國無力越過晉國躍馬中原。蹇叔與百里奚堅決反對出師鄭國，但是霸主的美夢令秦穆公失去了理智。秦軍長途奔襲鄭國，結果軍機洩露，秦軍順手滅掉滑國，班師回國。秦軍在崤山遭遇晉軍伏擊，幾乎全軍覆滅，三名主帥都淪為階下囚。秦國的東進戰略徹底失敗，自此秦穆公專心向西擴張。

蹇叔哭師

秦、晉兩軍伐鄭，秦穆公卻私底下與鄭國結盟，並把杞子、逢孫、楊孫三將留在鄭國，幫助鄭國抵禦晉國的進攻。雖然晉文公沒有討伐秦穆公的背信之舉，但是秦晉兩國已是同床異夢。一山難容二虎，兩國原本遲早就會爆發一場戰爭。只是沒想到會來得這麼快。

晉軍自鄭國撤走之後，鄭文公與晉文公先後去世，天下局勢開始發生變化。當初晉文公圍攻鄭國時，要求鄭國立子蘭爲世子，否則晉軍不從鄭國撤圍，鄭文公迫於形勢只好答應立遠在晉國的子蘭爲世子。晉文公去世之後，子蘭繼位，即鄭穆公。鄭穆公以往一直服侍晉文公，依靠晉國的幫助才榮登大寶，自然親晉國遠秦國。秦國當年所留下的駐軍如今已不受歡迎。杞子等人看到自己不受鄭國新君的歡迎，便打算懲罰一下鄭國。這些秦將負責駐守鄭國都城的北門，他們希望秦穆公祕密發兵，內外夾擊一舉拿下鄭國。

秦穆公接到杞子等人的報告之後，便計畫出兵鄭國。蹇叔、百里奚兩人都反對，因爲上次燭之武的一番話已點破了其中的利害，秦國若是襲擊鄭國等於是在爲晉國作嫁衣裳。上次秦穆公贊同燭之武的見解，所以自鄭國撤軍，這次又想舊事重演，主要是因爲晉文公已死。秦穆公自認爲，秦國國力與晉國不相上下，自己與晉文公也是不分伯仲，只是晉文公城濮一戰定乾坤，以霸主的身分號令天下。斯人已逝，風水輪流轉，現在該秦國稱霸了。

權力和榮譽往往是鼓勵君王冒險

行事的興奮劑，秦穆公與杞子約好夾攻鄭國的時間後，便開始部署遠征計畫。秦穆公從三軍中挑選出精壯士兵，任命孟明視爲主將，西乞術與白乙丙爲副將，下令即日起程，遠襲鄭國。

大軍出征之日，蹇叔與百里奚號啕大哭：「我們看著你們出去，卻無法看到你們回來！」秦穆公大怒：「這成何體統，你們在出征之日痛哭，這不是在擾亂軍心嗎？」二人回答說：「我們不是擾亂軍心，只是爲即將失去自己的兒子而痛哭流涕。」原來遠征軍的主將孟明視是百里奚的兒子，白乙丙是蹇叔的兒子。白乙丙見年邁的老父傷心流淚，打算辭去將軍之職，蹇叔說：「你是秦國的將軍，吃國家的俸祿，理應爲國效勞，戰死疆場是你的分內之事。」

大軍出征之後，蹇叔便稱病不朝，秦穆公三番兩次請他輔理朝政，屢次遭拒。後來蹇叔遞上辭呈，準備辭官養老。見蹇叔心意已決，秦穆公只好賜予金帛，以供養老之用。

秦穆公執意發兵鄭國，失去的不僅是這三千精兵，還有蹇叔和百里奚這兩個治國賢相。

弦高犒師

秦穆公發兵襲鄭，原本想以迅雷不及掩耳之勢快速征服鄭國，沿途行軍必須高度保密。這種想法立意頗佳，不過從秦國到鄭國相隔千里，數千人的大部隊行軍又如何能夠保密。

秦國大軍經過晉國時，晉襄公正在爲父親治喪。晉文公去世，秦國非但沒有派人給予弔唁，反而派軍襲擊自己的同姓之國，輕慢晉國之心顯露無遺。晉國上下群情激憤，非要秦國給個交代。晉軍元帥先軫早已胸有成竹：秦軍班師歸國必經崤山（今河南靈寶函谷關），晉軍打算在這個秦軍

河南靈寶函谷關

函谷關，古代的崤函之地，是秦國防止諸侯西侵的第一道屏障。而在春秋時期，這裡成了秦人東擴的阻礙，秦晉之間的一場大戰，徹底讓秦人放棄了東進，而專心於經營西方。直到戰國，秦人才開始了再度東進的步伐。

班師回國的必經之地，伏擊已經師老兵疲的秦軍。

秦軍遠程偷襲鄭國的計畫打從一開始就注定失敗，秦國大軍招搖過市，怎可能進行「偷」襲。鄭國有個大商人叫弦高，此人富甲一方，從事國際貿易發家致富。他在鄭國買了數百頭肥牛，準備販運到周王室，沿途風聞秦軍東來的消息，便向一位從西而來的客商打聽。這位客商告訴他：秦穆公派出大軍打算偷襲鄭國，部隊正在路上。弦高不是爲富不仁的商人，他想：「雖然我弦高富有，但是鄭國滅亡了，我也必將流落他鄉。皮之不存，毛將焉附？我必須想辦法阻止秦軍。」

既然秦軍想的是偷襲鄭國，要是秦軍知道鄭國已經做好充分準備，自然不敢輕舉妄動，也可能自行退兵。弦高是個人才，滿腹經綸，只是無人舉薦入仕爲官，不得已才屈居於市井之間，此刻正是報國良機，弦高自不會輕易放過，遂心生一計。他精挑細選了十二頭上等的肥牛前去「犒勞」秦軍，並且派人快馬趕回鄭國報告此事。

當孟明視率領秦軍浩浩蕩蕩地殺過來時，弦高則帶領著他的「牛軍」迎上前去。

弦高見秦軍已到眼前，便上前恭恭敬敬地說：「鄭國使臣弦高特來犒勞貴軍，貴軍遠道而來，一路辛苦，君侯特地派我前來慰問大軍。敝國地處大國之間，征伐戰爭不斷，因爲全國將士終日枕戈待旦，不敢有絲毫懈怠。」

孟明視一聽，以爲鄭國早有防備，偷襲計畫已經破局，這些秦軍若想圍攻鄭國都城，不僅兵力不夠，而且還沒有後援部隊。於是孟明視率軍攻打附近的滑國，將金銀財寶搶掠一空，班師回朝。

鄭穆公接到弦高的通報之後，前往杞子的兵營探視，他看到秦軍士兵個個摩拳擦掌，精神抖擻，方知弦高所報不虛。於是派人告知杞子：「貴軍長期駐守敝國，只是敝國貧窮，已無法保證貴軍的供給，此刻孟明視將軍在滑國，您何不率軍前去接應呢？」

杞子一聽，明白陰謀已經洩露，深恐秦穆公會怪罪他，便逃往齊國，

陝西鳳翔秦公一號大墓

秦公一號大墓是中國已發掘的最大的土壙墓，為倒金字形。根據石磬上文字推斷墓的主人為秦景公。

逢孫、楊孫逃往宋國。

崤山喪師

孟明視滅滑班師回國，中軍元帥先軫請求晉襄公派兵伏擊秦軍。先軫說：「秦君不聽蹇叔、百里奚的勸諫，貪戀權力，壓榨百姓，上天要我們懲治這無道昏君，現在正是時機，如果這次放過他們便是養虎爲患，必須一舉消滅這支秦軍。」

大夫欒枝反對道：「我們還沒有報答秦君的恩惠，卻出兵攻打他的軍隊，先君（晉文公）也不會同意的。」

先軫言辭強硬：「放虎歸山是給子孫後代留下後患，爲子孫後代著想，先君不會不同意的。」

狐偃、狐毛等人去世之後，先軫成了影響力最大的朝中重臣，晉襄公剛剛登基，政治經驗不足，只能依靠先軫等人的支持。於是他同意先軫的計畫，下令士兵將白色的孝服都染成黑色，自此晉國以黑衣做孝服。

崤山分爲東崤和西崤兩部分，前後有幾十里，山勢險峻，道路難行，是個伏擊敵人的絕佳地點。先軫在崤山一帶布下了天羅地網，只留下東崤山口讓秦軍悉數鑽進晉軍的口袋。一俟秦軍悉數墮入陷阱，梁弘便率軍從後面封上，前面道路艱險且有晉軍重兵把守，左邊是巨石山巖，右面是萬丈深淵。縱使孟明視英勇神武，在這種僅有立錐之地的狹小空間也只能束手就擒，否則就只好跳崖殉國了。

白乙丙出征之前，父親蹇叔告訴他：此行鄭國不足爲慮，但晉國必然在崤山一帶阻擊我軍，我會在那裡爲你收屍。當時孟明視等人並不在意，此時深陷困境才想起蹇叔的告誡。蹇叔、百里奚當初哭師果然是有先見之明。秦國士兵出征數月，疲憊不堪，在此懸崖陡峭之地又遭到一心取勝的晉國哀兵追殺，死傷大半。

秦軍三帥已經回天乏術，只能束手就擒。秦軍滅滑所得的戰利品悉數落入晉軍手中。崤山一戰，秦穆公損兵折將，損失慘重，同時也讓他明白在短期內秦國難以東出中原。地理位置決定了秦國的命運，晉國不亡，秦國便不可能東進。自此秦穆公爭霸中原的夢想破滅，便專心向西擴張。

文嬴巧言救秦將

崤山戰敗，孟明視、白乙丙、西乞術三將成爲晉國的階下囚，先軫決定殺死他們來祭奠晉文公的亡靈。但是沒想到這個計畫壞在一個婦人手中。文嬴聽說晉襄公要殺孟明視等三將，於是前去勸諫：「國有國法，家有家規，他們三個人打了敗仗，回國之後必定要治死罪，您還是做個順水人情把他們遣送回秦國吧。秦晉之間本無恩怨，這次只是誤會。」襄公剛剛即位，執政經驗不足，於是就聽文嬴的勸告，將三人放回秦國。

秦穆公圖霸西戎

在那個風雲激盪的年代中，霸主迭出。齊桓公威風八面，宋襄公出師未捷，晉文公一鳴驚人。位處西方的秦穆公也雄心萬丈，逐鹿中原向來是這位梟雄的夢想，但是晉國有如一道防波堤，將秦穆公的雄心抱負堵在關中之地，秦穆公舉全國之力想與晉國爭雄，結果三戰皆敗。爭霸中原之路已經被堵死，於是秦穆公將矛頭轉向西戎，併國十二，遂霸西戎。

秦晉交鋒

晉文公在短短數年之間便稱霸中原，成爲繼齊桓公之後又一成功的霸主。晉文公的功業令秦穆公羨慕不已，沒想到當年自己親手扶立的重耳竟然後來居上，風頭遠遠超過秦穆公。晉國在晉文公多年的治理經營下，不但成爲首屈一指的大國，同時也成爲秦國東出中原的最大阻礙。

晉文公去世前，秦晉之間已生嫌隙，只是秦晉之間不但有聯姻關係，同時當年秦穆公對晉文公有扶助之恩，因此秦晉之間的衝突只處於醞釀狀態。晉文公一死，秦穆公圖霸中原之心就愈加迫切，前文提到晉軍墨絰上陣，在崤山大敗秦軍，後來由於文嬴的勸說，晉襄公釋放了孟明視、西乞術、白乙丙三將。秦穆公不但沒有處罰這三人，反而加以禮待，向世人懺悔，是自己沒有聽從蹇叔、百里奚的勸告才使國家遭受重創，責任不在出征打仗的將軍身上。

孟明視等人感激秦穆公的寬容大量，終日厲兵秣馬，訓練士兵，決心一雪崤山戰敗之恥。知恥而後勇，秦穆公也看重孟明視等人的勇武，理解他們報仇的強烈願望。秦穆公三十五

春秋．鳥紋銅戟

鳥紋銅戟的鑄造相當精美細緻，鳥紋的抽象形羽毛的形勢正配合著銅戟的形狀，戟的形狀也變得輕巧起來。在春秋時期，隨著戰爭的規模不斷擴大，兵器的發展和鑄造也達到了前所未有的高度。

年（西元前六二五年），孟明視要求率軍攻打晉國，爲當年命喪崤山的將士報仇，於是秦穆公派這三個敗軍之將再次出征。

晉襄公得知後開始部署防禦，先前的晉軍元帥先軫已在抵禦狄人的戰爭中陣亡，其子先且居繼承了父親的職位。於是晉襄公命令先且居爲主將，趙衰爲副將，率軍抵禦秦軍。先且居果然是將門虎子，決定禦敵於國門之外，所以未等秦軍到達晉國邊境，晉軍已先趕到秦國的彭衙（今陝西白水東北）。

兩軍在此地對壘。晉軍的狼瞫是位虎狼之將，只是因爲先軫不喜歡他，所以一直未受到重用，如今先軫死了，狼瞫決定抓住這建功立業的機會。於是他主動請纓，帶著小股精兵殺入秦軍陣營，如入無人之境，秦軍死傷慘重，陣營大亂。先且居隨之率領大軍掩殺過去，秦軍無法抵擋晉軍，狼狽而退。激戰之後，狼瞫身負重傷，咯血而死。

石鼓文拓片

石鼓文是唐代在陝西鳳翔發現的中國最早的石刻文字，世稱「石刻之祖」。因為文字是刻在十個鼓形的石頭上，故稱「石鼓文」。內容介紹秦國國君遊獵的十首四言詩，亦稱「獵碣」。

孟明視非但沒有一雪前恥，反而還喪師失地。秦穆公並未責怪這個敗軍之將。孟明視內心充滿了感激與恥辱，感激秦穆公的不殺之恩，同時失敗的恥辱有如野草一樣滋生。雪上加霜的是，當年冬天，晉國聯合宋國、鄭國、陳國等國進攻秦國，秦軍抵擋不住四國聯軍，再次慘敗，丟失兩座城池。

計留由余

秦國自春秋初期立國以來，得到周王室東遷後丟棄的岐山、豐鎬等豐腴的土地，從西部邊陲小國逐步成長爲可以與晉國相匹敵的大國。

秦國建立之後成爲抵禦西戎入侵

秦公簋拓片

秦公簋銘文字體整飭嚴謹，微曲中求勁健，表現出強悍的雄風，也是春秋時期秦國的傳神寫照。蓋內和器內底共鑄銘文一百二十三字。

中原的藩籬，秦國軍隊也在無盡無休的征伐戰爭中得到鍛鍊，軍隊戰鬥力因此大幅度提升。但是在面對東面的鄰國晉國時，秦國仍力有未逮，難與晉國抗衡。西方的戎狄看到秦國接連幾次敗仗便想趁火打劫，趁勢入侵秦國。

西戎國主為了探查秦國國內的政治經濟情報，便派由余前往秦國。由余原本是晉國大臣，因亂逃往西戎，為西戎國主所重用。秦穆公為了向由余炫耀自己的文治武功，便讓由余登台觀賞秦國的宮室建築，結果由余說了一句：「這些樓台軒榭如果讓鬼神去修建，鬼神都覺得勞神，讓百姓修造，那是勞民傷財。」本想炫耀一下的秦穆公沒想到碰了一鼻子灰，不過由余的幾句話倒是引起了秦穆公的興趣。於是他問道：「今日華夏各國以禮儀法度作為治國的基本原則，仍舊內亂不斷，戎狄各國連禮儀都沒有，治國不是更難嗎？」

由余笑了笑說：「禮儀法度才是華夏各國內亂不已的根本原因，當年黃帝作禮樂法度，身先試之，也不過是小治而已。後世統治者日漸驕奢荒逸，以禮樂作為掩飾，以法度苛於百姓，百姓怨恨，上下相欺，所以內亂迭生。戎狄則避免了這樣的弊端，統治者以德服人，恩澤於百姓，而百姓對君王以忠信相待，上下一體，互不相欺，因此，看似毫無禮樂法度可循，但是已經實現大治。」

秦穆公沒想到西戎這種蠻荒之地竟然有如此賢能之才，對於治國之道有如此精深的研究，便想把由余留下來。內史偃為秦穆公出了一個主意，既可以使由余留在秦國，又可以為日後秦國向西拓展做好準備。

秦穆公從宮室中選出能歌善舞的絕色美人數名，送給西戎國主，同時一再挽留由余在秦國多住些時日。西戎國主從未聽過如此美妙的音樂，也從未見過如此豔麗的美女，於是終日沉迷於淫樂與美色之中無法自拔，朝政俱廢。

由余在秦穆公幾次的挽留之下，滯留秦國長達一年之久。西戎國主開始懷疑由余通敵。由余回到西戎之後，發現國主不理朝政，終日與酒色爲伍，遂勸諫國主，於是君臣生隙。加上秦穆公幾次使用反間計，使得由余失去了西戎國主的信任，不得不逃到秦國，秦穆公如獲至寶。

並霸西戎

由餘最終還是來到了秦國，他在西戎爲官多年，對於戎狄各國的風俗人情、地理地形十分清楚。原本是西戎派到秦國刺探軍情的由余，卻成了秦穆公征伐西戎的得力軍師。

屢次敗於晉國之後，秦穆公決心從失敗的地方再次爬起，便囤積糧草兵馬，傾全國之力討伐晉國，意圖一雪前恥。秦軍過河之後，孟明視便將所有的船隻焚燬，其他將領不解，孟明視說：「兵以氣勝，我軍屢敗於晉軍，士兵們已經沒有戰勝晉軍的士氣，對晉軍懷著一種恐慌，唯有抱著必死之心才能置死地而後生。我焚燬船隻是告訴士兵，此戰必須獲勝。」

秦軍陣容齊整而強大，抱著必勝的決心殺氣騰騰而來。晉國君臣一致同意先避開秦軍的鋒芒，給屢敗屢戰的秦軍一點尊嚴。於是秦軍順利進入了崤山，爲當年死去的將士收斂屍骨。秦軍終於走出失敗的陰影，但是秦穆公深知以秦國的國力尚難以與晉國對抗，這次勝利也爲秦穆公的東進戰略畫下了句號。

戎狄各國聞知秦國獲得大勝，也就放棄了趁火打劫的念頭，紛紛向秦國表示臣服。那些對秦國不敬的小國紛紛遭到秦國大軍的征討。由余熟知戎狄各國的情況，加上孟明視等虎將勇猛作戰，秦軍威名遠播四方。沒過多久，秦國便併國十二，開地千里，稱霸西戎。秦穆公征討戎狄各國的威名傳到周天子耳中，周襄王說：「秦晉兩大國已經是旗鼓相當，昔日晉國一戰勝荊蠻，晉侯主盟中原各國。現在秦侯功業不下於晉侯，理應冊封秦侯以伯主（霸主）之位。」當時秦晉正處於敵對狀態，如果晉襄公也是個有爲君主，晉國霸業未曾衰落，周王室或許也不敢得罪晉國。爲了既結好於秦國，又不失歡於晉國，於是周天子派人到秦國向秦穆公道賀。

秦穆公最終只能屈居於西方，與戎狄爲伍，但也正是秦國對西部的經略，爲秦穆公贏得了霸主的威名，秦穆公也算是失之東隅，收之桑榆。

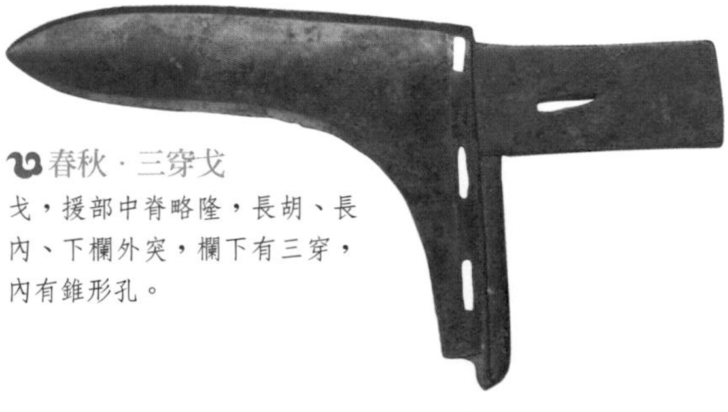

春秋・三穿戈

戈，援部中脊略隆，長胡、長內、下欄外突，欄下有三穿，內有錐形孔。

趙盾弒君

隨著楚成王、晉襄公、秦穆公等風雲人物先後離開爭霸的舞台，春秋的歷史翻開了新的一頁，一代雄主們已經歸入塵土，歷史輪到新一代人登場演出。晉襄公繼承文公的霸業，勵精圖治，兢兢業業，可惜在位僅七年便撒手人寰。晉國政局再次陷入動盪之中，趙氏家族把持朝政，晉靈公荒淫無道，趙盾多次強諫未果，最後弒殺了晉靈公。

夷皋即位

晉襄公六年（周襄王三十一年，西元前六二二年），立夷皋爲世子。當年的趙衰、欒枝、先且居、胥臣等四名朝中重臣先後去世，晉襄公有如失去左臂右膀。四人皆是晉國霸業的中流砥柱，一年之內連失四將，晉國形勢急轉而下。晉襄公不僅失去撐持朝政的重臣，同時也使朝臣之間的制衡局面被打破，趙衰的兒子趙盾把持朝政，一手遮天。

第二年，晉襄公重病不起，病榻之前將夷皋託付於趙盾等重臣：「寡人承繼先王之業，破狄伐秦，晉國霸業未衰，希望各位愛卿鼎力扶助幼主，守住晉國的霸業。」晉襄公一死，朝堂之上便派系林立，趙盾身居晉軍元帥，自然權勢熏天；晉軍元帥原本是狐射姑，但是晉襄公聽信老師陽處父的勸諫，以趙盾代替了狐射姑。二人自然成爲兩大陣營的領袖，晉襄公死後，二人在立君問題上出現了爭執。

趙盾主張迎立在秦國的公子雍繼任君位，公子雍是晉襄公的弟弟，賢能溫良，晉文公也非常喜歡這個兒子，將其派到秦國，因賢能而官拜大夫。秦國是晉國的舊好，而且國力強大，如果擁立公子雍，那麼秦晉之間可以捐棄現在的嫌隙，重修舊好。

狐射姑反對趙盾的看法，主張迎立在陳國的公子樂，公子樂是懷嬴之子，在陳國出仕。陳國與晉國一向交好。趙盾反駁說：「懷嬴地位低賤，一女事二夫，母親淫亂，兒子有什麼威名立於君位？陳國是個小國，對於維持晉國霸業並無助益。」狐射姑辯不過趙盾，於是同意便派人到秦國迎立公子雍回國繼位。狐趙二人的爭辯十分荒謬，晉襄公生前早已立嗣，二人卻根本沒有提及唯一的合法繼承人世子夷皋。晉襄公的夫人穆嬴抱著夷皋到朝堂上號啕大哭：「先君有何罪？先君的子嗣又有何罪？你們不讓

春秋・玉璜

玉料呈黃褐色，半透明，局部略帶蝕斑。器呈扇形，約相當於玉璧的三分之一，全身浮雕粗壯的虺紋。

世子繼位，卻到他國迎立新君？」

散朝之後，穆嬴追著趙盾不放，問：「先君將世子託付於您，先君臨終遺言，『如果此子成才，都是拜愛卿所賜，如果他不成才，寡人拿你是問』，先君已逝，但言猶在耳，您現在拋棄世子，到底是為了什麼？」

趙盾等人害怕遭到穆嬴黨羽的殺戮，於是決定擁立世子夷皋登基，其時夷皋年僅七歲，即為晉靈公。趙盾隨後便部署軍隊抵禦護送公子雍回國的秦軍。秦軍並不知道晉國已經擁立新君，毫無防備，結果為晉軍殺得七零八落，公子雍也死於亂劍之下。

趙盾立君有功，權勢大增，任意憑己意鏟除異己，朝堂上下沒有人再敢反對他。

靈公荒淫

晉靈公年幼登位，晉國的權柄把持在趙盾手中，而晉靈公也是個胸無大志的君主，終日玩樂，不理朝政。為了玩樂，晉靈公不恤民力，大興土木，徵募百姓修建了一座豪華的花園，並在園中設立高台，立於高台之上，都城的風景盡收眼底。園中遍植各種奇花異草，尤其以桃花為多，因此被稱為桃園。

晉靈公喜歡玩彈弓，終日於桃園內以彈弓打鳥。某日他站在高台，發現下面人來人往，突發奇想：如果用彈弓打人不是更有意思嗎？於是便用彈弓射向下面的人群。百姓毫無戒備，被飛來的彈子打得措手不及，紛紛抱頭鼠竄，看著那些人的狼狽樣，晉靈公哈哈大笑。從此之後，高台之下無人敢通過。

這種娛樂方式自然使晉靈公失去民望，但這種玩樂至少還不會傷人性命。晉靈公治國無能，對於殺人卻非常有想法。一日，趙盾看見宮女們頭頂著一個竹筐，其中露了一隻人手出

春秋．玉劍首玉劍格
玉呈青色，劍首為圓弧長方扁體，前端鑿有銎眼，用以納劍柄；兩側及末端琢有三道凹槽，將其分為四個界面，上面浮雕虺紋和捲雲紋。劍格做扁圓截體形，前端裝插劍身，後端裝劍柄，以虺紋和捲雲紋為裝飾。這種玉器是春秋時期士大夫的裝飾品，是身分和地位的象徵。

來。趙盾連忙攔住宮女問筐中裝有何物。宮女們支支吾吾不敢吭聲。筐中裝的不是別的，就是晉靈公的廚師。廚師爲晉靈公烹製熊掌，晉靈公等著下酒，三番兩次派人前去催菜，廚師無可奈何只好把未煮熟的熊掌搬上酒桌。晉靈公一嘗大怒，於是命人把廚師大卸八塊，放進筐子裡要宮女送到城外掩埋。

對身邊的侍從尚且如此，可見晉靈公的殘暴堪比桀紂。趙盾與士季爲晉國憂慮，國君如此殘暴無道，晉國國勢必然衰落。士季與趙盾商量：「國君如此，身爲臣子當以死諫，如果我們倆都不進諫的話，那麼以後就再也沒有人敢勸諫國君了。」

於是士季便入宮進諫，面對眼前的士季，晉靈公連眼皮都沒抬。沒等士季開口，晉靈公便先一步想堵住士季的嘴：「愛卿不必開口，寡人已經知道過錯了，現在便改正。」士季沒有辦法，只好順著晉靈公的話接下去：「人非聖賢，孰能無過，過而能改，善莫大焉，大王能改前非，是社稷百姓之福。」

晉靈公年幼登位，大權旁落，等年事稍長，要想奪回權位也絕非易事。自晉襄公之後，趙氏家族把持朝政。也許晉靈公並非具有宏圖大志的雄主，但並未必昏聵至此。趙氏把持朝政已久，爲了給自己弒君尋找一個冠冕堂皇的理由而刻意醜化晉靈公也不是不可能的事。

趙穿弒君

士季與趙盾已經約好由士季先去進諫，要是晉靈公不聽，趙盾再接著勸諫。結果士季進諫時被晉靈公先把嘴給堵住了。把士季支開後，晉靈公依然故我，終日以桃園爲家。

一日，晉靈公又去桃園玩樂，趙

盾提前守候在桃園門口，晉靈公看見趙盾，一臉不快，「寡人並未召見你，有什麼事情改日再奏吧。」趙盾並不接晉靈公的話頭，說道：「臣聞，『有道之君，以百姓的安樂爲自己的幸福；無道昏君，沉迷於聲色犬馬之樂』，如今大王終日玩樂，放彈打人，稍有不滿便屠戮百姓，上下離心離德，我看不出晉國有什麼希望繼續保持霸業。」晉靈公又故技重演，面帶慚色，表示再玩一天便會痛改前非，專心國事，其實他不過想把趙盾支開罷了。後來趙盾數次直諫，絲毫不給晉靈公留面子，晉靈公心懷怨怒，決定要除掉趙盾。

鉏麑是晉國的大力士，晉靈公便召鉏麑前來，吩咐鉏麑刺殺趙盾。某日大清早，趙盾穿好朝服等待上朝，由於時間尚早便打起瞌睡。鉏麑偷看到此景後退了出來，感慨地說：「時刻不忘禮儀法度，眞是百姓之主啊。暗殺此等忠臣，是不忠；違背君王的命令，那是不信，只有一死了之才能保全名聲。」於是，鉏麑撞樹而死。

晉靈公一計不成，又生一計。晉靈公設宴招待趙盾，酒過三巡，晉靈公說：「寡人聽說愛卿的寶劍鋒利無比，今日能否讓寡人一見？」

趙盾不知是計，正要拔劍，此時等候在門外的侍衛提彌明大喊：「陪國君喝酒，三杯已經很多了，怎能在席間拔劍呢？」說罷，提彌明快步衝進去，拉著趙盾便往外跑，晉靈公一看趙盾逃走，便招呼自己的狂犬靈獒出來，這條狗兇猛無比，提彌明與之搏鬥，並殺死了牠。晉靈公一看愛犬已死，便命令衛隊前去緝拿趙盾，在提彌明的掩護之下，趙盾得以逃脫，提彌明卻死於亂劍之下。

趙盾一路狂奔，路上遇到自己的侄子趙穿，一五一十地說出了自己的遭遇。趙穿要趙盾暫時躲避起來，過幾日會來接應他。趙穿回去召集家丁，將晉靈公殺死於桃園內。晉靈公死後，趙盾前來哭喪，悲痛異常。而晉國的史官董狐寫道：「趙盾弒君。」趙盾大呼冤屈，董狐凜然道：「國君雖然不是你直接殺的，但是你身爲上卿，逃亡沒出國境，回朝又沒將兇手繩之以法，國君不是你殺的是誰殺的？」

趙氏父子冰火兩重天明

趙衰與趙盾是父子，但是兩人執政理念卻有天壤之別。趙衰聰慧過人，以德服人，而且目光遠大；趙盾則詭計多端，以威壓人。有人問狐射姑怎麼評價趙氏父子，狐射姑笑了笑說：「趙衰是冬天裡的太陽，趙盾是夏天的太陽，人們依賴冬天裡陽光的溫暖，卻恐懼夏日陽光的熱辣。」

晉楚爭霸

鄭國自鄭莊公小霸以來，便在各個大國之間左右搖擺，時而依附楚國，時而又投靠晉國。晉楚爭霸是春秋中期的主線，鄭國因此成了晉楚爭霸舞台上最重要的配角，也是刀俎上的魚肉。鄭國國君一直懷念莊公時期的小霸局面，但是這似乎早已是遙遠的歷史。除非有賢臣良將革故鼎新，重新鍛造鄭國的國力，否則處於夾縫之中的鄭國，永遠難以擺脫尷尬處境而晉身大國之列。

楚穆王彈壓鄭國

楚穆王弒父篡位之後，便想建立一番功業。楚國自城濮兵敗之後，屈居於江漢之間，拱手將中原霸權讓給了晉國。楚穆王夢想著一戰取威定霸，取晉國而代之，於是積極籌劃入侵中原。

楚穆王聽說晉靈公遭弒，趙盾掌理朝政，朝中一片混亂，於是召集眾臣商量北伐方略。眾臣個個摩拳擦掌，躍躍欲試。楚穆王任命鬥樾椒爲大將，蔿賈爲副將，率軍出征攻打鄭國。鄭穆公聞知大軍壓境，一方面命令公子堅、公子寵和樂耳三人率軍佈防，抵抗楚軍的進犯，一方面派人前往晉國求救。

由於敵強我弱，公子堅等人高牆深溝，堅守城門，拒不出戰，雙方對峙數日，戰爭處於膠著狀態。楚國爲了求勝而來，自然無法忍受這種對峙狀態。蔿賈智慧過人，年少之時便預見子玉必會兵敗自殺。此次出征他身爲鬥樾椒的參謀，自有奇計在胸。蔿賈對鬥樾椒說：「自城濮戰敗，楚軍遠離鄭國，現在鄭國依仗晉國的保護與楚國對抗。當務之急便是趁晉國援軍未到，引誘鄭軍出戰，一舉殲滅鄭軍主力，奠定勝局。」

鬥樾椒看出蔿賈早已成竹在胸，便說：「你必定是已經有獲勝的良策，我願洗耳恭聽。」蔿賈對鬥樾椒耳語了一番，鬥樾椒拍手稱絕，於是依計而行。鬥樾椒吩咐士兵到處尋找糧食，營造楚軍後勤補給匱乏的假象。鬥樾椒嗜酒如命，早已聲名遠播。鬥樾椒夜裡在中軍帳喝酒，酒後謾罵之聲穿越黑夜，連對面的鄭軍官兵也聽得分明。

鄭軍的探子回報說，楚軍糧草匱乏，士兵紛紛出去自尋補給，主帥鬥樾椒不理軍務，終日在中軍帳酗酒。

春秋．龍紋簠

呈長方形，敞口折沿，折沿較狹，斜壁，平頂，器與蓋形制大概一致，蓋取下後倒置也可用來盛放食物。器、蓋平口相合，四角有向外侈的矩形足，短邊兩側有獸首形半環耳。器壁飾相背式的捲獸紋。這種青銅簠為春秋早期習見的典型樣式。

公子堅聽了決定主動出擊，一舉打垮楚軍，解除楚軍對鄭國的威脅。深夜，公子堅等三名將軍率軍偷襲楚軍大營。他們一路掩殺過去，並未遇到任何抵抗，楚軍中軍帳中燈火通明，等公子堅闖入才發現鬥樾椒並不在營帳中，穩坐中間的竟是一個稻草人。公子堅大呼上當，鄭國軍隊已經爲楚軍所包圍。公子堅等人率軍突圍，無奈兵力弱小，難以衝出重重包圍，三人皆淪爲階下囚。

鄭穆公聞訊大驚，晉國的援軍遲遲不到，而鄭軍的主力又爲楚軍消滅，主將淪爲俘虜。朝野大爲震撼，眾臣紛紛勸鄭穆公向楚軍乞降求和，否則楚軍一旦攻破城池，鄭國黎民百姓將遭遇浩劫。

無奈之下，鄭穆公只好向楚軍納幣求和，重金贖回公子堅等三名將軍，鬥樾椒徵得楚穆王的同意，釋放了公子堅等三人。趙盾聞知楚軍圍鄭，便約請宋、魯、衛、許四國聯合援救鄭國，但聯軍未到便聽說鄭國已經向楚國投降，五國聯軍自行解散，無功而返。

趙盾會盟鄭歸晉

楚穆王一雪城濮之戰的恥辱，不但使鄭國重新歸附楚國，而且還將陳、蔡等小國重新收入囊中，接著楚國的下一個目標便是宋國。

宋國國力今非昔比，歷經數次動亂，國力衰退，周圍國家紛紛叛晉附楚，宋國也難以獨善其身。在楚國的強大壓力之下，宋國不得不委曲求全。楚穆王外出打獵時，陣勢空前，陳侯爲其前隊，宋公爲右翼，鄭伯是左翼，蔡侯殿後。四個國君的爵位都比楚國高，但是都不得不臣服於楚國，楚穆王也因此稍稍享受了一下霸主的風光。

晉靈公有趙盾協助掌理朝政，整

飭朝綱，晉國又恢復了當年雄霸天下的氣象。秦穆公晚年放棄了東出中原的計畫，繼任的秦康公也不願意與東面的晉國大動干戈。於是兩國息兵罷戰，秦晉邊境保持了數十年和平。

秦晉之間罷戰言歡，晉國就將注意力放在了東面。晉文公、晉襄公開創的霸業此時受到損害，中原各國又開始臣服於楚國。鄭國這個地理位置非常重要的國家成爲楚國的附庸，這對晉國的霸業是一個極大的衝擊，趙盾決定重新恢復晉國在中原各國的聲威。適時，楚穆王病死，楚莊王即位，楚國新君剛立，政局不穩，無暇他顧。趙盾便趁此機會召集中原各國參加會盟，重振晉國雄風。

魯文公十三年（周頃王五年，西元前六一四年），魯文公到晉國朝見，途經衛國和鄭國，兩國國君趁機與魯文公舉行盟會，表示願意歸附晉國。魯文公到達晉國之後，將鄭、衛兩國的意思轉達給趙盾。於是趙盾趁機約請各國在新城（今河南商丘西南）舉行會盟。魯、宋、衛、鄭、陳、許、曹等國紛紛參與新城會盟。趙盾主持了此次會盟，標誌著卿士開始走上「國際舞台」。盟會時宋、鄭、陳等國爲先前叛晉附楚向晉國道歉不迭。晉國自然原諒這些國家曾經的不忠，蔡國因爲久附於楚國而不理晉國，趙盾命令郤缺率軍圍攻蔡國，晉軍攻入蔡國都城，迫使蔡侯簽訂城下之盟。

在晉楚兩國爭霸的天平上，鄭國扮演著關鍵要角，每次晉楚交戰，鄭國必然首當其衝，身處兩大國之中，鄭國很難面面俱到。無論是歸附晉國還是楚國，鄭國都是出於維持國家的生存，因爲小國沒有太多的選擇。

心灰意冷鄭叛晉

新城會盟之後，鄭國重新歸順晉國，晉國在中原的霸主之位得以鞏固。此後，齊、宋兩國發生弒君篡位之事，晉國聯合各諸侯國加以干預，但是結果卻讓鄭國大失所望，鄭國又開始嚮往楚國，暗地與楚國結盟。

齊昭公死後，世子舍是個平庸之輩，聲望不高。公子商人久懷篡位之心，世子舍登基沒多久就遭公子商人殺害，公子商人登上君位，即爲齊懿

春秋・雙龍勾雲紋佩

公。世子舍的母親子叔姬是魯國公主，她終日以淚洗面，齊懿公非但沒有惻隱之心，還將子叔姬囚禁起來。後來子叔姬派人送信給魯文公，希望他出手相救。魯文公畏懼齊國的勢力，不敢出兵，便派人到周天子那裡告狀，周天子派單伯去齊國調停。齊懿公根本不買周天子的面子，竟將單伯也囚禁起來。

魯文公無奈之下，只好派人向晉國求援，趙盾約請宋、衛、蔡、陳、鄭、曹、許等國在扈（今河南原武西北）會盟，並且商量討伐齊國的事宜。齊懿公害怕晉國大軍壓境，於是就釋放單伯，還派人向晉軍繳納重金，得到賄賂的晉軍班師因此回朝。晉軍退兵之後，齊懿公多次發兵懲罰魯國，不斷侵犯魯國的西部邊境。魯文公無奈之下，只好向齊國納幣求和。晉國貪圖齊國的賄賂而不懲治弒君者，鄭穆公對此大為不滿。

兩年之後，宋國也發生了弒君篡位事件，襄公夫人（周襄王的姊姊）派人殺死宋昭公，昭公之弟子鮑即位，即宋文公。晉國聞知宋國發生叛亂，命令荀林父率領衛、陳、鄭等國軍隊大舉殺向宋國。沒等大軍到達宋國，宋文公便派人攜帶重金賄賂荀林父。荀林父想接受賄賂，鄭穆公對此表示反對：「我們是來平亂的，不是為了接受賄賂的。長此以往，各國弒君事件必然經常發生。」荀林父不聽鄭穆公的勸告，收下了宋國的賄賂便班師回朝。

隨後，晉國在扈再度召集諸侯會盟，晉靈公懷疑鄭國對晉國還有二心，在盟會上拒不接見鄭穆公。鄭穆公的大夫鄭子家給趙盾寫了一封言辭委婉但是態度強硬的信。信中備述鄭國對晉國的忠心，但更多的是對晉國的控訴：「敝國是小國，但是對晉國已竭盡所能，即便如此晉國還是說，『你們沒有達到我的願望』，倘若如此，那麼敝國只能亡國了，因為無法達到你們的要求。」

晉國不得不向鄭國道歉，表面上兩國又言歸於好，但是鄭國已經對晉國大失所望，於是決定重新歸附楚國。

弒君篡國的「國際化」

齊懿公公子商人為了篡取君位，不惜重金收買人心。遇到荒年，公子商人便救濟窮人，所以公子商人深得民心。等到他弒君篡位之時，百姓並沒有反對。宋國的公子鮑看公子商人的辦法非常有效，便開始模仿。為了收買人心，公子鮑散盡家產，甚至不惜借債。等宋昭公被弒之後，百姓非但沒有反對，反而熱烈歡呼。春秋時期，各國互相借鑑治國經驗，而陰謀家則互相學習弒君篡位的手法。

趙氏孤兒

趙盾在朝權傾一時，晉靈公沒有順利殺掉趙盾，反而為趙穿所殺。趙氏家族權勢熏天，晉靈公遇刺，趙穿沒有受到任何懲罰，依然高官厚祿。趙盾死後，趙氏勢力開始衰敗。屠岸賈將趙氏家族滿門抄斬，所幸趙家有一個遺腹子存留人間，他歷經人間坎坷，終於一雪家族仇恨，使趙氏家族得以復興。

趙氏滿門遭難

趙盾當政期間，趙氏家族遍佈朝野。趙盾死後，趙氏家族勢立未衰，但是卻沒有趙盾這樣有才智的成員。屠岸賈深得晉靈公寵幸，他在晉靈公遭到弒殺後出奔逃亡，晉景公時才回朝，深得寵幸，官拜大將軍。

屠岸賈嫉妒趙氏家族在晉國的權勢，一直在尋找機會剪除趙家，取而代之。趙盾曾經做了一個奇怪的夢，事後找史官來占卜，史官說：「這不是一個好兆頭，趙家將有滅門之災，不過是您的兒子，等到您孫輩時又會重振趙家。」趙盾死後，其子趙朔、趙同、趙括等皆在朝中爲官。

晉景公時，晉國壓服了鄭國、齊國，大有稱霸中原之勢。晉景公寵信屠岸賈，屠岸賈恃寵而恣意妄爲。他認爲已到了剪除趙家勢力的時候了，於是向晉景公進言：「趙盾弒君已載入史籍，而趙盾的子孫依然把持朝政，先君靈公九泉之下恐難以瞑目。」

晉景公卻認爲趙氏家族有功於晉國王室，不願大開殺戮，於是咨詢韓厥：「趙氏家族是否忠於朝廷？」

韓厥早年受惠於趙盾的提攜，對趙家身懷感激，於是說：「靈公死於桃園與趙盾並無瓜葛，況且趙氏家族自文公以來，世代有大功於朝廷，大王不可輕信奸佞之人的讒言。」晉景公又詢問欒書與郤琦，欒、郤二人早已爲屠岸賈所收買，他們在晉景公詢問時含糊其辭，默認趙盾有弒君之罪。屠岸賈買通朝中大臣，跟他們說：「雖然趙盾早先不知道弒君之事，但是依然是罪魁禍首，現在他的子孫在朝，應該滿門抄斬。」韓厥爭論道：「靈公遇難，趙盾身在外，先君並沒有治罪，而今違背先君的意願誅殺趙盾的後人，是無視國君的存在。」無奈韓厥勢小力單，難以扭轉局勢。

韓厥隨即通知趙朔，希望趙朔收拾行囊暫且出國躲避一段時間。趙朔不肯出逃，趙朔的大人莊姬是晉景公的姐姐，此時身懷六甲。趙朔對韓厥說：「如果您能保住趙氏的香火，我死而無憾。」韓厥揮淚承諾，一定爲趙家留下香火。

趙朔派人將妻子連夜送回王宮，臨行前，趙朔對妻子說：「如果是女兒就取名爲文，如果是兒子取名爲武。」趙朔的門客程嬰對趙家忠心耿耿，所以由程嬰護送莊姬潛入王宮。

未等天亮，屠岸賈率軍包圍了趙家大宅，無論男女老幼無一倖免，趙家數百口人死於屠岸賈刀下，屍橫庭堂，血流成河。屠岸賈翻檢屍體，發現莊姬不在其中，而且他也知道莊姬已有身孕。爲了斬草除根，屠岸賈連莊姬都不打算放過。

程嬰捨子救孤

莊姬回到宮中，母親將她藏了起來，沒過多久，莊姬便生下一子。程嬰與公孫杵臼同爲趙朔的門客。公孫杵臼說：「趙家遭到滅門，身爲門客的我們應當赴死。」程嬰說：「莫著急，夫人身懷六甲，預計也快生產了，如果是個男孩，我們要將他撫養成人，將來可以報仇；如果不幸是個女孩，我們只有以死報答趙家的恩惠。」

莊姬生下男孩的消息傳到了屠岸賈那裡。屠岸賈前往宮中搜尋嬰兒，莊姬情急之下將孩子放在褲中，莊姬默默祈禱：若是天要滅趙家就讓這個孩子哭，若要給趙家留下一絲血脈就讓孩子悄無聲息。等到屠岸賈闖入王宮之中，莊姬胯下的孩子居然一聲未發，屠岸賈搜了幾遍都沒有發現孩子的蹤跡，無功而返。

東漢．趙氏孤兒圖

「趙氏孤兒」的故事見於《史記．趙世家》。原圖中共有四人，這裡所選的是大夫韓厥，正拍掌大笑逗趙武玩耍的情景。畫中人物表情生動，其蒼老而慈愛的表情，刻劃得栩栩如生。動態誇張，用筆極為嫻熟。

但屠岸賈並不死心，下令在王宮各個門口佈下重兵，防止莊姬把孩子偷送出去。坊間謠傳莊姬之子已經夭折，程嬰爲了確認這個消息便潛入宮中。莊姬深知程嬰忠心於趙家，就在他手中寫了個「武」字。程嬰心領神會，出宮之後便與公孫杵臼謀劃救出趙武的事情。公孫杵臼問程嬰：「赴死容易還是立孤容易？」程嬰說：「當然赴死容易。」公孫杵臼說：「那我做容易的事情，難事就交給你了。」兩人便謀劃了一個計畫。適時，程嬰正有一個與趙武相仿的兒子。公孫杵臼抱著程嬰的兒子逃進山中，程嬰則向屠岸賈報告：「我知道趙氏孤兒的去處，但是必須賜我千金。」

屠岸賈喜出望外，爲了斬草除根，千金不值什麼。於是程嬰帶著屠岸賈來到深山老林之中。當這些人在深山搜尋公孫杵臼之時，韓厥派人趁宮門侍衛不注意，將趙武偷偷送了出來。

幾天之後，屠岸賈在山中找到了公孫杵臼搭建的窩棚，窩棚裡果然有個嬰兒。公孫杵臼見了程嬰破口大罵：「程嬰，你這個禽獸，你我二人答應爲趙氏立孤，而你卻爲了錢財背棄信義。」程嬰假裝一臉慚愧。公孫杵臼向屠岸賈求情：「孩子是無罪的，都是我一個人的錯，要殺要剮隨你們，請留下這個孩子吧。」

屠岸賈當然不會放過這孩子，他命令士兵殺了公孫杵臼，孩子也被屠岸賈摔成了肉餅。爲了保住趙氏孤兒，程嬰不得不眼睜睜地看著自己的兒子被摔死。

趙武報仇雪恥

程嬰回到都城之後，便來到韓厥家中。此時趙武已經藏在韓厥家中，程嬰便帶著孩子偷偷離開都城隱入深山。十五年之間，程嬰含辛茹苦地撫養趙武，其中的艱辛與心酸只有程嬰自己清楚。他不僅要將趙武撫養成人，而且還要助這位將門虎子報仇雪恨，復興家族。趙武果然不負眾望，成爲優秀的趙氏子孫。

十五年之中，晉國的政局出現了巨大變化，晉景公、晉厲公先後去

藏山祠

藏山原名盂山，相傳春秋時晉國程嬰藏趙氏孤兒於此，故稱藏山。藏山祠創建年代不詳，金大定十二年（一一七二年）重修，元、明、清歷代屢有修葺。祠址向南，依山建造。建築分佈於三層遞高的平台上，祠前為明代「藏孤勝境」牌樓，祠內中軸線上依次布列山門、樂台、正殿、寢宮、梳妝樓，東西兩側為鐘鼓樓、配殿和耳殿。除寢宮部分梁架保存金代風格外，餘皆清代建築。

世，晉悼公即位後整飭朝政，朝野風氣煥然一新。韓厥認爲趙氏平反的時機已成熟，於是向晉悼公進諫：「臣是靠著祖宗的功業得以服侍君上，但是對晉國發展功勞最大的是趙氏。趙衰輔佐文公稱霸，趙盾輔佐襄公，霸業長續。二人忠於國君，殫精竭慮，鞠躬盡瘁。不幸靈公不理朝政，寵幸屠岸賈，後來靈公桃園遇難，屠岸賈出奔免死。景公即位，屠岸賈再度得勢，將趙盾的後人屠戮殆盡。如此勞苦功高的家族遭到滅門，君上應該爲此平反昭雪。」

晉悼公對趙氏的遭遇略知一二，便問：「趙氏不是已經被滅門了嗎？仍有後人在世？」韓厥說：「當年趙朔有一個遺腹子存留人世，如今已經長大成人。」晉悼公要韓厥將趙武召回宮中相見。晉悼公一看，趙武果然是將門之後，對他甚爲憐惜。爲了保護趙武的安全，晉悼公將他藏匿於宮中，然後以身體不適爲由，召集大臣到宮中相見。眾人一看悼公氣色頗佳，紛紛問：「君侯得了什麼病？」晉悼公說：「趙衰、趙盾父子兩代有功於國家，卻慘遭滅門之災。」眾人說：「趙氏滅族已經十五年，並無後人存留。」晉悼公這時要程嬰帶趙武出來，說：「這是趙朔的遺腹子趙武。當年屠岸賈滅門時，趙武被程嬰設法救出。如果不誅殺屠岸賈，如何洗去趙家的冤情。」

於是韓厥與趙武帶兵將屠岸賈滿門抄斬，拿屠岸賈的人頭祭奠趙朔。趙武報了家族之仇，晉悼公也恢復了趙武的爵位和封邑。趙家在沒落十五年之後得以中興，程嬰功不可沒。趙武封官晉爵之後，程嬰本應安享晚年，但是他卻選擇了自殺。他的理由很簡單：當年公孫杵臼先死，爲了保存趙家的香火，他才苟活於人世，如今任務已經完成，他要到地下與公孫杵臼相聚了。程嬰死後，趙武爲其披麻戴孝三年。

伏爾泰改編《趙氏孤兒》

著名法國文豪伏爾泰於一七五三年至一七五五年將傳入法國的《趙氏孤兒》改編成為新劇本，名為《中國孤兒》，一七五五年八月二十日開始在巴黎各家劇院上演，盛況空前。隨後，英國諧劇作家默非又根據伏爾泰及馬約瑟的本子，重新改編了《中國孤兒》，在倫敦演出，引起極大的轟動。《趙氏孤兒》是一部傑出的悲劇。其全名為《趙氏孤兒大報仇》，又名為《趙氏孤兒冤報冤》。譯者是法國傳教士馬約瑟，他於一七三一年在廣州把《趙氏孤兒》譯成法文，原作是元代紀君祥（一說為紀天祥）所作，法譯本取名為《中國悲劇趙氏孤兒》，一七三四年巴黎《法蘭西時報》、翌年《中華帝國志》先後刊發，在歐洲引起巨大的迴響。

楚莊王一鳴驚人

楚莊王飲馬黃河、睥睨中原為後人津津樂道，殊不知這位春秋時期最後一個霸主曾經是個貪迷酒色的浪蕩子。堂堂楚國乃千乘大國，有如此昏聵之主，實乃國家之不幸，人民之禍害。然而，楚莊王骨子裡卻是個圖霸天下的雄主，他幡然悔悟，沖天長嘯，一鳴驚人，成就了一番流傳千古、彪炳史冊的功業。

伍舉諷諫

楚莊王即位之後，終日沉迷於酒色之中，不思國政。除了治國安民、舉賢除奸這種君王本分，他什麼都喜歡，對美酒、絕色、寶馬良駒無不癡迷。

楚國自城濮兵敗之後，就沒有再向北發展，雖然當時的楚國是與晉國旗鼓相當的大國，國土廣袤、田野肥美、兵強將廣，卻不爲中原各國所承認。楚國朝野都希望能大敗晉國，一雪前恥，逐鹿中原。無奈楚莊王似乎對戰爭、霸主之類的事情都不感興趣。

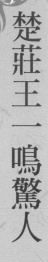

三年過去了，楚莊王依然對朝廷大事沒有絲毫的熱情，賢臣良將莫不扼腕歎息。如果能有雄主帶領，以楚國的雄兵猛將，爭霸中原也是指日可待之事，而今這位君主卻毫無雄心壯志。更有甚者，楚莊王不願聽朝臣在他耳邊嘮叨，於是在王宮門口立了牌子，上面寫著：「敢進諫者，殺無赦！」進諫之路從此被堵塞了，如此一來，楚莊王便可安心玩樂，沒有人敢打擾他的生活。

後來大夫伍舉實在忍不住了，於是冒險進宮勸諫。他一進宮便看見楚莊王左手抱著鄭姬，右手摟著越女，周圍全是鼓瑟彈琴的歌女，而楚莊王一臉陶醉地沉溺於溫柔鄉中。一看伍舉進來，楚莊王便問：「大夫，今天是來飲酒，還是聽音樂呢？」楚莊王知道伍舉打算進諫，所以故意先堵住伍舉的嘴巴。哪知伍舉有備而來，他說：「臣今天來既不是聽音樂，更不是爲了喝酒，而是有一個謎語，臣想了好久也沒猜到，今天特來向大王請教。」楚莊王仍舊想堵伍舉的嘴：「像愛卿這種學富五車、才高八斗之人都不得其解，何必來爲難我呢？愛卿還是不要講了。」伍舉見楚莊王並不接招，便直接開口說：「有一種大鳥，五彩羽翼，停留在楚國三年了，不見牠飛翔，也不見牠鳴叫。大王您說這是一隻什麼鳥？」楚莊王一聽，知道伍舉在暗諷自己，笑了笑說：「寡人知道這是一隻什麼鳥。那是一隻超凡脫俗之鳥。三年不飛，飛必沖天；三年不鳴，一鳴驚人。愛卿就等著這隻大鳥，沖天長嘯，直入雲霄吧。」

伍舉一聽，心裡著實欣慰，於是高高興興地回家了。其實，楚莊王一番話只是爲了搪塞伍舉，免得伍舉糾纏不休，擾亂他的心情。伍舉回家之後，楚莊王更是變本加厲地玩樂，懈怠朝政，朝野內外不滿之聲不絕於耳。

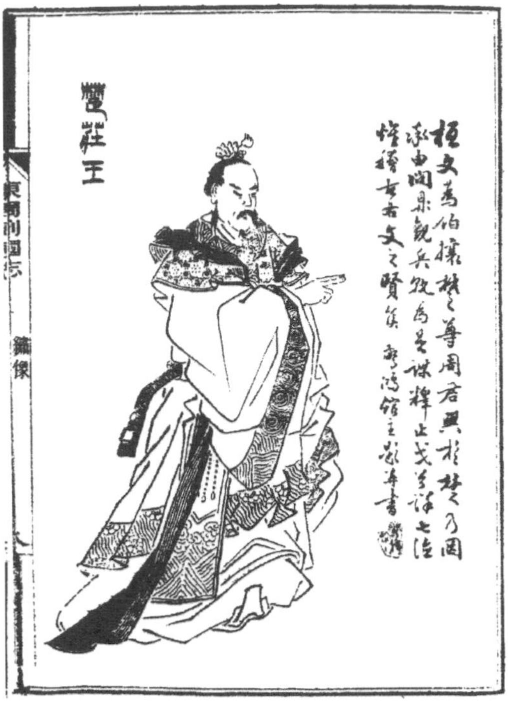

楚莊王像

王貴民在《應該充分評價楚莊王的歷史地位》一文中指出：春秋五霸，世人盛稱齊桓、晉文。固然，宋襄爭霸，為時短促；秦穆霸業，只及「西戎」，都不足與桓、文相比。但是，楚莊王的霸業卻大不一樣。他二十來年的爭霸活動，有聲有色，文治武功，犖然卓著。

蘇從哭諫

楚莊王依舊不思振作，朝中大臣無人敢進諫，上次伍舉只是非常委婉地告訴楚莊王，現在已到了勵精圖治，大展宏圖的時候了。可是，楚莊王根本就把伍舉的進諫之言當作耳邊風。

響鼓需要重錘敲，伍舉和風細雨般的進諫沒有效果，蘇從決定反其道而行之，給楚莊王來一場暴風驟雨式的哭諫。一天，蘇從求見楚莊王，一進宮便號啕大哭。楚莊王不知蘇從爲何哭得如此傷心，便起身安慰：「愛卿，遇到何事如此傷心悲慟？」蘇從抹了把眼淚說：「臣痛哭流涕是因爲臣將面臨身死國滅的人間悲劇。」楚莊王不解，問道：「愛卿何出此言，現在朗朗乾坤，君臣和睦，國家鼎盛，怎麼能說身死國滅呢？」蘇從說：「臣今天前來進諫，大王已經規定『敢進諫者，殺無赦』，臣跨入宮門之後，生死已經不由臣掌控。臣死之後，朝野內外再也沒有人敢向大王進諫。大王終日沉湎於酒色之中，朝綱廢弛，小人弄權，賢良去國，楚國的江山陷於危殆。」楚莊王大怒：「明知道進諫是死罪，你還敢觸碰龍鱗，眞是愚不可及。今天不殺你不足以樹立寡人的威信。」蘇從不急不徐地說：「臣的確迂腐至極，但是大王卻比臣更迂腐頑固。眞是可惜可歎啊。」現在輪到楚莊王摸不著頭腦了，他忙問蘇從：「寡人迂在何處？又腐在何處？」蘇從說：「大王坐享萬乘之國，先王篳路藍縷，開創宏業，兢兢業業，拓地千里，四海歸心。如今楚國兵強馬壯，大王卻終日流連於酒色之間，不思國事，先祖之業毀於一旦。貪圖一時之樂，而荒廢萬世功業。難道大王不是昧於時勢嗎？臣的迂腐之處不過是冒死進諫，如果大王殺了臣，臣不過身死而已，他日終可青史留名，與龍逢比干比肩，臣死得其所。既然大王要殺臣以立威，臣願意成全大王，現在便引頸就刑。」

楚莊王聽了蘇從一席話，幡然醒悟，忙將蘇從扶起，說道：「愛卿忠心耿耿，寡人一時糊塗，多虧愛卿及時提醒。伍舉曾經勸諫過寡人，當時寡人曾說必當一鳴驚人。如今有伍舉和愛卿此等賢臣良將，楚國霸業指日可待。」

勵精圖治

蘇從冒死一諫，令楚莊王幡然悔改，決心遠離酒色，重整朝綱，逐鹿中原。於是將鄭姬、越女貶入冷宮，立樊姬爲夫人，主持後宮事務。樊姬是個明理懂事的賢內助，不僅寬容大度而且在治國方面也多有獨到的見解。

當時鬥椒是楚國的令尹，權勢熏天，爲了制衡鬥椒，楚莊王決定任命蔿賈、屈蕩等人掌理朝政，防止鬥椒權力過大，起兵反叛。鬥椒自恃功勳卓著，根本不把楚莊王放在眼中，現在楚莊王將蔿賈等人安插到

春秋．楚屈子赤角簠

鬥樾椒的地盤內，目的就是爲了削奪他的權力。鬥樾椒對此非常不滿，伺機反叛。

鬥樾椒是子文的侄子，當年子文曾說：「這孩子有熊虎的容貌，豺狼的聲音，必須殺了他，否則日後會成爲家族之禍。俗話說，狼子野心，他是一頭狼，怎麼可以留在家族呢？」

楚莊王絕纓會

楚莊王大宴群臣，君臣同歡，楚莊王讓自己寵愛的許姬為各位大臣斟酒。此時，燈火突然熄滅。有人便趁機拉許姬的衣服，許姬趁勢扯斷那個人的帽帶，急忙回到楚莊王身邊，報告楚莊王有人對她圖謀不軌。楚莊王急忙說：「今天我們君臣同歡，現在大家把帽子拿下來，盡情暢飲。」等重新點起燈火的時候，群臣都已脫帽，那個想渾水摸魚的傢伙得以逃脫懲罰。數年之後，楚莊王出征，正是此人甘當先鋒，奮力死戰保證了楚軍的勝利。

子文的弟弟子良不忍心殺死兒子，子文也就沒有勉強，但是鬥樾椒一直是子文的心頭之患。子文臨終時還召集家族耆老說：「鬥樾椒即將執掌國政，請盡快將其殺死，我們的祖先還需要祭祀，如果不把此子殺死，恐怕我們即將面臨滅族之災。」

鬥樾椒爲令尹，蒍賈爲司馬，兩大家族明爭暗鬥。最終鬥樾椒殺了蒍賈，起兵反叛。楚莊王措手不及，願意以王族子弟作爲鬥樾椒的人質。鬥樾椒知道這不過是楚莊王的緩兵之計，於是拒絕了。雙方對峙於漳河兩岸，鬥樾椒身強力壯，尤其善於射箭，他連發兩箭，第一支箭射在楚莊王的車轅上，嚇得楚莊王從車上掉下來。鬥樾椒又彎弓射來一箭，直向楚莊王而去，幸虧左右侍衛忙拿笠谷擋箭，否則楚莊王早已命喪利箭之下。士兵們一看，鬥樾椒的箭術如此精準，個個心驚膽寒，楚莊王由於受到驚嚇，便鳴金收兵。

夜裡，楚莊王巡視營地，聽見士兵們紛紛議論白天鬥樾椒的兩箭如此精準厲害，看來此戰必敗無疑。楚莊王回到中軍帳，便命人分頭向士兵們宣傳：「昔日文王在世之時，出征戎蠻繳獲三支神箭，藏於太廟，鬥樾椒偷得兩支，就是白天發的那兩支箭。現在鬥樾椒神箭已盡，明日我們即可反攻。」士兵們都信以爲眞。第二天，楚莊王親自上陣擊鼓進軍，士兵們認爲鬥樾椒已經黔驢技窮，沒有神箭護佑，不足爲懼，因此個個神勇，奮力掩殺過去，鬥樾椒大敗而歸。

楚莊王凱旋，回到國都便將鬥氏家族悉數斬首，子文當年的預言不幸成眞。楚莊王平息這場叛亂之後，國內再也沒有任何勢力可以與楚王對抗，自此政局穩定，楚莊王得以大展宏圖，內修政治，外樹威名，最終飲馬黃河，睥睨中原。

問鼎中原

楚莊王洗心革面擺脱酒色，使楚國煥然一新，國力蒸蒸日上，對外征伐連連告捷。從國力上來講，楚國的國力早已超過周王室，但周王室是正統所在，周天子是天下共主，楚國國勢雖強，但是爵位很低。楚莊王依仗國力，意圖取周天子而代之，結果為王孫滿辯駁得啞口無言。

觀兵周疆

楚莊王平息鬥樾椒叛亂後，任命孫叔敖爲令尹，大修政治。楚莊王頻頻對外用兵，周圍小國悉數歸附。楚莊王即位之初，南方的小國趁楚國政局不穩紛紛叛亂，楚莊王多管齊下，將其中實力較強的庸國（今湖北竹山）制伏，其餘小國莫敢不從，自此楚國的後方得以穩固，可集中力量北上爭霸。

北上爭霸一直是楚國歷代君王的夢想，由於楚國發展於南部邊陲，一直爲周王室所輕視。楚武王時，楚國拓地千里，曾要求周王室提高楚王的爵位，但被周天子拒絕，後來楚武王遂自封爲王，與周天子分庭抗禮。經過武王、成王、文王、穆王四代君王的努力，楚國北進戰略得到部分實現，然而要稱霸中原就必須與中原各國會盟，更重要的是要得到周天子的承認。於是楚莊王便費盡心思，希望能得到周天子的正式授權。

後方穩固之後，楚莊王便可調兵遣將全力對付當時的霸主——晉國，但楚莊王並不願與晉國發生正面衝突，於是先拿那些晉國的附庸小國開刀。楚莊王八年（周定王元年，西元前六〇六年）春天，楚莊王率軍征伐陸渾（今河南洛陽西南），一戰而克。楚軍渡過洛水，進入周天子的地界。周天子向來視楚國爲荊蠻，對楚國的強大心存戒備，這回楚莊王決定在周天子面前顯示一下楚國的軍威。

楚國大軍停留在周天子腳下數日不歸，楚軍軍容嚴整，到處旌旗飄飄，如果楚莊王劍鋒指向雒邑，也許不用多久周天子便會淪爲階下囚。但是這次楚莊王並沒打算這麼做。即便如此，還是給周天子造成了很大的心理壓力。周定王繼位才不過二年，面對楚莊王的挑釁，不得不派人前去慰勞，實際上是希望能驅退楚國大軍。

莊王問鼎

周定王派王孫滿前去慰勞楚莊王。王孫滿肩負著重責大任，他必須以一己之力使楚國百萬雄師退兵。

王孫滿簞食壺漿來到楚軍大營，楚莊王出面迎接，雙方寒暄幾句之後，楚莊王話鋒一轉，問王孫滿：「聽說九鼎是件寶物，但是無緣相見，今日有幸與您相見，特向您請教，九鼎什麼樣子啊？有多重啊？」

王孫滿也非等閒之輩，他知道楚莊王不懷好意，所以事先早有準備，楚莊王問鼎之事也在意料之中。於是從容不迫地說：「九鼎的形狀與大小並不重要，最關鍵的在於君王的德行。」

楚莊王非常傲慢地說：「您不要搪塞我，泱泱楚國還鑄不起個鼎嗎？你看，把我的這些士兵的兵器收集起來就可以鑄一個更大的鼎。」

王孫滿根本不理會楚莊王的百萬雄兵，只是對楚莊王的傲慢與自大非常生氣，於是毫不客氣地說：「當年大禹賢德清明，深受百姓熱愛，將遠方的各種珍奇圖案描繪下來，以九州進獻的金屬鑄成九鼎，將描繪下來的圖案鑄在鼎上，以此來教導百姓分清賢愚忠奸。所以百姓進入山林沼澤便不會誤入歧途，誤食毒物。上下和諧，同心同德，共同承受上天的恩賜。夏桀昏庸無道，九鼎遷到商朝，殷商享有天命長達六百餘年。商紂王殘暴無道，九鼎又遷往周朝。如果德行至純至真，九鼎雖小，誰也不會奪走，反過來，如果奸邪昏庸，再大的鼎也會被遷走。上天眷顧明德之君，當年成王安放九鼎之時，曾經占卜過，周朝可以傳世三十一代君主，享國七百年，這是上天注定的。雖然現在周朝德行在衰退，但是天命並沒有更改。九鼎的形狀與大小與您並沒有關係，還是不要多問的好。」

楚莊王也是聰明之人，聽王孫滿一席話，面紅耳赤，班師撤退。

西周．師旅鼎

該鼎為折沿，雙立耳，三駐足，圓淺腹，腹部稍傾垂。頸下飾鳥紋一周，襯以雲雷紋。壁內鑄銘文八行七十九字，記載了西周士兵反戰的資料以及西周時期的軍事法律制度，具有極高的史料價值。

名相孫叔敖

雄才大略的君主無不倚賴股肱良臣，方可成就千秋功業。齊桓公得管仲而稱霸中原；百里奚、蹇叔助秦穆公稱霸西戎；楚成王靠子文等賢臣才能屢窺中原。楚莊王改過自新後，亟需一位可以與管仲、蹇叔比肩的賢才輔理朝政。蔿賈之子孫叔敖滿腹治國良策，雖處於鄉野之間，但賢達之名已經傳遍朝野，遂為楚莊王任命為令尹。

少年除害

自古英雄出少年，大凡猛將良相，年少時便已顯示出廣大視野和寬大的心胸，懵懂之時就懷有一種濟世安民的意識。孫叔敖也不例外，幼年的他便具有捨己爲人的情操。

孫叔敖家學淵博，祖父與父親都是楚國的重臣，因此他們都想把孫叔敖培養成才堪大任的人。孫叔敖聰慧伶俐，謙虛有禮，深得鄉鄰的稱讚。一天，孫叔敖出外玩耍，忽然在路上遇到一條雙頭蛇。孫叔敖非常害怕，當地人有種說法：如果看到雙頭蛇的人必死無疑。一想起這個可怕的傳說，孫叔敖更加害怕，不由得踉蹌了幾步。

沒多久孫叔敖心想：「今天我見到了這個怪物，明天不知道誰還會看到，與其讓牠四處遊走害人，不如現在就打死牠。」於是他從地上搬起一塊石頭，對準雙頭蛇砸去。孫叔敖害怕雙頭蛇的屍體也會被人看見，便挖了一個坑，將雙頭蛇埋起來。

回到家之後，孫叔敖一臉悶悶不樂，默不作聲。母親覺得非常奇怪，一向活潑好動的兒子怎麼變得如此沉默寡言。母親摸著孫叔敖的頭問：「哪兒不舒服啊？是不是生病了？」孫叔敖搖了搖頭說：「沒有。」母親又問：「遇到什麼不開心的事情嗎？」此時，孫叔敖再也憋不住了，一頭撲進母親的懷抱中，邊哭邊說：「孩兒不孝，恐怕無法侍奉母親終老。」母親好奇地問：「怎麼了，你年紀輕輕怎麼說這種話呢？」孫叔敖就把路上遇到雙頭蛇的事告訴了母親，還說：「人家都說看到這種怪物，沒多久就會死去，我怕別人也看到就把牠打死了。孩兒不久將離開人世，不能報答母親的養育之恩，所以心中難過。」母親笑著說：「孩子，你年紀輕輕就有捨己救人的無私想法，上蒼怎麼會輕易把你從我身邊帶走呢。放心好了，你會健康長壽的。」

過了幾天，孫叔敖果然沒有死，而他砸死雙頭蛇的事跡卻不脛而走，當地傳爲美談。爲了表彰這位英雄少年捨己爲人之舉，當地人將孫叔敖砸死雙頭蛇的那座山命名爲「蛇入山」。

施教導民

孫叔敖長大成人之後，成爲當地的鄉野名流。當地百姓飽受水災之苦，於是孫叔敖組織當地百姓興修水利，既能防洪抗澇又能灌溉，造福了地方鄉里。

孫叔敖的父親蔿賈官至司馬，是楚莊王的得力助手，鬥樾椒發動叛亂時殺了蔿賈。孫叔敖偕同母親出逃，以防鬥樾椒趕盡殺絕。楚莊王平息鬥樾椒之亂後，令尹之位空缺，但是一直沒有找到合適的人選。一日，楚莊王與虞邱談起用人之道，楚莊王心急地說：「如今楚國人才奇缺，令尹之位又空著，但寡人身邊沒有合適人選。不知愛卿有何見解？」

虞邱說：「蔿賈是不可多得的人才，年輕的時候就能預知子玉會兵敗誤國，城濮一戰子玉兵敗自刎即印證了蔿賈當年的預言，可惜，斯人已逝。不過，據說他有個兒子，年少傑出，學識淵博，頗有治國之才。」楚莊王說：「蔿賈乃一代賢達，他的兒子必有非凡之才，多虧愛卿提醒，楚國差點將錯失棟樑之才。」

其實孫叔敖的名字是蔿敖，字孫叔，後來人們就直稱他孫叔敖，這也是後來「孫」這個姓氏的起

孫叔敖墓

孫叔敖墓位於湖北省荊州市沙市區中山公園東北角江津湖畔、春秋閣旁。墓封土高二公尺，墓徑三公尺餘。清乾隆二十二年（一七五七年）荊宜施道觀察使來謙鳴在此立碑建亭。石碑題有：「楚令尹孫叔敖之墓」。原碑亭已毀，現有碑高兩公尺，為一九八〇年重建。

源之一。經虞邱提醒，楚莊王馬上派人去找孫叔敖。自鬥樾椒叛亂後，孫叔敖便與母親逃到鄉間，打算過恬淡的耕織生活。楚莊王的使者帶著招賢令，將孫叔敖及其母親帶回了郢都。

楚莊王將孫叔敖召入宮中談論治國之道，孫叔敖說得頭頭是道，楚莊王不時拍手稱絕。談完後，楚莊王說：「現在令尹之位空缺，您是不二人選，請不要推辭。」孫叔敖忙說：「臣隱居於鄉野，尚無治國經驗，恐怕難以勝任。」楚莊王說：「寡人知道愛卿的才學，楚國稱雄非愛卿不可。」孫叔敖再三推辭不果，最後只好同意就任令尹之位。

孫叔敖上任之後，十分重視工、農、商等各行業的發展。孫叔敖施政以疏導爲主，不以嚴刑峻法苛責百姓。楚莊王嫌楚國的車輛太矮小，於是要下令全國改造大車，孫叔敖進諫說：「下一道命令非常容易，但是百姓將不知所措，而且容易對強制性的命令產生反感。如果您想要高大的車子，那就把街巷路口的門檻提高，矮小的車子過不了門檻，百姓自然就會建造大車。」楚莊王聽從了孫叔敖的建議，過了一段時間，楚國大街上的馬車全都高大了起來。

楚國當時使用的錢幣叫蟻鼻錢，比其他國家的錢幣要小，楚莊王下令改鑄錢幣。結果引起了市場紊亂，百姓怨聲載道，商人損失慘重，紛紛罷市歇業。孫叔敖進諫：「錢幣大小並無大礙，還請大王恢復原先的貨幣，以利於商業的發展。」楚莊王從之，三日之後，市場秩序恢復，繁榮景象恢復如初。

孫叔敖治國的精髓在於誘導，正如司馬遷所說：「奉職循理，亦可以爲治，何必威嚴哉?」孫叔敖正是遵循「職」與「理」而被司馬遷列爲「循吏」第一。

兩袖清風

身居令尹高位，卻能兩袖清風，一生清廉，在中國歷史上這樣的官吏屈指可數，而孫叔敖卻做到了這一點，而且他還訓誡自己的子孫要以清廉自守。

孫叔敖登上令尹之位，都城的官員和百姓紛紛前來祝賀，場面相當熱鬧。此時來了一位老者，令人奇怪的是他披麻戴孝。眾人愕然，這麼喜慶的場面出現這樣一位老者，實在是大煞風景。孫叔敖整理好衣帽，恭恭敬敬地來到這位老者面前，說：「大王不知道我是個無才之人，任命我爲令尹這樣的高官，所以百姓和官員都前來道賀，而您卻來弔喪，想必有金玉良言要告知。請您暢所欲言。」老者說：「老夫的確有幾句話要與令尹大人分享，身居高位而自以爲是的人，終究會被百姓拋棄；權傾一時而又獨攬大權之臣，君王終將厭棄他；享有厚祿而貪得無厭的人，禍患必然會找上門。」老者的幾句話讓眾人再次愕然，鄉野匹夫居然懷有如此智慧，的確是難能可貴。孫叔敖再次對老者作揖行禮，說：「非常渴望聆聽您的教導，請您不吝賜教。」老者倒也不謙讓，接著說：「官階愈高，愈要為百姓著想，造福百姓；權位愈高，愈要小心謹慎；俸祿愈多，愈要戒除貪念。記住這三條，您便可以把楚國治理好，而留下身後美名。」

孫叔敖恭恭敬敬地聽完這位素昧平生的老者的訓誡，他再三感謝，並說：「您的教誨，我已謹記在心，不敢違拗。」老者的一番高論，正是孫叔敖未來掌理國政的眞實寫照，也許老者的一番話開導了孫叔敖，但是眾人更相信，在此之前，孫叔敖早已有了這些治國理政的想法，老者的一番話只是引起了他的共鳴。

孫叔敖輔政多年，長久陪伴楚莊王左右，一直為楚莊王所信任；身居高位，處處為民，從不施行嚴刑峻法；官居令尹多年，家中卻一貧如洗。他一直訓誡自己的子孫要以清廉、謹慎、忠誠等為人處世的原則。孫叔敖死後，家中居然無力準備一口像樣的棺材，可見其清廉的程度。

成功男人背後的女人

楚莊王的夫人樊姬是通情達理、頗懂治國用人之道的女人。楚莊王與虞邱談了一天國事，莊王非常欣賞虞邱的才能。莊王回去跟樊姬說虞邱如何如何賢能，樊姬笑了笑說：「以妾之見，虞邱未必是賢才。」莊王問道：「何以見得？」樊姬說：「他跟您談論了一天國事，居然沒有舉薦一個人，楚國不乏賢能之士，虞邱企圖以一人之智掩蓋天下賢能之士，怎麼能算賢才呢？」後來，莊王將樊姬的一番話跟虞邱說了，虞邱旋即向莊王舉薦孫叔敖。一個成功的男人背後，需要一個意志堅定而又心細如髮的女人，樊姬正是楚莊王背後的賢內助。

安豐塘

安豐塘古名芍陂，相傳為春秋時期楚相孫叔敖所造，至今已有二千五百多年歷史。位於安徽壽縣縣城南三十公里處，是中國古代著名的四大水利工程（安豐塘、漳河渠、都江堰、鄭國渠）之一，被譽為「神州第一塘」。塘堤周長二十五公里，面積三十四平方公里，蓄水量一億立方。放水涵閘十九座，灌溉面積九十三萬畝。

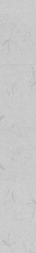

夏姬亂陳

男人好色無可厚非，但是如果因為貪色而使國家陷於危難，便是昏聵荒淫之君。陳靈公不但貪戀美色，而且還將淫蕩醜事於朝堂之上炫耀。夏姬國色天香，卻毫無廉恥，卿士諸侯莫不拜倒在她的石榴裙下，陳靈公慘為夏姬裙下之鬼。楚莊王因此伐陳，恢復陳國秩序，自此，陳國永為楚國附庸。

君臣好色迷夏姬

在春秋那個紛亂動盪的年代，禮儀制度變得縹緲虛無，君臣之間的綱紀已若有似無。大國雄主心懷爭霸，起用賢臣良將，內修政治，外爭霸權；而小國則在大國的縫隙之間苟且偷生，君臣以玩樂爲務，但像陳靈公那般恬不知恥者，卻是世所罕見。

紅顏禍水這次出現在陳國。陳國大夫御叔娶了鄭穆公的女兒爲妻，即爲夏姬。夏姬貌若桃花，伶牙俐齒，但是她不守婦道，極爲淫亂。御叔死後，夏姬招蜂引蝶，淫蕩之名遠播四方。

當時陳國的國君是陳靈公，此公不好國事，偏貪色好淫。上有好之，下必甚焉，大夫孔寧、儀行父與陳靈公爲同道中人，時常遍尋佳麗美色。孔寧、儀行父與御叔同朝爲官，曾經與夏姬有過一面之緣，夏姬的花容月貌，令孔寧、儀行父神魂顛倒，只是當時礙於御叔的面子，二人只得按捺偷歡淫念。

御叔死後，孔寧便心急火燎，伺機與夏姬偷歡。夏姬的侍女風騷伶俐，名爲侍女，實際與夏姬同流合污。孔寧向侍女施以重金，侍女也願意居中牽線，孔寧遂得其所願。後來，孔寧從夏姬那裡偷了一件貼身小衫，向儀行父炫耀。儀行父不甘處於孔寧之下，也尋找機會與夏姬偷歡，夏姬見儀行父儀表堂堂，身材魁梧，眉清目秀，自是求之不得。儀行父爲了打擊一下孔寧，也從夏姬那裡求得一件衣物。

夏姬貪戀儀行父的外表，便疏遠了相貌略微遜色的孔寧。儀行父終日在孔寧面前炫耀自己如何得到夏姬的寵愛，令孔寧醋意大發。爲了教訓一下儀行父，孔寧便偷偷告訴陳靈公：

「夏姬的美艷天下無雙，此刻正在守寡。」陳靈公早已聽聞夏姬的大名，而且還知道這女人非常擅長房中之術，只是沒有機會親身體驗。陳靈公說：「愛卿有何妙計讓寡人得此佳人？」孔寧說：「現在夏姬與儀行父相處甚歡，夏姬寡居於株林，此地竹木繁盛，君侯可以假託前去遊玩。夏姬也絕非不解風情之人，君侯到時不費吹灰之力便可得到美人。」

陳靈公依計前去株林，果然得償所願。夏姬美艷無雙，陳靈公留戀夏姬的美色，久久不願離去。夏姬也願與君王偷歡作樂，孔寧與儀行父忙裡偷閒也能撿個便宜，於是君臣三人悉數拜倒在夏姬的石榴裙下。

陳侯牡丹花下死

陳靈公自從與夏姬有過魚水之歡後，更加不理朝政，他與儀行父、孔寧三人全以夏姬爲生活的重心，株林成爲三人心中的聖地。物以類聚，人以群分，在陳靈公眼中，儀行父和孔寧便是賢才，那些終日規勸他以國事爲重的臣子反倒成了眼中釘。洩治便是其中之一。洩治素以賢良聞名朝野內外。

一日，陳靈公、孔寧與儀行父三人都穿了夏姬送的貼身內衣，在朝堂之上互相炫耀，言辭不堪入耳。洩治逕自來到朝堂。孔寧與儀行父忌憚洩治，起身便走。陳靈公也想開溜，但是洩治上前擋住了陳靈公的去路，說：「公卿大夫在朝堂之上以淫亂爲榮，如此下去，如何能教化百姓？一國之君居然在朝堂之上污言穢語，將男女之別拋諸腦後，國家離滅亡不遠

夏姬像

夏姬，春秋鄭穆公女，《烈女傳》載其駐顏有術，三次做王后，七次做夫人，王公貴族無不為之神魂顛倒。

了。」陳靈公自覺臉上無光，只好說：「寡人能改，請愛卿不要再說下去了。」

江山易改本性難移，陳靈公早已色迷心竅，一日不見夏姬如隔三秋。孔寧與儀行父對陳靈公說：「君侯是一國之君，當爲國人做出表率，我等二人不肩負治國之責，所以可以繼續與夏姬相見。」陳靈公哪能忍受這種刺激，於是君臣三人密謀殺害洩治。儀行父與孔寧以重金買通殺手，伺機將洩治殺死。

洩治死後，朝中再也沒有人敢進諫，君臣三人更加肆無忌憚地與夏姬偷歡淫樂。夏姬的兒子夏徵舒已經長大，身軀偉岸，臂長善射，承襲了父親之職擔任陳國的司馬。夏徵舒難以改變母親水性楊花的本性，爲了不見到陳靈公等人的淫亂之事，夏徵舒幾乎不在家中居住。

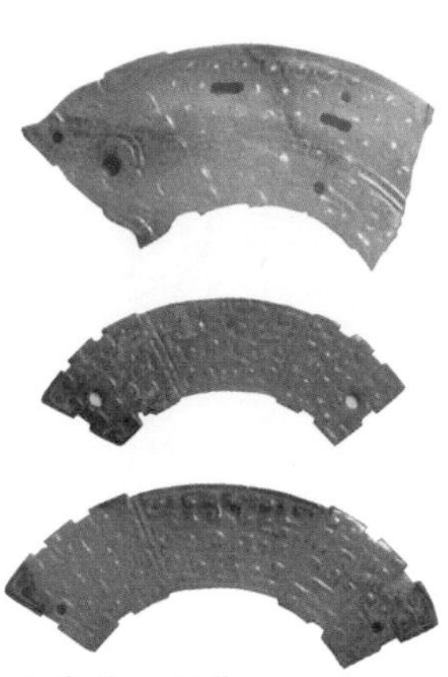

春秋・玉璜

此套玉璜大小不等，玉呈青白色，兩頭琢成龍形，整體密佈饕餮紋或穀紋。

夏徵舒久不回家，一次回家看望母親，正好遇到陳靈公、儀行父、孔寧等三人在家中喝酒，夏徵舒心中不快。但是，沒有辦法，眼不見心不煩，夏徵舒便準備回房間休息。沒想到，這三個人得意忘形，藉著酒力滿嘴荒淫之語，夏女舒無意間聽到他們的對話。

陳靈公說：「我看夏徵舒長得很像孔寧，是不是你跟夏姬生的啊？」孔寧說：「跟君侯也像，莫不是君侯的私生子？」儀行父更加無恥地說：「夏徵舒的爹極其多，恐怕連夏姬都不知道哪個是夏徵舒的親爹了。他是個雜種。」聽完這句，夏徵舒怒火中燒，恨得牙都咬碎了，於是決意要將這三個恬不知恥的傢伙千刀萬剮。他調集軍隊包圍株林，三人聽見眾多腳步聲，方知大事不好，良忙倉皇出逃。夏徵舒在後面緊追不捨，慌不擇路的陳靈公逃進馬廄，剛一露頭便被夏徵舒一箭射中，一命嗚呼。

楚莊王出兵伐陳

陳靈公命喪株林，而孔寧和儀行父則逃過一劫，前往楚國。二人在楚莊王面前陳述夏徵舒弒君之事，絲毫不提他們君臣三人如何與夏姬淫亂。

楚國的大夫屈巫曾見過夏姬，對夏姬的美色也傾慕已久，於是極力要求楚莊王討伐陳國，想藉此機會將夏姬收入囊中。楚莊王此時也想樹立霸主威名，於是下令發兵討伐陳國。

陳靈公死後，世子午出奔晉國，夏徵舒自立爲王。朝野上下皆不服從，百姓聞知楚國大軍即將到來，莫不歡欣鼓舞。楚軍並沒有遇到什麼抵抗便來到陳國都城。楚莊王告知城中百姓：只討伐夏徵舒一人，其餘人等無罪。

夏徵舒看大勢已去，便逃回家中，準備帶著母親出逃，未等出門，楚莊王大軍已到。眾軍士將夏徵舒押解起來，楚莊王問：「夏姬何在？」夏姬走出來說：「賤妾在此，遭逢國破家亡，命懸於大王手中，請放賤妾一條生路。」夏姬雖然年齡不小，但是依然容貌絕世。楚莊王非常歡喜，想把夏姬帶回去，旁邊的公子側先開了腔：「請大王將此婦人賜給臣。」屈巫一看，公子側捷足先登，於是說：「萬萬不可，此婦人是天下大害，御叔死於其手，陳靈公也死於其手。」楚莊王和公子側皆是惜命之人，紛紛表示不要這個害人的尤物。後來，楚莊王就把夏姬賜給了喪偶的連尹襄老，沒想到夏姬到了楚國，又引起另一段紛爭。

陳國已滅，楚莊王將陳國降級爲楚國的一個縣。大軍班師回朝，只留下小股部隊駐守在陳國。楚莊王回國之後，自認成就非凡，不但討伐了弒君的逆賊，而且還將陳國疆土收入囊中。春秋時期，霸主莫不以攻城破國、扶危濟困爲榮。陳靈公的兒子聽說夏徵舒已死，便回國繼承王位，結果中道聽說陳國已成爲楚國的一個縣。好在楚國大夫申叔審時度勢，巧諫楚莊王才使他收回成命，撤回駐軍，使陳國復國。

申叔巧諫楚莊王

楚莊王討伐陳國之時，申叔正出使齊國，等楚莊王大獲全勝之後，申叔回國。聽說楚莊王滅陳置縣，他便給楚莊王講了一個故事：有一個人牽著牛從別人的田地經過，牛把一些莊稼都踩壞了，後來田主就把牛給扣下了。申叔問：「大王如果裁斷這個案子，會怎麼判決呢？」楚莊王說：「如果寡人裁斷，當譴責牽牛之人，將牛歸還給他。」申叔說：「大王英明，不過在對待陳國這個問題上，大王卻昧於時勢。夏徵舒弒君有罪，不過陳國尚未滅亡，大王討逆，卻滅其國。這與扣人家牛的田主有什麼區別？」楚莊王恍然大悟，於是讓陳世子午回國繼位。

春秋．陳公子中慶簠

該器長方形，由兩半扣合而成，直口微侈，口沿外折，腹部下收，底附有外擴曲尺形圈足，側腹各有一獸頭形環耳，腹部均飾較粗獷的蟠螭紋，底部飾蟠螭紋，圈足四面各飾虎紋一對。器底內有銘文六行二十三字。

邲之戰

楚莊王任用孫叔敖為相，農、工、商業皆得到快速發展，楚國國力增強，楚莊王飲馬黃河、逐鹿中原的夢想更近了。晉國國力與軍威絲毫不輸楚國，但是將領之間互相傾軋，最終自亂陣腳，大敗於楚軍。荀林父帶著殘兵敗將狼狽逃走，面臨滾滾黃河，士兵們爭先渡河，互相砍殺，到處是被砍斷的手指，船裡的斷指多到可以用手捧起，後人用「舟指可掬」來形容這次戰爭的慘烈。

楚莊王興兵伐鄭

楚莊王藉機討伐了陳國，差點就把陳國從地圖上給抹掉了，只是後來申叔用「蹊田奪牛」的典故勸誡莊王，才使陳國躲過亡國的命運，不過陳國已經徹底屈從於楚國。

陳國已成爲楚國的附庸，楚莊王的下一個目標便是鄭國。夾在晉楚之間的鄭國，一直處於左右爲難的狀態。自城濮一戰之後，晉國顯然更勝楚國一籌，於是多數時間，鄭國都是晉國的附庸。楚莊王十七年（西元前五九七年），楚莊王出兵鄭國，孫叔敖說：「牽一髮動全身，此次出兵鄭國，晉國必定出兵相救，所以此次出征應當率領大軍。」於是楚軍傾巢而出，風馳電掣地來到鄭國都城，鄭襄公一邊派人到晉國求救，一邊組織軍隊防守。

楚莊王此次決意要攻下鄭國，若不拿下鄭國，楚國難以在諸侯之間立威。楚國大軍在鄭國都城修築工事，輪番進攻，晝夜不息。猛烈的進攻持續了數日，鄭國的城牆開始坍塌，楚莊王聽見城內哭喊聲一片，於是下令停止攻擊。眾臣不解，問道：「應該繼續進攻，一舉拿下都城，如果讓鄭國把城牆修復，豈不是前功盡棄了嗎？」

楚莊王說：「連夜進攻是讓鄭國知道我楚國的威力，如今退兵是要讓鄭國人知道我楚國也是禮儀之邦，爭霸中原要以德服人。」由此可見，楚莊王是個有謀略的雄主，戰爭只是爭霸的手段，戰爭要受控於政治的需要適可而止。在這一點，楚莊王遠遠超出於他的將領們。

鄭國人急忙將坍塌的城牆修繕完

畢，但是他們並沒有體會到這是楚莊王的仁德，還以爲是晉國的援軍已經到了，楚軍撤退了呢。楚莊王見鄭國並未投降獻城，便下令繼續進攻。楚軍進攻數月，鄭國都城被攻破，楚軍開進城內，楚莊王嚴禁入城的士兵搶掠。

未等楚莊王到王宮，鄭襄公便袒露上身，牽著羊出來迎接楚莊王，他上前致歉：「我不受天命的護佑，不能服侍大國，令大王憤怒，遣師到敝國，我已經知罪了。現在唯君命是從，鄭國的命運在君王手中。如果您將鄭國消滅，將鄭國的女人俘虜了做奴婢，我也只能服從；如果大王念及我國先祖的德行，使鄭國延續宗祀，那將是楚國對敝國最大的恩賜。」

鄭襄公一席話，不但是爲了謝罪，更是要求楚國給鄭國一個生存的機會。楚莊王答應了鄭襄公的要求，眾將又反對：「大軍苦戰數月，好不容易才將鄭國攻下，就這樣赦免了鄭國，我們此行又得到了什麼？」

楚莊王說：「出兵是因爲鄭國不服從楚國，現在已經達到目的了，爲什麼非要滅掉鄭國呢？」於是楚軍後撤三十里，並與鄭國歃血爲盟，鄭襄公派其弟作爲楚國的人質。

荀林父無力御將

楚莊王降服了鄭國，正要凱旋歸國之時，晉國的救援大軍氣勢洶洶地殺了過來。晉國三軍精銳悉數出動，晉國的將領如下：中軍元帥荀林父，副將是先縠；上軍正將是士會，副將是郤克；下軍正將是趙朔，副將是欒書。

雖然晉軍陣容強大，但是荀林父新任中軍元帥，尚未立起威信。先縠是先軫之後，他依仗祖上建立的功業，驕傲自大，根本就沒把中軍元帥荀林父放在眼裡。

春秋．短劍

劍格呈翼狀，劍身直刃，有柱狀脊，鑄造精良，裝飾考究。

加上趙旃等人求將不得，也對荀林父懷恨在心。晉軍尚未出征，軍心便已渙散，外強中乾，不過是一隻紙老虎罷了。

晉國大軍還未到鄭國，便聽說鄭襄公已經投降謝罪，鄭國與楚國結盟。於是晉軍就在黃河邊上停下。荀林父召開軍事會議，他打算就此班師回朝，既然鄭國已經歸降楚國，晉軍進攻鄭國師出無名。上軍正將士會同意荀林父的意見，說：「我聽說，善於用兵之人總是窺測敵人的破綻，伺機用兵，一戰而勝。我現在沒有看出楚軍有什麼破綻，楚軍德、刑、政、典、禮五大要素都具備，恐怕我們難以取勝。」沒等士會說完，先縠大聲說道：「萬萬不可，晉國之所以成為中原諸侯的盟主，關鍵在於晉國扶危濟困，現在鄭國迫於楚國的壓力才屈服，如果我們挫敗楚軍，鄭國必定重新歸附晉國。晉國以武力立國，現在棄盟國而退不可謂武；懼強敵而逃不可謂力。武力盡失，晉國的霸業便會衰退。晉國霸業敗在我們手上，還有何顏面立於天地間？如果元帥決意班師，小將率本部人馬渡河。」荀林父說：「楚國兵精將廣，你僅率偏師渡河，這不是白白送死嗎？」先縠一聽相當不高興：「我軍陣容威嚴卻怯陣而退，讓天下人以為堂堂晉國無人能戰，我即使戰死沙場也算是給晉軍爭了顏面。」說完便拂袖而出。荀林父堂堂三軍主帥，卻受制於部將的指責。先縠不服從將令，僅率領中軍一部渡河去了。

下軍的大夫荀首頗有才能，他見先縠率軍渡河，便與韓厥到荀林父的中軍帳報告此等違反軍規之事：「統率軍隊要有嚴格的軍事紀律，眾散則弱，川壅為澤，嚴肅的軍紀能夠使三軍協同作戰，否則離心離德，必遭敗績。現在先縠有帥不從，恣意行事，災禍即將到來。」

荀林父忙問是否有解決之道，司馬韓厥說：「事已至此，先縠率偏師渡河必敗無疑，而您統率三軍，不能號令部將，如果戰敗，也罪責難逃。與其如此，不如三軍同時渡河，即使戰敗也不會由您一個人承擔罪責。」於是，荀林父下令三軍渡河。

晉軍兵敗如山倒

楚軍在鄭國鏖戰數月，已是人困馬乏，令尹孫叔敖也力主班師。但是軍中許多將領都想一雪城濮之戰的恥辱，躍躍欲試，要與晉軍一決雌雄。楚莊王的一個寵臣伍參極力慫恿楚莊王與晉軍一戰，他說：「晉軍元帥荀林父新將三軍，部下多有不滿，尤其是先縠，有勇無謀。雖然晉軍人數眾多，但是內部早已分崩離析，況且大王親率三軍，輕易班師，將為天下人取笑，以為您害怕荀林父呢？」

楚莊王於是調轉方向，決心與晉軍一戰，飲馬黃河。晉楚兩軍在邲（今河南滎陽北）對壘，雙方互派使者，以求通過外交手段解決這次危機。晉軍中的趙旃、魏錡等人心懷不滿，嫉恨荀林父的高位，打算故意挑起戰端，讓晉軍失敗。二人在荀林父面前主動請纓，出使楚軍大營。二人心懷鬼胎，故意在楚軍大營挑起爭端，但抵擋不過，狼狽而逃，楚莊王趁勢率軍追殺過去。孫叔敖怕楚莊王孤軍插入晉軍，隨即率領大軍掩殺過去。

這時荀林父還在中軍帳等二人回來，忽然聽到外面殺聲震天，滿山遍野是楚軍士兵，荀林父已無力回天，只能任由自己的士兵潰散。毫無準備的晉軍士兵，哪經得住蓄謀已久的楚軍的攻擊，紛紛如鳥獸散，潰不成軍。

好在晉軍上軍正將士會，事先已做好準備，嚴陣以待，並且在撤退的路上佈置伏兵。楚將公子嬰齊率軍攻擊士會的上軍，由於士會準備充分，公子嬰齊無法取得上風。士會且戰且退，公子嬰齊的部隊不時受到伏兵襲擊，不敢貿然進攻。士會總算爲晉軍爭回一點顏面。

晉軍的中軍與下軍，一路潰退，丟盔棄甲，狂奔到黃河岸邊，由於事先沒有做好撤退的準備，面對滔滔河水，兩軍士兵爭相渡河，岸邊爲數不多的小船，幾乎被撕裂。捷足先登的先穀在船裡大喊：「有攀船舷者，剁其手指。」一時之間，手指橫飛，慘烈之狀可以想見。

荀首上了船，卻沒發現自己的兒子，聽士兵說，荀罃已經爲楚軍俘虜。荀首從船上跳下來，率領荀氏家丁殺了回去，荀林父阻止他：「荀罃已經淪爲楚國俘虜，現在趕回去也沒有什麼用了。」荀首說：「抓幾個楚軍的俘虜，還可以換回我的兒子。」

荀首善射，殺入楚軍之後，對著楚軍老將連尹襄老就是一箭，此箭正中要害，連尹襄老一命嗚呼，荀首命人將襄老的屍體帶回去。荀首說：「有了他，就能換回兒子了。」荀首不敢戀戰，急忙帶人撤退。

在士會的掩護下，晉軍好不容易渡過黃河，大軍損失慘重。楚莊王大勝晉軍，鄭襄公簞食壺漿出來祝賀。這場戰爭就此畫下了句點。

逢伯捨子救趙旃

趙旃被楚王一路追殺，晉軍士兵狼狽逃走，逢伯跟自己的兒子駕車逃跑，趙旃在後面大喊：「停車，帶我一程。」逢伯聽出是趙旃的聲音，便對兩個兒子說：「不許回頭。」結果，兒子好奇，回頭看了一眼。趙旃認出是逢氏父子，便喊：「逢伯，停車。」逢伯便把兒子踢下馬車，讓趙旃上車。逢伯的兒子便死於亂軍之中。

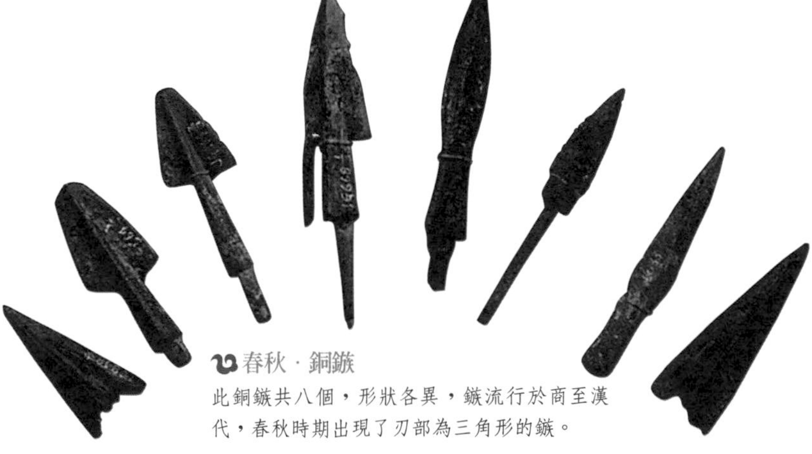

春秋・銅鏃

此銅鏃共八個，形狀各異，鏃流行於商至漢代，春秋時期出現了刃部為三角形的鏃。

屈巫奔晉

屈巫本是楚國的重臣，足智多謀，堪稱國家棟樑，為了得到夏姬，屈巫使盡手段，不惜放棄了楚國的高官厚祿，帶著夏姬遠走晉國。吳三桂衝冠一怒為紅顏，沒想到兩千年前居然就有一位同道中人。

夏姬入楚

楚莊王幫陳國平息了夏徵舒的叛亂，扶立陳國世子午即位，可算大功一件。除了壓服了陳國之外，楚莊王還從陳國帶回了一個燙手山芋——夏姬。

陳靈公因爲迷戀夏姬而身死國滅。但陳靈公既不是夏姬的第一個男人，也不是最後一個，不過是其中的一個插曲。夏姬天生麗質，早在嫁給御叔之前，便在鄭國與其兒子蠻通姦，沒過多久，子蠻便死了，後來又嫁給御叔，御叔也死掉了。

楚莊王爲一代雄主，一心以國家大業爲重，雖然愛慕夏姬的美色，但是也害怕這個世間絕色會給自己帶來厄運，於是就將夏姬賜給了連尹襄老。襄老得到如此美妻自是喜不自勝，只是楚國戰事緊急，他沒有消受幾日便趕赴前線。晉楚之戰，連尹襄老被荀首一箭射死。襄老的兒子黑要已經長大成人，對這個貌美如花的繼

春秋．青銅虎子

一九八五年四月鎮江市諫壁王家山春秋土墩墓出土。虎子作臥伏狀，前有一向前凸出微翹的圓形口，提梁自口與背相連，全身素面，有四隻假蹄足附貼於器身。虎子因其形似臥伏之虎而名。

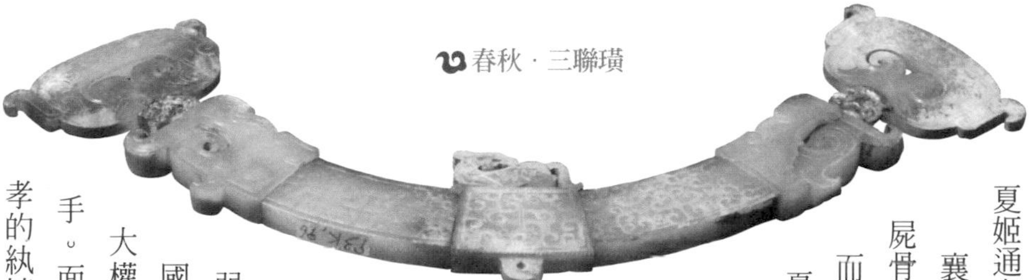

春秋·三聯璜

母垂涎三尺，於是便與夏姬通姦。

襄老戰死沙場，連屍骨也爲晉國擄走，而黑要卻終日迷戀夏姬，不但沒有爲父報仇的想法，連父親的屍骨何在都不關心。鄉鄰之間已經盛傳黑要的不孝與夏姬的無恥。其實夏姬也是身不由己，區區一個弱女子，淪爲楚國的俘虜，生死大權操之於他人之手。面對一個不忠不孝的紈褲子弟，夏姬也不得不順從行事了。

夏姬本是鄭國之女，邲之戰時楚國大勝晉國，鄭襄公歸附楚國，鄭楚關係密切。夏姬心想，與其在楚國忍受這種屈辱，不如尋機回到鄭國。夏姬聞知襄老的屍體被晉國擄走，便以迎回襄老的屍體爲名，藉機逃離苦海。

單憑夏姬一人，當然不足以成事，此時又出現了一個夏姬的傾慕者，那就是對夏姬覬覦已久的屈巫。當初，楚莊王將夏姬賜給襄老之時，屈巫就料想襄老將不久於人世，因爲襄老年事已高，而夏姬又精通房中之術。沒想到襄老戰死沙場，給屈巫提供了一個千載難逢的機會。

機不可失，屈巫唯恐別人再次捷足先登，於是以重金收買夏姬身邊的人，給夏姬帶口信說：「屈巫對夫人思慕已久，此次願幫助夫人回到鄭國，他日回到鄭國後，不要另嫁他人。」夏姬得到消息後心裡非常高興，終於有人可以幫她從這塊泥沼脫身。

屈巫派人送信給鄭襄公，說：「夏姬想回娘家，鄭國應該派人前去迎接。」因此鄭襄公遣使到楚國迎接夏姬。面對鄭國的使者，楚莊王不明所以，問眾臣：「鄭國來迎接夏姬是什麼意思？」屈巫忙答道：「夏姬想索回襄老的遺體，現在晉楚兩國是仇敵，只有鄭國可以居間調停，所以夏姬要去鄭國。」於是楚莊王准許夏姬回到鄭國。

屈巫棄官

夏姬回到鄭國之後，屈巫便心急地向鄭襄公下聘禮，希望能成全他與夏姬的婚事。鄭襄公知道屈巫在楚國影響力不小，是楚莊王身邊的紅人，於是非常痛快地答應了屈巫的要求。

屈巫派人給荀首帶信去，要他用

襄老的屍體交換兒子荀罃，荀首自然求之不得。荀首與鄭國大夫皇戌交情甚篤，於是請皇戌居間調停，使晉楚兩國成功交換俘虜。晉、楚、鄭等三國的外交運作全操控在屈巫一人之手，而三國都不知所以然。

機會總是眷顧有心之人，屈巫期待已久的良機很快就來了。楚莊王二十三年（西元前五九一年），楚莊王過世，楚共王登基爲王，當時魯、衛、晉三國聯合進攻齊國，齊國向楚國求援，沒過多久，齊國大敗。楚共王想遣使與齊國通好共同對付晉國，屈巫主動請纓，因爲出使齊國將途經鄭國，如此一來，屈巫就可以趁機留在鄭國。

出使之前，屈巫將家中的財物收拾妥當，派人暗中運到鄭國。從齊國歸來之後，屈巫便留在鄭國，派副使把齊國送的禮物帶給楚共王。爲了讓楚共王知道事情的來龍去脈，屈巫修書一封：「承蒙鄭君不棄，將夏姬許配於我，盛情難卻，臣身不由己，只能留在鄭國，不能回楚國服侍君王，請大王治罪。」

楚共王看完信之後大怒，但是屈巫身在鄭國，要治罪也要經過鄭襄公的同意。屈巫在鄭國順理成章地與夏姬成婚，煞費苦心終於抱得美人歸。鄭國是楚國的附庸，屈巫留在鄭國也未必安全。爲了與夏姬白頭到老，屈巫一不做二不休，逃到了晉國。晉景公聞知楚國的重臣逃至晉國，喜不自勝，於是拜屈巫爲大夫，賜封邢地爲食邑。屈巫爲了表示和楚國斷絕關係，便把屈姓去掉，改姓巫，單名臣，所以也被稱爲巫臣。由於其食邑在邢地，他的子孫也姓邢。

春秋時期，曾有息嬀引起三國之間的戰爭，驪姬引起晉國王室的動亂，但是他們比起夏姬還是遜色不少。夏姬顛沛數國，最後終於可以在晉國與屈巫攜手到老，算是有了一個比較圓滿的結局。

楚國受殃

楚共王聽說屈巫逃到晉國，不禁勃然大怒。公子嬰齊與公子側素與屈巫不睦，當初公子側想娶夏姬，因爲屈巫阻撓才未能如願。到頭來，屈巫竟然把夏姬娶回了自己家。公子嬰齊與公子側都想藉這機會報復屈巫。

二人要求楚共王重金賄賂晉景公，削屈巫的爵位，奪其食邑。楚共王雖然年紀尚小，但卻是個明理之人，他說：「屈巫是個聰明絕頂之人，爲自己的利益精打細算得過頭了，不過他也曾忠心耿耿地爲先君謀劃治國方略。既然他已跑到晉國去了，就隨他吧。如果晉國國君愛惜他的才華，我們用多少賄賂都無法阻止他在晉國陞官發財；如果晉國討厭他的精明，自然會將其棄之不用。」二人惡氣未出，不肯罷休，對楚共王說：「屈巫雖然已經逃走，但是他的家族還留在楚國，如果不加以懲處，以後亂臣賊子迭出。黑要與其繼母通姦，傷風敗俗，也應該嚴懲。」楚共王同意二人的建議，於是二人就率兵抄沒屈巫家族，其族人皆慘死於亂劍之下。屈巫在晉國聞知家族遭到屠戮，便寫信給公子嬰齊與公子側：「你們貪得無厭，向君王進獻讒言，濫殺無辜，我會讓你們疲於奔命。」

屈巫在楚國為官多年，深知楚國的軟肋何在。楚國之所以能夠與晉國爭雄，關鍵在於它有個安穩的後方。如果在後方點燃戰火，楚國便要在南北兩條戰線作戰，無力與晉國對抗。公子嬰齊與公子側殘酷地殺害屈巫的族人，使屈巫對楚國徹底失去了感情。於是他向晉景公獻策破楚：扶植南方的吳國，晉國與吳國南北夾攻楚國，楚國必然首尾難以相顧，疲於奔命。

吳國人勇猛善戰，但是不會使用戰車，晉景公派人帶著戰車出訪吳國，吳國國君非常願意與晉國結盟，更喜歡晉國送來的戰車。此後，吳國軍隊的戰鬥力大增，逐漸蠶食楚國周邊的一些小國。楚國不得不抽出兵力與吳國作戰，楚國軍隊疲於奔命，但是仍難以制伏吳國。後來公子側與公子嬰齊一個死在北方戰場，一個死在東方戰場。

華元衛宋

華元，春秋時宋國右師。西元前五九六年，楚莊王派申屈出使齊國，臨行之前，莊王再三告誡申屈不要借道宋國。當時宋國華元聽說此事以後，認為這是對宋國的侮辱，因而於中途截殺楚使。此事惹得楚莊王「投袂而起」，派軍伐宋。宋國國都被包圍了九個月，雖然曾派人向晉國求救，無奈晉國懾於楚威不願意發兵，只派使者要求宋國堅守。長時間的圍困使得宋國難以堅持，於是派遣華元出城與楚國談判。華元在夜間出城，直抵楚營，悄悄潛入楚國主帥子反的營帳，登床劫持子反，迫使子反向楚王報告宋國的情況，撤兵簽訂城下之盟。子反答應了華元的請求，最終楚軍撤離了宋國。

春秋後期．蟠虺紋敦

鞍之戰

晉楚邲之戰，晉國大敗，中原小國紛紛投奔到楚國的旗下。晉景公為了維繫晉國的霸業，便令郤克出使齊國，結果郤克與魯國的使者季孫行父等人在齊國受辱，郤克發誓有朝一日必定要討伐齊國。郤克掌理晉國國政之後，齊晉間的大戰旋即爆發。兩軍在鞍地對壘，晉軍大獲全勝，差點活捉齊頃公。這場勝利使晉國走出了邲之戰的失敗陰影，重建六軍，威震四方。

郤克受辱

當晉楚兩國在中原打得如火如荼的時候，齊國安享東方大國的地位。魯國已經失去與齊國對抗的能力，每年都要向齊國進貢。晉國慘遭敗北之後，由於忌憚楚國的勢力，於是將目光轉向東方。

郤克奉晉景公之命前往齊國，試圖拉攏這個東方大國。郤克正好遇到了魯國上卿季孫行父與衛國上卿孫良夫，二人也要到齊國「送禮」，於是三人一起拜見齊頃公。齊頃公接見三人之後覺得很有趣，郤克是個獨眼龍，季孫行父是個禿子，孫良夫則是個跛子。齊頃公是個出了名的孝子，爲了博取母親一笑，總是把街頭巷尾的笑話講給母親蕭夫人聽。回宮之後，齊頃公見了母親便大笑起來，母親問他笑什麼，齊頃公說：「軀體殘缺之人並不少見，而今天三位使者居然都是殘疾人，而且各有千秋。」

蕭夫人不相信，齊頃公便故意讓三位使者從蕭夫人的居處經過，更可惡的是，齊頃公爲了讓母親便於辨認，特意安排了一個跛子、獨眼龍和禿子給三人駕車。果不其然，蕭夫人看見三位肢體殘缺的使者便大笑起來，蕭夫人身邊的侍女也跟著肆無忌憚地大笑。三位使者這才明白過來：自己被人當猴子耍了。

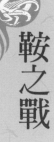

三人回到驛館，憤懣於胸，你一言我一語地開始數落齊頃公的不是：「我等三人以使者身分來到齊國，沒想到竟遭此羞辱，齊侯目中無人，羞辱使者就是怠慢我等三國。」於是三人決定回國之後發兵伐齊討回公道。

郤克將副使留在齊國，不辭而別。他暗暗下決心：不報此仇誓不爲人。回國之後，郤克在晉景公面前備陳齊頃公如何羞辱自己，請求晉景公發兵伐齊。晉景公雖然心中不快，但還不至於爲這種事起兵發動戰爭。郤克見晉景公不願意出兵，便要求率領家族的兵丁前去討伐齊國，晉景公再次拒絕，說：「這只是你個人恩怨，怎麼可以攪動國家呢？」

晉景公的看法也並非完全正確，郤克以使者身分進入齊國，代表的就是晉國，齊頃公不但沒有禮待晉國使者，反而把他當作笑料，分明是不把晉國放在眼裡。也許在齊頃公眼中，晉國與魯國、衛國等小國沒什麼差別，但他沒有認識到自己犯了一個多大的錯誤。

郤克回國之後雖然沒能出兵伐齊，但是暗恨在心，一旦他日掌握兵權，必將率晉國大軍東向伐齊。

春秋·S形龍玉璜一對

骨白料，S形寬片狀，兩面工，一面飾有浮雕變形蟠螭紋（穀紋），尾部刻有細鱗紋，另一面飾淺刻變形蟠螭紋，兩面紋飾雕刻時間上的差異，造成紋飾的截然不同。

晉魯伐齊

齊頃公聞知郤克回國之後極力慫恿晉景公出兵伐齊，於是積極想辦法修復與晉國的關係。齊頃公七年（周定王十五年，西元前五九二年），晉國與魯、曹、衛等國在斷道（今山西沁縣東北，一說在今河南濟源西南）會盟，齊頃公派了四位使者參加：高固、晏弱、蔡朝、南郭偃。高固知道此次出使凶多吉少，半路便逃跑了，其餘三位繼續履行使命。

晉國與各國會盟後，便把三名齊國使者拘捕起來。此時苗賁皇出使他國路過此地，回到晉國之後，苗賁皇向晉景公進諫：「晏弱等人有何過錯？從前各國侍奉我先君時都孜孜以求，唯恐落伍。而當下，各國君主卻都在說晉國君臣不守信用，所以各國背叛晉國。齊國國君害怕在晉國得不到禮遇，所以沒有親自前來，只派了四個使者。齊侯的近臣都阻止道：『晉國一定會拘捕我們的使者。』所以高固中途逃走，而其餘三人力圖修復齊晉兩國關係，晉國卻把這幾個人拘押起來，我們晉國的威嚴何在？道德何在呢？以後還有哪個國家敢與晉國往來呢？」

晉景公聽完就把這三個人給放了。此時又出現一個重大的變故，士會告老回鄉，郤克接任中軍主帥之職。郤克上任之後便向晉景公力主出兵伐齊，於是晉國與衛國聯軍殺到齊國邊境，齊頃公不得不出面與兩國談和，並將公子彊作爲晉國的人質。晉軍才撤退。

齊國被晉國要脅之後，便把氣出到魯國頭上，因爲魯國蠢蠢欲動，希望借助晉國的力量擺脫齊國的壓迫。魯成公二年（西元前五八九年），齊頃公率領大軍進攻魯國的西南邊境。魯軍全然不是齊國的對手，沒過多久，魯國的龍邑（今山東泰安東南）與巢丘（今山東泰安境內）相繼陷落。衛國聞知齊國傾巢進攻魯國，上卿孫良夫就率領衛軍偷襲齊國的後方。齊頃公聞訊便回師救援，衛軍不敵齊軍，敗下陣來，齊軍一路追殺，一直追到衛國境內，孫良夫派人到晉國求援。衛國的仲叔於奚率軍在新築（今河北衛縣南）抵抗齊軍，擋下了齊軍的進攻。

魯衛兩國合兵一處，等待晉國援軍到來。晉景公答應給郤克兵車六百，前去討伐齊國，郤克決意生擒齊侯，因此又加了二百輛兵車。他率領八百輛兵車從絳城（今山西絳縣）浩浩蕩蕩地出發。三國聯軍與齊軍在鞍（今山東濟南附近）對峙，雙方約定交戰日期。

齊國大將高固向齊頃公進諫：「齊晉兩國素未交戰，晉國軍隊的戰鬥力不詳，貿然進攻恐怕要吃虧，容我先試探一下。」第二天，高固單車出戰，一路來到晉軍的陣前。晉軍放出一輛單車，車上的一員小將被高固用石頭擊中腦門，高固將車上的馭手踢下車，奪了戰車，他在晉軍的陣前耀武揚威地風光了一圈，口中大喊：「有膽量的，出來買我剩下的勇氣。」晉軍中無人再敢出戰，得勝歸來的高固對齊頃公說：「晉軍人數雖然，多是蝦兵蟹將，不足爲懼。」

齊國慘敗

高固試探過晉軍的戰鬥力之後，齊頃公信心大增。第二天，雙方主帥均親自披掛上陣。齊頃公錦袍繡甲，威風凜凜，站在戰車上對三軍將士們說：「我們大敗晉軍，擒拿郤克之後再吃早飯！」齊頃公旁邊是邴夏與逢丑父，一個駕車，一個做護衛。齊頃公也是個勇猛之人，身先士卒，最先衝進晉軍的陣營。

晉軍這邊，郤克也親自披掛上陣，爲三軍將士擊鼓提氣，解張爲馭手，鄭丘緩爲車右。令郤克鬱悶的是，剛一開戰，齊軍萬箭齊發，晉軍冒著矢雨衝鋒，解張手臂連中兩箭，強忍著劇痛駕車前行，郤克正在擊鼓，亦被箭矢所傷，血流如注，直流到腳上，卻沒有停止擊鼓，只是大喊：「我受傷了。」鼓聲微弱，解張大喊：「一開始衝鋒時，我就被箭射傷了，我不是一直堅持駕車的嗎？中軍的戰鼓是三軍的耳目，如果鼓聲停了，三軍將士以爲我軍已敗，必定後撤。怎麼能因爲受了點傷就要洩氣了呢？大丈夫理當馬革裹屍還，您傷不至死，還是堅持下去吧。」說罷，解張將轡繩全交到左手中，右手拿起鼓槌，猛擊戰鼓。看著自己的手下都如此勇猛，郤克只好咬牙堅持擂鼓，鼓聲震天，晉軍將士士氣大增，個個奮勇爭先地殺向齊軍。

沒過多久，齊軍招架不住，便開始後撤。齊頃公因為孤軍深入，為晉軍團團包圍。晉軍司馬韓厥率軍追擊齊軍，正好看見齊侯的戰車，於是脫隊掩殺過去。逢丑父一看情況危急，便對齊頃公說：「請大王與臣換一下衣服，您可以尋機逃出包圍。」於是兩個人換了衣服，由逢丑父扮演國君的角色，沒過多久，韓厥的人馬便把齊頃公的戰車包圍起來。韓厥下車上前拜了兩拜說：「我國國君受魯、衛兩國之邀，特來向您提出請求，希望貴國能將侵佔魯衛兩國的土地歸還。下臣不幸在戰場上遇到君侯，如果就此跑走，有辱兩國國君，下臣愚鈍只能充當一個小卒子，其他重要決定還得聽命於我國國君，所以現在請您跟我走吧。」

逢丑父對齊頃公說：「寡人口渴了，你幫我找點兒水來。」齊頃公趁機溜走。韓厥把假的齊頃公帶到中軍大帳中，說：「齊侯已經被俘虜了。」郤克仔細一看，這哪是齊頃公啊？郤克大怒，命人將逢丑父推出去斬首。逢丑父大喊：「您把我殺了，天下就再沒有敢與君王共患難的臣子了。」郤克想了想，就把逢丑父赦免了。齊晉之戰，以齊國的慘敗告終。

齊頃公三入虎穴尋逢丑父

齊頃公藉著「找水」的機會逃出了晉軍的包圍圈，順利回到齊軍大營後，坐立不安，不忍逢丑父代自己受過，於是輕車進入晉軍陣營三次，尋找逢丑父下落。三次未果後，高固勸道：「情勢危急，暫且回國再說。」齊頃公只能作罷。在春秋五大爭霸戰中，之戰是最具有人性的，臣子代君王受過，部下勉勵主帥堅守陣營，下上同心，精誠合作。雖然戰場是血腥的，但是還能從中看出一絲人性的光芒。

春秋．青銅蓮瓣壺

安徽壽縣蔡侯墓出土，通高八十公分，器形高大，蓋頂作鏤空的蓮瓣形，頸部有對稱的獸形雙耳，四獸作足，造型生動，為春秋時期少見的藝術珍品。

鄢陵之戰

晉楚爭霸持續了數代君王，雙方力量不分伯仲，爭霸戰爭互有勝負，難解難分，城濮一戰，晉軍技高一籌；邲之戰，楚軍一雪前恥，雙方算是打了個平手。鄢陵一戰，晉軍再次勝楚，楚國在中原的勢力盡數被晉國收入囊中，從此失去與晉國在中原爭霸的資格。鄢陵之戰也為晉楚數十年的爭霸戰爭畫下了休止符。

奪鄭國晉楚興兵

晉楚邲之戰之後，鄭國歸順楚國。此後晉國重整軍備，東山再起，鄭國開始向晉國靠攏。楚共王即位之後，決心制伏鄭國，於是發兵伐鄭，楚國大軍一直攻打到衛國。楚共王對鄭國這塊戰略要地採取軟硬兼施的策略，一手舉著胡蘿蔔，一手舉著大棒。楚共王將汝陽之田送給了鄭成公，於是鄭國重新歸順楚國，成了楚國的小兄弟。

鄭國歸順楚國之後，仗著有楚國撐腰，便發兵攻打宋國。宋國是晉國傳統盟友。此時的晉國兵強勢大，先後打敗北方的戎狄、東方的齊國與西方的秦國。放眼望去，能與晉國對抗的唯有南方的楚國。而此時的楚國則是受到與晉國結盟的吳國的騷擾，後防不穩。鞍之戰之後，齊國與晉國重新結盟，晉國重建六軍，軍力強大。鄭國於此時叛晉歸楚實在不是明智之舉。

雖然晉國對外戰爭連連告捷，但是統治階層內部卻是危機四伏，王室權力受到削弱，公卿權力大增，重建六軍之後，郤氏家族掌握了主要的軍權。大夫伯宗屢向晉厲公進諫：「郤氏家族勢力過大，對國君構成威脅，應該根據才能任命軍職。」晉厲公置若罔聞，此事讓郤氏知道之後，便找

春秋．幾何雲紋建築構件

外形略似不規則的曲尺形，截面呈直角的 U 字形。一端有對穿的圓形卯眼。每面均有邊框，內飾規整的幾何雲紋。此件集實用性和裝飾性為一體，為大型建築的銅質構件，據其形制來看，可能與木質構件配合使用。

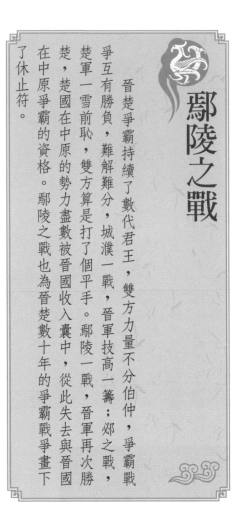

了個藉口把伯宗給殺了。伯宗的兒子伯州犁爲躲避殺身之禍，跑到了楚國，楚王任命他爲大夫，爲楚王出謀劃策對抗晉國。

晉國大夫士燮才智過人，對晉國的危機洞若觀火。他反對出兵討鄭伐楚。他的理由很簡單：晉國已經壓服了戎狄、秦國、齊國等外患，現在只有鄭、楚對晉國構成威脅。無外患必有內憂，留著鄭、楚兩國能夠讓晉國的統治階層保持警惕與向心力。一旦外患剪除殆盡，晉國的公卿大族必然會發生內鬥。

春秋．弦紋方壺

子母蓋，捉手寬大。侈口，頸較長，腹深而垂鼓，圈足外撇。整器作扁方體圓角形，頸兩側各置一獸首銜環耳。頸部飾三道弦紋，腹部兩側以十字形界欄分為八區，在十字形界欄的每個交叉點上有一個方錐體突起。

中軍元帥欒書，新任帥位，一直想建功立業，樹立權威，竭力慫恿晉厲公對鄭國用兵。他認爲如今晉國兵強馬壯，士氣高漲，實在是消滅楚國這個宿敵的好機會。晉厲公六年（西元前五七五年），晉厲公決定發兵討鄭，一方面派人到齊魯等國通報戰情，並要求各國出兵相助；另一方面，晉厲公御駕親征，晉國精銳悉數出動。楚共王聞知晉國出兵討鄭，也不甘示弱，調集楚軍主力前去幫助鄭國。兩國大軍於鄢陵（今河南鄢陵）對壘，一場大戰迫在眉睫。

晉厲公後發制人

晉國大軍浩浩蕩蕩地奔向鄭國，齊魯等國聯軍還未趕到，楚軍已到鄢陵。楚共王決定先發制人，趁晉國大軍立足未穩時掩殺過去，給晉軍來個措手不及。於是，楚共王命令部隊全線出動，趁著濃霧接近晉軍。

晉厲公絲毫沒有準備，按照先制一個月的最後一天是不能行軍的，可是楚共王卻一反常規。第二天，中軍元帥欒書發現楚軍已經近在咫尺，大驚：「楚軍已經佈陣，我軍卻安於大營，無法排兵佈陣，如何是好？」

欒書決定堅守陣營，等待齊魯大軍到來，合兵一處再共同對付楚軍。士燮的兒子士匄年僅十六歲，聰慧過人，正當諸將束手無策之時，他直闖欒書的中軍帳。諸將根本沒有把這個小孩放在眼中，不過士匄語驚四座地說：「這個問題很容易解決。將軍只要將寨中的灶土剷平，不出半個時辰便可以在大寨裡面排兵佈陣，如此便可以給楚軍來一個措手不及。」諸將皆稱是妙計，士燮本來就不主張晉軍出兵，看見自己的兒子出謀劃策，不僅火冒三丈，大罵起來。好在眾人將士燮抱住，士匄免了一頓毒打。

晉軍遂依照士匄的計謀行事。楚共王在陣前觀察，發現晉軍並不驚慌，只見大寨內塵土飛揚，楚共王搞不清晉軍究竟在大寨裡面搞什麼名堂。楚共王把剛剛降楚的伯州犁招來問個明白。楚共王登車遠眺，看見晉軍士兵來回移動，問州犁這是在做什麼。州犁答道：「召集軍吏。」楚共王說：「現在都集中於中軍帳，何故？」答曰：「共同謀劃進攻的方略。」楚王又問：「金鐘喧嘩不止，塵土飛揚，何故？」答曰：「晉軍因爲不能成列，所以將灶坑填平以留出空地作排兵佈陣之用。」

楚共王藉由晉國的降將識破了晉軍的計謀，於是重新部署兵力，準備第二天向晉軍發起進攻。先前降於晉國的楚將苗賁皇向晉厲公獻計：「楚國自孫叔敖病逝之後，由於一直沒有補充新的兵源，作戰勇猛的兩廣（兩廣是楚王本人擁有的私卒）精兵已不復當年之勇，現在多是老弱病殘，戰鬥力低下。而左右兩軍將領公子嬰齊與公子側向來矛盾重重。此次我軍應該加強兩翼的進攻，大敗兩翼之後，然後再合圍楚王的中軍及兩廣軍隊。」

晉厲公採納苗賁皇的建議，從中軍抽出精兵分撥給上下兩軍。第二天兩軍交鋒，楚共王率領中軍及兩廣士兵奮力衝殺，結果爲晉軍將領魏錡一箭射中左眼。楚共王忍著劇痛把箭頭拔出來，結果眼珠也跟著掉了出來。楚共王急召養由基前來，給了他兩支箭，說：「你有神箭之名，現在給你個機會，替寡人報仇。」養由基彎弓射箭，一箭射中魏錡，魏錡應聲而倒，倒地而亡。養由基把剩餘的一支箭歸還給楚王，從此，人們把養由基稱爲「養一箭」。

楚國士兵聽說楚共王身負重傷，軍心動搖。爲了避免全線潰退，楚共王下令鳴金收兵。

楚共王敗績失將

晉厲公後發制人，第一個回合晉軍居於上風。但是楚軍並沒有就此撤軍的意思。晉厲公問苗賁皇爲何楚軍毫無退意。苗賁皇答道：「楚軍主力尚存，現在正在搜集車馬，秣馬厲兵，明日再戰。」於是晉軍也加緊準備。

楚軍的前線探子前來回報，齊魯聯軍已達到離鄢陵不到二十里的地方。楚共王立即派人請中軍元帥公子側前來商討對策。公子側是個嗜酒如命的傢伙，每喝必醉，楚共王害怕公子側飲酒誤事，便禁止他帶酒。楚軍敗退下來之後，公子側苦思破敵之法，焦頭爛額，身邊的侍衛心疼公子側，便給了公子側一個小壺，佯稱裡面裝的是辣椒水。公子側一喝，原來是酒。沒一會兒酒喝完了，又向侍衛討「辣椒水」，這樣一來一去，不知道喝了多少。等楚共王打算召見公子側時，這位仁兄已經醉得不省人事。

楚共王又氣又急，只好把令尹公子嬰齊找來。公子嬰齊與公子側是政敵，公子嬰齊嫉妒公子側擔任楚軍主帥之位，打算趁此機會報復一下公子側。公子嬰齊說：「當初，臣力主不要出兵，而司馬公子側竭力主張出兵。現在我軍已居下風，晉軍勢力強大，而且還有齊魯兩國做後援，不如趁著夜色我們悄悄撤軍，以免兵敗受辱。」

大敵當前，中軍主帥醉臥中軍帳，如何能夠取勝。楚共王無奈之下，只好撤軍。由於公子側還沒有清醒，楚共王便將養由基叫來，說：「你是神射手，由你保護中軍元帥撤退。」於是，楚共王星夜拔寨撤軍，養由基將公子側綁到戰車上隨軍後撤。

第二天，晉軍前來挑戰，才發現楚軍大營已經空空如也。公子側被綁在戰車上行走了幾十里之後才醒過來，連忙問身邊的人：「這是怎麼回事？去哪兒啊？」周圍的人告訴他撤軍回國，公子側忙問：「晉軍打退了嗎？」他身邊的士兵告訴他：「昨夜元帥大醉，大王害怕晉軍前來挑戰，我軍不能抵抗，所以就班師回朝。」公子側恍然大悟，後悔不迭，但是為時已晚。

楚共王行軍百里之後，擔心公子側畏罪自殺，於是派人告訴公子側，既往不咎，希望他能將功贖罪。公子嬰齊怕公子側不死，便派人先行一步，搶先對公子側說：「昔日子玉城濮戰敗之後，自刎連谷，現在請元帥自裁。」公子側自覺罪不可赦，仰天長歎一聲便自殺了。楚共王聞知公子側自殺身亡，歎息不已。沒想到這一戰喪師失將，損失慘重。楚共王不禁想起當年城濮之戰，那次戰敗之後，楚國就一直屈居於江漢之間。

百步穿楊

養由基是楚軍中有名的神射手。一日楚將潘黨在教練場射箭，箭箭射中靶心，士兵們不住稱讚。養由基正好經過，說道：「這有什麼稀奇的。」於是潘黨要與之比賽，養由基說：「我可以百步穿楊。」所謂百步穿楊就是在楊樹葉上做個標記，退出一百步之外，正好射中那片做標記的楊樹葉。於是士兵們用墨在樹葉上做好標記，養由基一箭射去，正好射中樹葉中心。潘黨因此甘拜下風。

弭兵之會

晉楚爭霸戰爭連綿不絕，烽火連天，赤地千里，生靈塗炭，夾在晉楚之間的小國淪為晉楚兩國的獵物。為了樹立霸主威名，晉楚兩國頻頻對鄭、宋等二流國家用兵，因為這些國家具有非常重要的地理位置：鄭國的重要性自不待言；宋國也是南北交通要道，晉吳兩國聯盟之後，宋國便是聯結南北兩國的樞紐，自此成為兵家必爭之地。宋國百姓常年遭受戰爭之苦，極為嚮往和平的生活，而晉楚兩國兵連禍結，也渴望整頓休息。由宋國主導的弭兵運動因此應運而生。

華元弭兵

楚莊王死後，楚共王即位。晉楚之間雖無戰事，但是兩國對小國的戰爭卻愈演愈烈，楚國討伐陳、許、宋等國，而晉國則面臨秦國與白狄的進攻。兩國長期用兵亟需休整，但是兩大強國都拉不下臉向對方求和。

晉景公十五年（周簡王元年，西元前五八五年），晉景公檢閱軍隊時遇到楚國的降將鍾儀，兩年前鍾儀爲鄭國所俘虜，鄭伯爲了討好晉景公，就把鍾儀押到了晉國。晉景公一直沒有見過鍾儀，鍾儀仍是一身楚國人打扮，晉景公覺得好奇，就問隨從：「那個戴南方帽子的囚犯是誰啊？」隨從回答說：「鄭國送來的楚國俘虜。」於是晉景公派人把鍾儀召來，鍾儀依臣子的禮儀向晉景公鞠躬作揖。晉景公問：「你祖上是從事什麼職業的？」答曰：「樂官。」問：「可以奏樂嗎？」答曰：「不敢放棄祖業，可以爲大王演奏一首。」於是鍾儀爲晉景公演奏了一首楚國的民間音樂，音樂婉轉流長，聽得晉景公如癡如醉。演奏結束，晉景公又問：「你如何評價楚國的現任君王？」答曰：「下臣只能說一些我所知道的關於寡君的事情，當年寡君爲世子之時，楚莊王非常愼重地爲之選擇師傅。世子上午向公子嬰齊求教，下午跟公子側學習。其他的就不知道了。」士燮在旁邊對晉景公說：「鍾儀乃君子也。不忘祖業，說明他是個不忘本的人；演奏楚國本地音樂，說明他是個不忘舊之人；直呼楚國兩位大臣的名字，說明他尊重君主。此人集忠、仁、敏、信等美德於一身，大王應該將他放回楚國，促成晉楚之間罷兵言和。」晉景公聽從了士燮的建議，於是準備厚禮讓鍾儀帶著回國，促成晉楚之間的和談。

鍾儀回到楚國，向楚共王備述晉國罷戰言和的誠意，楚共王也願意結束與晉國的對抗，集中精力去對付東方的吳國。於是派公子辰攜帶厚禮前往晉國答謝。晉景公又派一名大臣前去楚國，這樣晉楚兩國使者相互往來，敵意慢慢消退，和平的曙光浮現。

春秋・勾雲紋環

玉呈白色，有黑色紋理、有沁斑，體扁圓形，中間有大孔，表面飾勾雲紋，造型典雅厚重。

晉楚兩國的往來，雖然沒有像盟會那樣興師動眾，但是至少說明兩國都有追求和平的願望。宋國的大夫華元知曉晉楚兩國通使之事，認為這是促成兩國和平的重要契機。晉楚兩國息兵言和，宋國自然獲益良多。華元是個政治嗅覺敏銳之人，他決定為晉楚之間的和談牽線，他與楚國的令尹公子子重相交甚篤，與晉國的中軍元帥欒書關係也非同一般。在華元的穿梭之下，宋共公十年（周簡王七年，西元前五七九年），晉楚兩國在宋國西門外舉行盟會，盟辭寫道：「晉楚兩國從此以後息兵罷戰，同心同德，同恤災患。兩國通使往來，保證道路暢通，協作討伐不庭之國。違背誓約者，必遭神譴。」

兩國結盟之後，晉、魯、衛三國在瑣澤（今河北涉縣）舉行盟會，重申西門盟誓。第一次弭兵之會順利完成。

晉楚內亂

第一次弭兵運動維持了沒有幾年，便無疾而終，鄢陵戰場上的戰火將當年的一紙盟約燒光。華元的弭兵願望化為泡影。

晉楚之間的爭霸戰爭愈演愈烈，晉國的霸業在晉悼公當政之時達到巔峰，但是晉國也面臨了重要的政治問題：公卿大族勢力坐大。公卿主導了晉國的內政外交，而且各公卿大族之間內鬥不止。欒氏與范氏之間的鬥爭不僅僅是一場政治內亂，也是一場國際戰爭，因為齊國藉機捲入其中，擴大成為諸侯間的戰爭。欒盈當政，素與范氏家族的范鞅不和，二人暗中較勁，衝突一觸即發。

欒盈的家臣與欒盈的母親通姦，害怕事情敗露，便向范鞅的父親范匄

（即士匄）進讒言說：「欒盈正在謀劃一場政變，目標就是范氏家族。」范鞅也當場作證。欒盈向來樂善好施，頗得民心，現在反倒成了他收買人心，準備犯上作亂的把柄。范匄雖然是位智勇雙全的政治家，但是也擔心欒氏作亂會誅滅自己的家族，於是不得不防患於未然。范匄設計逼走了欒盈，並將欒盈的死黨一一拘捕。爲了防止欒盈借助外國勢力回國作亂，范匄決定斬草除根，召集各國在沙隨（今河南寧陵西北）會盟，要求各國不准收留欒盈。

此時齊國與楚國關係甚篤，晉吳兩國聯合對抗楚國，楚國便拉攏齊國對付晉國。欒盈從晉國逃到齊國，齊國根本不理會范匄的要求，欒盈安然無恙地待在齊國。欒盈藉機從齊國潛逃回晉國的曲沃，曲沃的百姓非常擁護欒盈，於是欒盈召集軍隊發動叛亂，范匄、范鞅父子親自上陣，結果大敗欒盈，欒盈逃回曲沃。不久曲沃城破，欒盈被殺，欒氏家族的勢力被徹底剷除。

面對公卿之間的傾軋與內鬥，晉國國君只能作壁上觀，公卿大族的勢力已經遠遠超過了國君，此後晉國政局的穩定與否，直接取決於幾個公卿大族是否和睦。與之相對的是，楚國國內也發生了幾次政治動亂，不同的是，楚國的政治變動源於令尹子南恃寵專權，豢養門客，培植親信。於是楚共王殺了子南，後來子馮接任令尹之位，依舊喜歡收留門客，大夫申叔豫提醒子馮：「不要收留門客，以免大王對你產生懷疑。」子馮恍然大悟，趕緊遣散門客，於是楚共王對子馮稍微放心。

春秋晚期．蟠龍紋盉

蓋微隆，蓋頂設圓環紐，無頸而僅有小口沿，廣肩，體扁圓，下承三獸蹄足。肩部設龍形提梁，前後均有一柱與肩部相接，以之為前、後爪；龍頭前伸，背脊躬起，拉長變形好似蛇腰，龍尾上翹。體軀裝飾有鱗紋。流呈龍首形，吻部張開，雙角後聳，頸飾鱗紋。腹部裝飾蟠龍紋。

趙武主盟

楚共王與晉悼公這兩位雄主先後辭世，楚康王與晉平公接任。

晉平公十年（周靈王二十四年，西元前五四八年），范匄病逝，趙武接任執政大夫，趙武比較體恤民情，對經年不絕的戰爭也心生倦意。趙武執政之後決定改弦更張，減輕各國的貢賦，對各國以禮相待，不再用武力彈壓，這使晉國與各個小國的關係得以改善。同時趙武認識楚國新任令尹子木，趙武認爲，楚國長年戰爭也需要休養生息，如果對楚國以禮相待，晉楚兩國再次舉行弭兵之會並非不可能。

宋國大夫向戌也注意到晉楚關係的微妙變化，便想模仿華元，促成晉楚和談，消弭戰禍。向戌與晉楚兩國的高官交情都不錯，所以他的穿梭外交頗有成效，晉楚兩國答應再次在宋國舉行弭兵會盟。

宋平公三十年（西元前五四六年），向戌來到晉國，希望晉楚兩國罷兵言和。趙武與眾大夫商量，韓宣子說：「戰爭殘害百姓，禍害小國，晉楚之間弭兵或許不一定成功，但是如果我們不同意，而楚國同意了，我們便在各國中失去威望。」所以晉國就答應了向戌的請求。向戌到了楚國，備述晉國已經同意弭兵，所以楚國也答應了。向戌又跑到齊國、秦國以及其他小國，各國莫不同意弭兵的提議。

各國大夫先後來到宋國，楚國令尹希望晉楚兩國的盟國相互見面，趙武說：「齊、秦、晉、楚四國的國力不相伯仲，如果楚國能讓秦國國君到晉國，那晉國也會鼓勵齊國國君到楚國。」

盟會之前，子木想藉盟會之機殺死趙武，早年降楚的伯州犁說：「參加盟會就需要講信用，各國歸附於楚國，是因爲楚國以德服人，現在以盟會之機刺殺趙武，是沒有信譽的表現。」子木倒是個政治實用主義者，他說：「晉楚兩國早已沒有信任。」

會盟之日，晉楚兩國還是爭奪盟主之位，爭先歃血，趙武說：「晉國本來就是盟主，沒有哪個國家可以占晉國的先。」子木反唇相譏：「你不是說晉楚國力不相伯仲嘛，所以楚國占先也在情理之中。」趙武還要爭論，卻發現楚國人都穿著甲衣，只是外面套著禮服。於是趙武便退讓，讓楚國占了先。盟會完畢之後，宋國設宴招待各國使者，待趙武爲最尊貴的客人，也算給晉國保全了面子。

此次盟會獲得了較好的效果。盟會之後，晉楚互派使者，兩國維繫了一段長時間的和平。

叔向賀貧

叔向，就是羊舌肸，晉國的公族，歷事晉悼公、平公和昭公。有一次，叔向去拜見韓宣子。韓宣子正在為貧困而發愁，叔向卻向他表示祝賀，韓宣子很是不理解，就質問叔向：「我現在窮得都沒辦法招待賓客，你還向我表示祝賀，是什麼意思？」叔向說：「從前欒武子田地不滿百畝，祭器不全，卻能好德博施，名滿諸侯。他的兒子桓子貪財好貨，豪取強奪，家財纍纍，不知滿足，之所以得以善終，只不過靠了父親的餘蔭罷了。武子的孫子懷子雖然學習祖父的德行，卻受到父親的連累，只得逃往楚國。此後的郤氏也是因為驕奢淫逸，最終落得個身死族滅。你現在有欒武子的優勢，我難道不應該表示祝賀嗎？」

春秋戰車

春秋時期戰爭頻仍，愈演愈烈的爭霸戰爭也使戰爭技術不斷提升，最明顯的表現便是兵器的革新與創造。老式兵器得到改良，新式兵器應用於戰爭之中。春秋爭霸戰爭中盛行車戰，戰車是戰場上克敵制勝的利器。戰車的數量是評估一個國家強弱的最直接指標。千乘之國才能有資格投入爭霸戰爭，齊國、晉國、楚國莫不如此，東南的吳國因為學習了戰車的製造技術和使用戰車的戰術，才一躍成為東南霸主，威脅著楚國的大後方。

戰車的形制

西周時期的戰車顯得較笨重和粗大。在山東膠縣西寇西周車馬坑中出土的戰車，其車輪輪徑爲一百四十公分，軸長是三百零四公分，輈長則達二百八十四公分。加上服馬和驂馬，戰車長寬各三百公分左右。這輛戰車基本上代表了西周時期戰車規格的基本水平。

春秋時期，戰車承襲了商周以來的製作方式，因爲當時技術革新非常緩慢。春秋時期的戰車更具實戰性，更加靈巧精緻、堅固，防禦性更強。春秋時代的戰車車軸、車輈都略微縮短，車輪直徑略有縮小，而車輪輻條數目有所增加。這些改進與革新的目的只有一個，那就是提高戰車的實戰能力。戰車因此更加靈巧、堅固，在戰場上游刃有餘。

戰車的種類

春秋時期戰車種類繁多，用途不一，其構造都略有不同，如同今天的戰鬥機，同一種機型有專門對地作戰，有些則是航空母艦的艦載機。春秋的戰車也分爲防禦型戰車、進攻型戰車、指揮型戰車等。用於進攻的戰車叫「輕車」，顧名思義，輕車比較輕便靈巧，機動靈活，具有很強的衝擊力。如同二戰時期的坦克。兩軍對壘之際，輕車部隊充當開路先鋒，衝擊敵方的脆弱地帶，從而爲主力部隊的進攻撕開一個裂口，同時輕車也負責情報蒐集，在衝擊對方陣地的同時也估測敵方的實力，爲主帥的決策提供重要的資訊。

以防禦爲主的戰車叫做「廣車」，廣車兼具攻擊與防禦能力，還有另一種更具有防禦功能的戰車，叫「蘋車」（意爲「屏車」），組織防禦的時候，戰車可聯結爲一體，猶如屏障一般阻擋對方的攻擊，掩護己方撤退或者調整部署。還有軍中主帥的專車，名爲「戎車」，相較於其他戰車，戎車更具防護能力。還有一種後備的戰車，專用於主力戰車戰損後的補充，被稱做「闕車」。功能各異的戰車在戰場上相互配合，進可攻，退可守。

戰車的作用

戰車本身也是一個獨立的戰鬥單位，除了戰車與戰馬之外，戰車的兵員配置和兵器的搭配也非常講究。一般而言，一輛戰車上有三個士兵，中間的士兵是戰車的「駕駛員」，即「御者」。左邊的士兵持弓射箭。春秋時期，弓箭的製造水平已經非常高了，箭鏃、箭桿等部件已經有了標準化的要求，這種改進既提高了弓箭的射程，又增強了其精準度。右側士兵使用戈或矛，以備近戰之用。雖然戰車上只有三個人，但是各式兵器建立起一個遠近結合，攻防兼備的戰鬥單位，既可以單車作戰，又能夠大規模集合起來衝鋒。

戰車本身所具備的戰略優點，使其成爲各國諸侯所鍾愛的一種兵器。春秋初期，「千乘之國」就已經是屈指可數的大國，隨著爭霸戰爭的演變，各國擴充軍備，戰車數量飛速增長，晉楚兩大國擁有近五千輛戰車，像秦、齊等國也有兩三千輛之多。在春秋爭霸的歷史上，戰車可謂獨領風騷，然而隨著步兵與騎兵技術的進步，戰車的地位逐漸衰落，到了戰國時期，趙國爲了抵禦騎馬的北方民族，趙武靈王毅然決然地實行「胡服騎射」，戰車才爲騎兵所取代。

春秋戰車復原圖

春秋時期，由於車戰的需要，車的造型和結構更加趨於合理和實用，為大規模的車戰打下基礎。

晏嬰相齊

齊桓公之後齊國國力漸衰，桓公時期人才濟濟的氣象不復存在，小人、佞臣不斷，君王昏庸、朝臣無能，所以齊國不得不屈服於晉楚等大國。管仲百年之後，齊國又出現了一位才智堪比管仲的賢相，那就是晏嬰。晏嬰才智過人，清廉為政，通權達變，歷經齊靈公、齊莊公與齊景公三代君王，是名副其實的不倒翁型政治家，他不僅在動亂的年代保全身家性命，而且留下了千古美名。

枕屍哭莊公

齊靈公死後，齊莊公即位。齊莊公好勇鬥狠，喜歡招募勇猛之士。當時崔杼與慶封兩人恃寵弄權，把朝堂搞得烏煙瘴氣。晏嬰是個非常機巧靈活的人，他沒有選擇冒死頂撞崔慶二人，而是靜靜地等待時局演變。

崔杼權勢熏天，妻子死後，便想再續一房，只是一直沒有合適的人選。崔杼的車伕東郭偃有個姐姐東郭姜貌美如花，嫁給齊棠邑大夫棠公，棠公病逝之後東郭偃帶著崔杼前去弔唁。雖然東郭姜身披孝服，但是皓月般的明眸依然令崔杼感到驚豔。回家之後，崔杼徹夜難眠，第二天起來便央求東郭偃爲他談這門親事，東郭偃面有難色，說：「按照禮制，同姓是不能結婚的，您出自姜姓，我們也姓姜，恐怕不太合適。您還是另尋他人爲好。」

崔杼哪肯罷休，連齊國的君王都是他一手扶植上去的，除了王位之外，沒有什麼不能得到的，何況是一個寡居的女人。於是崔杼找人占卜，有人稱善，有人勸止。崔杼貪慕東郭姜的美色，也顧不了那麼多了，非要強娶，於是東郭姜就成了崔杼的夫人。

齊莊公好飲，一日去崔杼家喝酒，發現崔杼的新夫人明眸善睞，秋波流動，不禁怦然心動。此後，齊莊公便想盡方法接近東郭姜，這個女人也並非貞節之人，既然君王鍾情於自己，她又怎會拒絕這種好事。齊莊公閒來無事就跑到崔杼府上與東郭姜偷情，更有甚者，齊莊公把崔杼的帽子偷出來，賜給侍從。

君臣之間本來應當互相尊重，齊

莊公霸佔臣子的女人，還侮辱臣子的人格，是可忍孰不可忍。惱羞成怒的崔杼決定復仇。一日，莒國的使者來齊國朝貢，齊莊公便召集朝堂所有大臣前去赴宴，崔杼稱病未去。他料想齊莊公肯定會來找東郭姜，便事先在家裡設下埋伏，一俟齊莊公來，便亂箭將其射死。

果不其然，齊莊公在宴會上敷衍了幾杯之後，便匆匆趕來崔杼家，沒想到這下自投羅網。齊莊公感到大事不好，便開始求饒，想與崔杼談判，但是遭到拒絕；又央求放他回祖廟自刎，再次被拒絕，最後只好跳牆逃跑，結果被矢雨射中，一命嗚呼。

晏嬰像

該像刻石位於臨淄的晏嬰墓前。晏嬰墓在臨淄區永順莊南三百公尺處，有一座高十公尺餘，方圓近百公尺的古墓。墓四周由灰色八稜牆環抱，墓前有明代萬曆年間立的石碑一幢，上面刻著「齊相晏平仲之墓」七個大字。

齊莊公死後，崔杼便把齊莊公身邊的人清理殆盡，平時齊莊公豢養的勇猛之士俱爲崔杼刀下之鬼。一時之間朝堂內外噤若寒蟬，此時晏嬰出場了。

晏嬰帶著隨從來到崔杼的門口，因爲齊莊公的遺體還在崔府。隨從問：「您要爲君殉國嗎？」晏嬰說：「我爲什麼要爲他殉死呢？」隨從說：「既然不爲君王殉死，那我們逃走吧。」晏嬰說：「君侯死了又不是我的罪過，爲什麼要逃呢？爲民做主的君王不會把個人的利益凌駕於人民之上，忠心爲君的臣子不會爲了功名利祿而汲汲以求。如果君王爲了社稷安危而死，那麼臣子理當爲君殉死，如果君王爲了個人私慾而死，臣子便沒有必要殉死。」崔杼推開門，晏嬰便入內把齊莊公的遺體枕在自己大腿上痛哭，哭完之後，拂袖而去。崔杼手下的人打算殺了晏嬰，崔杼說：「不行，此人民望極高，殺了他，會失去民心。」崔杼弒君尚且無所畏懼，但是面對晏嬰的時候卻敬畏三分，由此可見晏嬰的威望有多高了。

晏子舌戰楚靈王

齊景公派晏嬰出使楚國，楚靈王目中無人，打算藉此機會羞辱一下晏嬰，滅一滅齊國的威風，長長自己的氣焰。只是沒想到遇到了晏嬰這樣的天下奇才，楚靈王也不得不甘拜下風，自取其辱。

晏嬰個子非常矮小，身高不過五尺。楚靈王事先讓人在城門旁邊挖了不足五尺的洞。等晏嬰到了楚國後，楚靈王便下令把大門緊閉。晏嬰下了車，問門衛：「為何不開城門呢？」侍衛傲慢地說：「大王吩咐，『晏嬰身短，從側門即可進城，無需開大門』。」

晏嬰聽完之後，大聲地說：「這分明是狗洞嘛。出使狗國當然要鑽狗洞，如果出使人國當然是從人門進去。如果楚國是狗國的話，我晏嬰自當鑽洞而過。」侍衛一聽晏嬰的話中有刺，便飛奔回報楚靈王，楚靈王沒有辦法，只好打開城門迎接晏嬰進城。

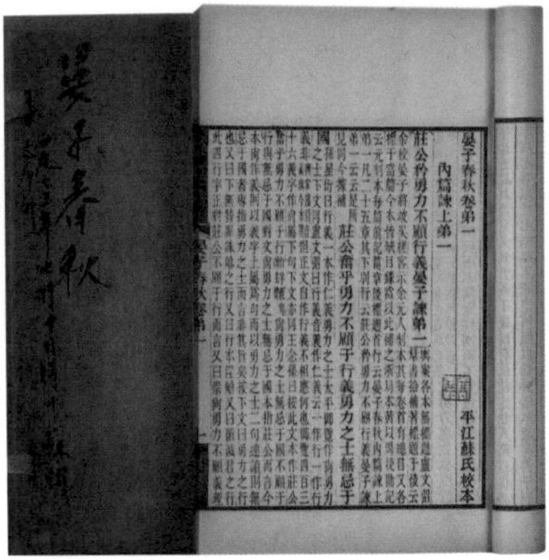
晏子春秋卷第一
內篇諫上第一
平江蘇氏校本
莊公矜勇力不顧行義晏子諫第一

《晏子春秋》書影

《晏子春秋》共八卷，包括內篇六卷，外篇二卷，計二百一十五章，全部由短篇故事組成。全書塑造了主人公晏嬰和眾多陪襯者的形象。這些故事雖不能完全作信史看待，但多數是有一定根據的，可與《左傳》、《國語》、《呂氏春秋》等書相互印證。

楚靈王見了晏嬰上，下打量了一番，說：「齊國人丁不旺，不足以稱大國。」晏嬰佯裝不懂，問：「大王何出此言？」楚王說：「到楚國出使的各國使者無不身材魁梧，高大威猛，唯有齊國派您來楚國。」晏嬰知道楚王在諷刺自己身材矮小，便一臉無辜地說：「齊國都城臨淄人聲鼎沸，摩肩接踵，呵氣成雲，揮汗為雨，大王怎麼能說齊國沒人呢？敝國有個慣例，出使大國，派遣大人；出使小國，派遣小人。下臣是卑劣小人，所以被派到楚國來了。」楚靈王沒想到竟被晏嬰反將一軍，頓時啞口無言。

楚靈王本想戲弄一下晏嬰，沒想到碰了一鼻子灰，但是他還是不肯罷休。楚靈王設宴招待晏嬰，正當賓主酒酣之際，兩位甲士押著一名犯人穿堂而過。楚靈王問甲士：「此人所犯何罪？」答曰：「偷盜。」又問：「哪國人？」答曰：「齊國。」楚靈王若無其事地對晏嬰說：「齊國人淨做些雞鳴狗盜之事，可悲可歎啊。」晏嬰故作驚訝地說：「大王此言差矣。齊國人在齊國安居樂業，從未出現偷盜這樣作奸犯科的事，但是一到楚國便惹是生非。我聽說，江南有橘，移植到淮北便成為枳。齊國人在楚國偷雞摸狗，主因在於楚國水土有問題，怎麼能怪罪齊國呢？」楚靈王又吃了一次啞巴虧。

晏子清廉辭千金

晏嬰雖然身為齊國國相，但是清廉奉公，家中並不富裕。有一次，齊景公派人去請晏嬰，正好晏嬰在吃飯，於是晏嬰就邀請使者一同進餐，因為準備的飯菜非常少，使者只吃了個半飽，晏嬰也沒有吃飽。使者回去報告齊景公，備述晏嬰家徒四壁，終日粗茶淡飯，即便如此還是難以餬口。齊景公不相信自己的相國貧困至此，使者就把他與晏嬰都吃了半飽的事情告訴了齊景公。齊景公大為感慨，說：「晏嬰身為齊國之相，清廉自守，竟日為國操勞，卻如此清貧，這都是我的過錯啊。」

齊景公發完感慨之後便派人給晏嬰送去千金和稅款，讓他以此養家餬口。晏嬰再三推辭，說：「晏嬰並不貧困，感謝大王的恩賜，大王的恩澤已經惠及我的父族、母族與妻族，現在我的朋友也靠我的接濟，這都是大王的恩賜啊。晏嬰聽說，拿君王的賞賜施惠於百姓，這是臣子越俎代庖之舉，忠臣是不會這樣做的。從君王那裡得到厚祿，卻不施惠於百姓，這不過是積累一己之財，仁義之人是不會這麼做的；從國家和君王那裡撈取錢財，做個守財奴，等到身死之後，這些財產終歸要為他人所有，有頭腦的人是不會這麼做的。現在我有衣穿，有飯吃，就非常知足了。」

齊景公對晏子說：「當年先君桓公賜予管仲食邑，管仲並無推辭，愛卿的功勞和才德並不遜於管仲，為何推辭不受呢？」晏嬰笑了笑說：「臣聽說，『智者千慮必有一失，愚人千慮必有一得』，也許管仲之所失正是晏嬰之所得吧。」齊景公看晏嬰堅辭不受，只得作罷。齊景公看到晏嬰的妻子又老又醜，便對晏嬰說：「我有個女兒既年輕又漂亮，許配給你吧。」晏嬰說：「年輕貌美並不一定值得信賴，臣的妻子老且醜，但是臣可以以命相托。怎麼可以背叛呢？」

晏嬰在那個風雲激盪的年代，既能抵禦金錢的誘惑，又能抗拒美色的引誘，實乃大丈夫也。

晏子與《晏子春秋》

晏嬰治國之才堪與管仲相媲美，在司馬遷的《史記》中，將管仲與晏嬰放在一起，二者雖然相隔百年，但是交相輝映。管仲留下了《管子》一書，是管仲治國理念的濃縮。晏子雖然沒有留下自己的著作，但是後人根據晏子的言行，編纂了一部歷史小說集，即《晏子春秋》。全書有二百一十五章，都是短小精悍的小文。從嚴格意義上來講，它並不是信史，但是卻集中反映了齊國社會的人情風貌，以小說這種形式生動地展現了晏子的幽默風趣、才智品行，是中國古典文學中的瑰寶。

三桓專魯

自魯桓公之後，孟孫、叔孫與季孫三家主導了魯國的政局，因為三家皆是魯桓公的後裔，所以又稱為三桓。三桓不僅權勢熏天，而且掌握了魯國國君的生殺大權。三桓雖非事事同心，但是在瓜分國君的權力與財富方面卻是攻守同盟，相互扶攜；季孫氏自季文子之後幾乎獨霸魯國。雖然三桓沒有自立為王，卻是魯國真正的主人，真實地反映了「禮樂征伐自天子出，自諸侯出，自大夫出」的歷史發展軌跡。

三桓獨佔鰲頭

三桓的勢力是經過數代積累而成。三桓之中也出現了許多賢能之人，他們出將入相，共同維護著魯國的利益，只是三家屬於大夫階層，無論是主持國內政治，還是參加外交活動都有些名不正，言不順。非常注重周禮和名分的孔子認爲三桓專魯「是可忍孰不可忍」。如果仔細瞭解三桓的發跡過程，也許我們能夠更加客觀地評價三桓在歷史上的地位。

當初慶父（後代即爲孟孫氏）在魯國作亂，使朝堂內外烏煙瘴氣，人心惶惶，所以有「慶父不死，魯難未已」的說法。等慶父畏罪自殺之後，在季友的保護下，慶父的子孫後代並未受到株連，季友是魯莊公的保護人，所以季氏權力日彰。慶父的兒子公孫敖頗有才能，只是極爲好色。他參與國政，出訪莒國，準備順便給魯莊公的兒子東門襄仲迎娶莒國之女。結果出人意料，公孫敖見莒女貌美非凡，便偷偷據爲己有。東門襄仲大怒，準備攻打公孫敖，後來經過叔孫惠伯的調解，雙方才達成和解，公孫敖將莒女送回去，誰也不娶了。後來公孫敖日夜思念莒女，便趁機攜帶巨款跑到莒國。等到公孫敖客死異國之後，東門襄仲不願意迎喪，又是叔孫惠伯前來說和，曉以利害，希望同姓家族不要太計較利益得失。經過這番變亂之後，三桓之間雖然有所爭鬥，但是卻確立了在政治鬥爭中相互扶攜的模式。「兄弟鬩於牆，外御其侮」，外部的威脅並不是異族的侵略，而是三桓之外的政治勢力。

三桓只是當時魯國五大姬姓家族的三家，臧氏與東門氏勢力不可小覷。當時東門襄仲的權勢超過三桓，由於當年公孫敖強奪東門襄仲之妻，孟孫氏與東門氏早已成了仇家。孟孫氏受到東門襄仲的打壓，勢力大為衰弱。魯文公死後，東門襄仲與叔孫惠伯之間又展開了激烈的政治鬥爭。魯文公有兩個夫人，正夫人是齊國女子，育有二子，惡與視，次妃敬嬴生有一子，即倭。敬嬴為了讓自己的兒子登位便與東門襄仲勾結，後來東門襄仲便殺死惡、視兩人，立倭為君，即為魯宣公。叔孫惠伯極力維護禮制，反對東門襄仲恣意妄為，結果被東門襄仲殺死在馬廄裡面，屍體被扔進馬糞裡。三桓之中唯有季孫氏勢力未受到削弱，季文子為了保存實力，不得不在東門襄仲面前委曲求全。

東門襄仲死後，其子公孫歸父繼續把持魯國的朝政。季孫子與孟獻子都是極具政治才能之人，季孫與孟孫兩家勢力不斷擴張，公孫歸父非常恐懼三桓的勢力，於是與魯宣公策劃，打算借助晉國的勢力剪除三桓，於是公孫歸父出使晉國。沒想到公孫歸父前腳剛走，魯宣公就病死了。孟獻子當機立斷，決定驅逐東門氏，此時三桓合力將東門氏從魯國清除殆盡，終於成為魯國最具權勢的三大家族。

春秋至戰國早期·「武」字斜肩空首布一枚

空首布分原始、特大、大、中、小五型，百克以上原始布既是農具又充當稱量貨幣。產生於春秋中期，是中國最早的一種高值大錢，可同布帛等實物貨幣和貝幣等低值小錢並用，直接進行等價交換。特大布之後的空首布也可稱廣泛應用型空首布，它們各自兼容了特大布形制的部分特點，已向平肩、聳肩、斜肩三類布分化，鑄量漸多，流通變廣。

首次瓜分政權

將東門氏趕出魯國之後，三桓之間開始了新的分化組合。季文子與孟獻子都是老成持重的政治家，而叔孫僑如則顯得急躁與傲慢。叔孫僑如年輕氣盛，一心想把魯國大權攬在自己手中，所以處心積慮地要除掉季文子與孟獻子。他與魯成公的母親穆姜通姦，穆姜一心想幫助小情人獲得權勢，於是多次在魯成公面前說季文子的壞話。好在魯成公不是一個耳根子太軟的人，他根本不理會母親的讒言，依然信任季文子與孟獻子。

魯成公十六年（西元前五七五年），季文子陪同魯成公出訪，穆姜與叔孫僑如想藉此機會驅趕季孫與孟孫兩家。魯成公為了防止二人發動政變，便命令孟獻子留在魯國守備宮城，叔孫僑如一看政變已無希望，便慫恿晉國扣押魯成公君臣，晉國果然將季文子扣押了。魯成公派人前去討還季文子，使者說：「季文子輔佐魯國兩代君王，兢兢業業，這樣的忠臣良將如果遭到懲處，以後還有哪個臣子會忠於君王呢？」晉國只好把季文子放出來。季文子回到魯國便把叔孫僑如趕出了魯國，另立其弟為叔孫氏的代言人，即叔孫穆子。此時三桓徹底掌握了魯國國政，季文子為司徒，叔孫穆子為司馬，孟獻子為司空。後來魯成公的夫人齊姜病死，魯成公的母親穆姜藏有一口上好的棺材，季文子為了報當年穆姜與叔孫僑如合謀害他的一箭之仇，便強行把穆姜的棺材給了齊姜，穆姜對此不敢吭一聲。可見當時三桓的權勢到了什麼地步。

季文子病逝之後，其子即為季武子。季武子藉著父親的威名，繼續拓展季氏家族的勢力。此時孟獻子年歲已高，魯國國政由季武子與叔孫穆子掌理。於是季武子與叔孫穆子結成同盟，合力瓜分魯國的權力。為了使三桓公平合理地分配「贓物」，季武子力主擴充魯國的軍隊，魯國原先只有上下兩軍，現在增設中軍，三家各領一軍，這樣，三桓不僅將魯國的土地瓜分殆盡，而且還將國家的軍隊變成私人武裝，魯國政壇勢力盡在三桓的掌握之中。

面對三桓的專橫，魯國的國君也無能為力，因為財路和軍力已經為三桓所有，要想再次將權力集中於國君手中，無異是與虎謀皮。國君的勢力遠遠不及三桓，等到三桓將魯國的權力瓜分完畢之後，就開始了內部的爭奪與鬥爭。

季孫一枝獨秀

叔孫穆子善於觀察國際情勢，因此魯國的外交事務多由叔孫穆子掌理，而季武子則主內政。這樣便形成了「叔出季處」的執政格局。魯國是個二流國家，夾在晉楚大國之間，外交不可能獲得多大好處，只能維繫魯國的生存而已。相對於叔孫穆子，季武子可以自由地在魯國拓展勢力範圍，而叔孫穆子卻沒有這樣的機會。

魯襄公二十九年（西元前五四四年），叔孫穆子陪同魯襄公到楚國訪問，期間正好楚康王病逝，楚國人依仗國力強大便想侮辱一下魯襄公，希望魯襄公親自為楚康王致襚，即贈送死者壽衣。叔孫穆子頗通禮儀，而楚國人對禮儀則不甚清楚，叔孫穆子說只要先讓巫人以桃枝掃帚在棺材上掃除不祥，魯襄公再贈壽衣，這是採用了君臨臣喪的禮制。魯襄公照辦，楚國人還以爲自己撿了大便宜。等到魯襄公君臣高高興興地出了楚國之後，楚國人才恍然大悟，眞正被羞辱的反倒是自己！

魯襄公君臣心滿意足地回國，沒想到魯國局勢大變，季武子在魯國侵吞土地。魯襄公剛到魯國邊境，季武子便派人送信，謊稱國內發生叛亂，他已鎮壓完畢。季武子把土地肥沃的食邑據爲己有。魯襄公大怒：「欺人太甚，侵佔土地還要如此冠冕堂皇的藉口。」但是季孫氏的勢力太強大了，魯襄公害怕回國之後被害，便在邊境上躑躅不前。後來他雖硬著頭皮回到魯國，不但不敢追究季武子私吞土地的罪責，對季武子的專橫跋扈也是忍氣吞聲。

季孫氏經過季武子幾十年的苦心經營，如今已經成爲三桓中的翹楚。魯襄公死後，季武子把持了魯國國君的廢立，魯昭公在季武子的扶持下就任國君，此時季孫氏的權勢進一步膨脹。叔孫穆子病逝之後，其子叔孫昭子繼任，此時叔孫氏與孟孫氏兩家的勢力遠不如從前，季孫氏的勢力則如日中天。原先三家三分魯國各有其一的權力格局已經名不副實，季武子便趁機調整這種失衡的權力分配，他削掉中軍，恢復上下兩軍的編制，又將上下兩軍一分爲四，季孫氏佔有其二，孟孫與叔孫各佔其一，如此一來，季孫一家便據有魯國半壁江山。

季孫氏的優勢地位一直持續下去，季武子死後，其子季平子繼承父業，繼續擴充季孫氏在魯國的勢力。魯昭公二十五年（西元前五一七年），叔孫昭子出訪宋國，順便爲季平子行聘宋國的公主。按照禮制，只有諸侯才能迎娶公主，而季平子只是一個大夫，理論上是不可迎娶公主的。但是宋國已經看透，季平子才是魯國的主人，便把公主嫁給了季平子。由此可見季孫氏的勢力有多大了。季孫氏在三桓之中一枝獨秀的局面維持了很長時間，由於季孫氏把持了魯國的軍政大權，所以就出現了「政出季氏」這樣的成語。

叔孫昭子不辱使命

魯襄公二十七年（西元前五四五年），叔孫昭子代表魯國參加第二次弭兵大會，季武子不知出於何故，在這個節骨眼上率軍攻打莒國，莒國派人在弭兵大會上狀告魯國。於是楚國便把叔孫昭子扣押起來，有人便趁機敲詐。隨從建議叔孫昭子破財消災，但是叔孫昭子根本不理會。晉國上卿趙武聽說之後，對叔孫昭子大為讚賞，認為他是個臨危不忘國的大丈夫。於是趙武便請求楚國人將叔孫昭子釋放。楚國人見晉國人如此給面子，便做了順水人情，把叔孫昭子釋放了。在關鍵時刻，叔孫昭子不忘魯國的尊嚴，不愧是個優秀的外交官。

王子朝之亂

一場長達十九年的王位爭奪動亂；一場讓周王室顏面掃地的王位爭奪；一場依靠諸侯幫助才得以平息的叛亂；一場讓周王室典籍搬到楚國的動亂……在這場動亂中，失意無助的老子騎牛西出函谷關，從此一去不復返；王子朝兵敗奔楚，最後喋血楚國。這是周王朝歷史上最嚴重、最血腥、最丟臉的一次內亂。動亂平息之後，周王室的權力已經為單、劉等陪臣掌控，虛弱無力的周王室風雨飄搖，只能苟延殘喘。

單劉專權

王子朝之亂並不特別，因東周歷史上因王子爭位引發的戰爭屢見不鮮。諸侯國內的君位爭奪也是層出不窮。周王室當時已與諸侯國無異，因此，在當時的歷史環境中，出現政治叛亂並不稀奇。王子朝之亂之所以值得一書，其根本原因在於：其一，這次叛亂涉及一件歷史公案，有人認爲這是王子朝爲了爭奪王位而發動的一次叛亂，有人則認爲這是周王室的大夫單氏所發動的叛亂；其二，在這次動亂中，中國哲學之父——老子棄官出走，據說《道德經》就是在這場動亂期間寫下的；其三，這場叛亂前後持續了十九年，爲春秋時期國內叛亂之最。

若要討論這場前後長達十九年的政治動亂，必須先好好研究一下它發生的原因。一場大動亂的根源必定非常深遠，如同冰山一樣，露出海面的總是小小的一角。如果這次動亂只是因爲王子朝爭奪王位而起，應該不會持續如此之久。王位爭奪只是這場動亂的一個導火線而已。周王室與卿士大夫之間的權力之爭才是這場動亂的根本原因。

早在周靈王九年（西元前五六三年），單靖公榮任周王室的卿士，此後單氏的勢力便不斷擴張。單氏本是周天子的遠房親戚，後來有劉氏加入朝政，劉氏也是周天子的親戚。此後周王室出現了單氏與劉氏共同把持政權的局面。周景王對單氏與劉氏的專權非常不滿，但劉氏與晉國的范氏家族有親戚關係，當時的晉國六卿專權，范氏是其中重要的一派勢力。劉氏可以借助晉國的力量來維繫自己在周王室的地位，而當時的晉國依然是諸侯的盟主。雖然周景公對單氏與劉氏滿腹牢騷，但是只敢怒而不敢言。

王子朝爭位

周景王二十五年（西元前五二〇年），也就是在單氏執政的四十三年後，醞釀已久的政治動亂爆發了。周景王的嫡長子壽病死，後來周景王便立壽的弟弟猛爲太子，但是王子猛才智平庸，實在不是一個治國平天下的理想人選。王子猛被立爲儲君之後，單氏與劉氏皆支持王子猛。

周景王雖然沒做出什麼驚人的偉業，但他還是希望選擇一個有政治領導能力的繼承人。王子朝雖然是周景王的庶子，但是卻長於王子猛。相對於王子猛而言，王子朝才智過人，果斷機敏，實在是比王子猛更適合風雨飄搖的周王室。於是周景王與王子朝的師傅賓起，積極準備廢王子猛，立王子朝。重新舉行廢立必然要先除掉單氏與劉氏這兩個障礙，否則將引起一場政治動亂。

周景王二十五年（西元前五二〇年），周景王下定決心要除掉單、劉兩家。一日賓起外出遊玩，發現一隻公雞把自己尾巴上的羽毛拔下，賓起感覺非常奇怪，便問隨從爲何如此。隨從說，這公雞害怕自己的羽毛太好看而被殺。賓起回去跟周景王說起這件事情，並且說：「公雞害怕當祭品，是因爲牠是被人殺的。人跟公雞之間是不同的，人置辦祭品是爲了自己。」其實，賓起是暗示周景王趕緊動手除掉單、劉。周景王心有此意，因此就默許了。

四月，周景王欲外出打獵，召集朝中大臣一同前往，其目的就是要將單、劉調離王都，在打獵過程中將兩家勢力剪除。事情發展總是令人始料未及，未等出行，周景王便因病去世。周景王的如意算盤自此便成爲泡影。劉氏家族的劉摯也死了，劉摯的正妻沒有兒子，單旗便扶立劉摯的庶子劉蚡襲承父親之職。經過這番變故，單、劉兩家的勢力毫髮未損。

周景王死後，單旗與劉蚡立即扶立王子猛即位，即爲周悼王。單、劉兩家害怕周景王的其他王子不服，起而叛亂，便召集八王子結盟，要他們

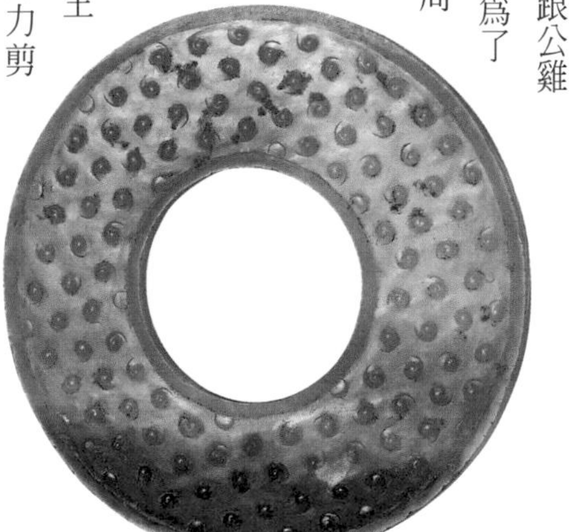

春秋．玉谷紋璧

玉呈白玉質帶黃，局部有糖色，灰白沁圓體片狀。兩面工藝相同，以淺浮雕穀紋飾之。

保證擁護王子猛。單、劉兩家起兵將賓起殺死，從而剪除了王子朝的股肱之臣。

六月十一日，舉行周景王的葬禮。周景王死後將近兩個月才舉行葬禮，可見當時的政治鬥爭有多麼激烈。朝野上下都忙著爭奪王位、消除異己，所以將周景王的喪禮不斷延後，直到塵埃落定之後才想起原來先君尚未入土。葬禮結束之後，王子朝便向單、劉發難，他領導百工（手工業者）以及周靈王、周景王的子孫發動叛亂。百工沒有接受過正規的軍事訓練，武器也不統一，有利器的拿著利器，沒有利器的便操木棍。一支雜牌軍的叛亂就此展開。

春秋晚期．邾公牼鐘

甬鐘。甬特別粗大，上端稍斂，旋飾交龍紋，並以圓餅作間隔，飾獸首，枚作兩層台形。舞飾回首龍紋，篆間飾兩頭龍紋，鼓部飾相背式變形龍紋，龍體上鏤刻著很細的幾何線條。銘文字數，鉦間、鼓部鑄銘文三十六字。

晉國平叛

王子朝發動叛亂之後，其他地方的同黨也紛紛揭竿而起，軍隊浩浩蕩蕩地開進王城，劉蚡見大勢不好便逃走了。單旗把周悼王安置在自己家裡，而王子朝的同黨王子還趁著夜色將周悼王搶到手。單旗見周悼王都被搶走了，自己留在王宮也沒有什麼意義，便逃跑了。

王子朝旗開得勝，雖然將新任國王搶到手了，但是單、劉兩大集團還是沒有受到削弱。王子還說：「不消滅單旗不算勝利，所以下一個目標是消滅單旗。」王子還找召莊公謀劃，二人最後決定，以與單旗結盟為名，引誘單旗出來。單旗絕非等閒之輩，怎麼可能如此輕易地上當受騙。於是王子還率眾追擊單旗，結果被單旗殺了個回馬槍，先前結盟的八位王子全死於單旗刀下。

單、劉均逃出京城，王子朝率眾開進王都。單、劉兩家雖然已經逃出王都，但是絕沒有認輸的意思，雙方勢均力敵，互有勝負。單旗向當時的諸侯盟主晉國求援，十一月，晉頃公讓籍談與荀礫率領多國部隊前去平叛。王子朝的散兵游勇當然不是晉軍的對手，不消多久，王子朝便被趕了出去，王子猛又回到王都，可惜的是，這位仁兄實在無福享受天子寶座，沒過一個月就死了。單、劉便擁立王子猛的同母弟弟登基爲王，即爲周敬王。

王子朝被趕出王都之後，並沒有就此罷手，他重新搜集車馬，秣馬厲兵，重整旗鼓。沒過多久，晉軍便班師回朝，王子朝趁此機會又打入王都，周敬王倉皇出逃。王子朝入京之後自立爲王，從使就出現了兩個周天子，周敬王出奔的地方在京城的東面，所以被稱爲東王，王子朝被稱爲西王。東西兩王並立，雙方之間展開了激烈的拉鋸戰。王子朝的同黨人數眾多，但是他唯一的缺陷是沒有外援的支持。劉氏與晉國的范氏有姻親關係，若時局不利，周敬王便可以從晉國搬來援軍。

晉頃公派士景伯到周，調查一下東西二王孰是孰非，爲將來出兵做準備。士景伯到了周，草草地做了一番調查便回去報告說，是王子朝的錯。於是，晉國再次出兵討伐王子朝。王子朝抵不住晉軍的攻勢，便準備出奔楚國，臨走之前他將王室的典籍裝上車，帶到了楚國。也許，他認爲大勢已去，再次回來的可能性不大，所以要把周王室幾百年累積的文化典籍一起帶走。

王子朝逃奔楚國之後，過了幾年比較平靜的日子，但是單、劉等周敬王的死黨擔心王子朝還會回來，便處心積慮要斬草除根。後來王子朝被周敬王派去的刺客了結了性命。

籍談數典忘祖

魯昭公十五年（西元前五二七年），晉國大夫籍談代表國君參加周王室的典禮，周天子設宴招待各國使者，席間使用的器具皆來自各國的貢品，唯獨沒有晉國的。周天子問籍談：「為何沒有晉國的貢品呢？」籍談說：「各國受封之時不是周天子的兄弟就是功臣，而晉國受封於深山之中，終日與戎狄作戰，生存尚難，哪有心思給周王室進貢。」籍談的辯解暴露了自己的無知，周天子不留情面地指出：「你的祖上掌管晉國典籍，通曉歷史典籍，所以被稱為籍氏。而今天你的辯詞卻如此忘本，真是令人扼腕啊。」

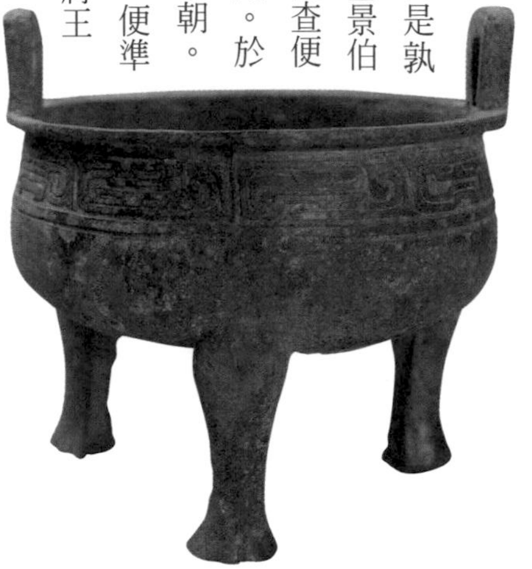

春秋．三足鼎

器形為立耳三足鼎，折沿，微斂口，垂腹，近平圜底，蹄足，雙耳外側飾有環紋，器身上半部飾有一周蟠虺紋，保存狀況良好。

子產治鄭

一個小國的大政治家；一個縱橫捭闔於大國之間的外交家；一個逆流而上意志堅定的探險家；一個大刀闊斧推行法治的改革家；一個客觀評判鬼怪神明的哲學家……或許鄭國子產的頭銜太多了，卻都名副其實。只有一百多年前的管仲能與他相媲美，只是鄭國國家褊小，地處四戰之地，子產的改革也只能使鄭國在大國之間苟延殘喘。如果子產治理的是齊國、楚國或者晉國，那麼他在歷史上的成就絕不下於管仲。子產的改革開啓了戰國時期各國變法的先聲，是一次承先啓後的偉大改革。

鑄刑鼎推行法治

子產生活的年代，禮崩樂壞，周王朝的政治秩序已經遭到毀滅性的破壞，各國士大夫已然成爲國家的眞正統治者，「陪臣執國命」的現象屢見不鮮。各國都經受著無休無止的政治動亂折磨，預示了政治變革的到來。各國都身在一種外敵內奸的險惡環境中，如果不實施變法只能爲潮湧的危機所湮沒，其中鄭國尤甚。

鄭國自春秋小霸了一段時間之後，便如流星一樣隕落，晉楚兩大國彷彿是鄭國身邊的恆星，鄭國時而圍著晉國轉，時而繞著楚國行，朝楚暮晉的事情，鄭國人不知道幹了多少次。更令鄭國難受的是，內憂不斷，弒君篡權，貴族作亂之事頻頻發生。子產深知鄭國沉痾在身，必須下猛藥才能治癒這個久病之國。面對猖獗的貴族勢力，子產決定推行法治。

從周公作禮之後，整個周王室都是以禮治國的，而禮的核心便是「刑不上大夫，禮不下庶人」，這是一種嚴格的階級制度，庶人既不知道統治的祕密，也無法參與政治活動，他們只能接受刑罰的統治。所謂的大夫就是貴族，他們即使作奸犯科也不會受到懲處，更別說統治集團內部的權力爭奪，往往殺戮無數，血染朝堂。

子產決定一改前轍，將刑法鑄在青銅鼎上，公之於眾，使全國的老百姓都懂得法律，按照法律的規則辦事，一方面可以規制百姓犯法，另一方面又可以去除法律的神祕性，將貴族也置於法律的約束下。貴族們以往使用的遮羞布被扯下了，因此子產的法治改革遭到貴族們的強烈反對。

在當時各國攻伐頻仍的環境下，子產的法治改革引起了軒然大波。晉國無疑是當時的霸主，鄭國是晉國的小弟，在霸主的眼皮底下進行這樣的改革，必然遭到老大哥的反對。果不其然，晉國的大夫叔向便致信子產，對他的改革表示強烈不滿。信中說道：「先王治國都是以禮制，不事刑罰，而今您將法律公之於眾，使百姓對貴族沒有敬畏之心，上下互相爭利，成何體統？我看鄭國離滅亡不遠了。」

對於子產的改革，老百姓剛開始也難以接受，認爲子產破壞了既有的生活秩序，新制度剛剛推行的第一年，老百姓都恨不得殺死子產。結果新法推行三年之後，百姓安居樂業，一片昇平氣象，百姓都感念子產的功德，在享受富足與和平的同時，他們開始擔心子產死後，這樣的繁榮隨子產而去。晉國的叔向固執己見，一再譴責子產破壞禮制，對於這樣頑固不化的守舊分子，子產只是簡單地說了一句：「吾救世也。」

子產像

公孫僑（西元前五八二至前五二二年），字子產，一字子美，春秋鄭國政治家、改革家。

子產的法治改革順應了歷史發展的潮流，二十年之後，晉國在趙鞅的主持下也開始鑄刑鼎，各國紛紛效法。著名的歷史學家周谷城先生認爲，在中國的政治從禮治轉向法治的轉折中，子產功不可沒。

保鄉校接受監督

子產榮任鄭國之相後，大力推行改革，民怨四起，咒罵子產的歌謠開始在街市上流傳開來。子產是個非常善於傾聽別人意見的人，一天他上街，發現百姓正在鄉校議論國事，其中不乏對子產的不敬之語。鄉校是當時的一個公共場合，人們在此休息、聊天，類似於今天的公共聚會場所。

隨行的然明跟子產說：「還是把鄉校拆了吧？」子產問：「爲什麼要這麼做？人們勞動完了之後來這裡休息、聊天，不是很好嗎？他們討論國家大政的得失，並不是一件壞事。他們覺得好的方針政策，我就推行下去；他們感覺不好的，我會修改。他們才是治國的導師呢。鄉校就是我的課堂，爲什麼要摧毀？」然明點頭稱是，子產繼續說道：「我聽說，眞心誠意爲民做事，可以消弭百姓的怨恨，但是仗勢彈壓只會激起更多的不滿與反抗。用權力堵住百姓的嘴巴，就像堵塞河流一樣，水位愈來愈高，有一天大水終歸會沖決堤壩，洪水氾濫，餓殍遍野。我沒有挽救百姓於倒懸的能力，還是現在就開個小口，疏導一下民意，循序漸進，也許會慢慢改變現狀。」

子產祠園

子產祠園位於河南鄭州大學校園內，在鄭州大學後面的金水河畔。辭世，孔子為之流涕，謂子產「古之遺愛也」，認為作為仁人君子的子產，有四點值得後人總結學習：「其行己也恭，其事上也敬，其養民也惠，其使民也義。」

然明被子產的一番高論給折服了，點頭不迭，忙說道：「您的確是個幹大事業的人，小人不才，沒有您的胸懷與遠見。現在鄭國有您做相國，眞是可喜可賀啊。如果您早日掌國執政，也許現在鄭國會強大許多。」

孔子聽到這個故事之後，對子產也大爲讚賞，他跟別人說：「由此可見，子產是個仁義賢能之人。他日有誰再跟我說子產不仁不義，我是不會相信的。」

精明子產糊塗事

子產將鄭國治理得井然有序，這與子產的幹練與精明有關。據說有一次他乘車外出，聽見一個婦人的哭聲，沒過一會兒，子產便派人將這個婦人抓了起來。一審判才發現，這個婦人殺死了自己的丈夫。

這件事情傳出去之後，百姓都把子產當作神人，作奸犯科之後，也不敢哭泣了，萬一讓子產聽見，說不定就會鋃鐺入獄。隨行的車伕琢磨了好久，都沒有參透子產聽聲破案的祕密，便忍不住問子產，他到底如何判斷這個哭泣的婦人犯下罪行？

子產笑了笑說：「這並不難，這個婦人的哭聲中沒有悲傷，只有恐懼，我猜測肯定是犯下了什麼滔天大罪。」毫無疑問這是精明的子產在長期從政過程中磨練出的獨門絕技，鄭國有這樣一位精明聰慧的人爲相，不強大也沒有道理。

話說有人送給子產一條非常名貴的魚，子產非常開心，但卻捨不得吃掉，便命人送到後花園的魚塘中，派專人看管。看管魚塘的小吏聽說連相國大人都不捨得吃，心想肯定是人間罕有的美味，於是便偷偷把魚吃了。果然是一道美味，吃完之後，小吏便跑到子產那裡報告說，那條魚一放到魚塘便搖起波浪，一會兒神龍見首不見尾，消失不見了。

子產信以爲眞，便說：「看來這條魚不喜歡這裡啊，那就讓牠走吧。」小吏心裡暗想：人們都說子產才智過人，怎麼這麼容易就被矇騙過去了？這個小吏還以爲自己比子產聰明，因爲他騙過了子產。可是，子產是個有大智慧、大視野的人，怎麼會把心思放在這些雞毛蒜皮的小事上面呢？

子產論鬼

春秋時期，人們還是非常迷信的，都認爲人死之後必然成鬼，怪異的天文現象肯定有鬼作祟。春秋晚期中原地區出現過彗星，人心惶惶，那些巫覡便借題發揮，裝神弄鬼。其他國家發生了火災，巫覡們就說，如果不按照他們的意思舉辦祭祀，鄭國就要毀於大火中。子產對這種說法嗤之以鼻，他說：「天道遠，人道邇，非所及也，何以知之？」意思是說，天道很遠，人道很近，相差十萬八千里，那些巫覡怎麼能明瞭天道呢？鄭國人心稍穩，也沒有發生火災，人們更加佩服子產的高見。

子產廟

鄭相子產卒於鄭定公八年（西元前五二二年），葬於河南省新鄭市區西南約十七公里的陘山山頂。現存墓塚高五公尺，底邊周長約一百公尺，以紅石塊堆成，頂圓底方。墓門朝向鄭國都城，以示不忘鄭國，隧道封其後而空其前，以示內無珍寶。墓東側建有子產廟。為了紀念子產，每年春天，周圍百十里的群眾都要到山頂子產墓前舉行祭祀活動，至今香火不斷。

楚平王納兒媳

遍覽春秋史，美人的青絲撩動著政治的琴弦，兄弟反目、父子仇殺、君臣相爭……多少是起因於美人呢？如花似月，嬌豔欲滴的美女有幾個男人能夠抗拒？但是他們從沒想過美人遲暮、紅顏易老，卻為了美人的一笑一顰踐踏君臣、父子的倫理綱常，一再做出令後世感到赧顏之舉。楚平王貪戀女色，聞知自己未來的兒媳婦乃天下絕色，便在中途掉包，據為己有。兒子不但沒有得到美人，竟連王位也丟了。

殺三兄平王登位

晉楚之間持續了近百年的爭霸戰爭，雙方皆顯疲態，楚康王病逝之後，他的弟弟公子圍殺了康王的兒子郟敖，自立爲王，即爲楚靈王。楚靈王時期，楚國大肆擴張，耗資巨大，同時楚靈王又大興土木，修建豪華樓台亭榭，國內百姓生靈塗炭。

周景王十三年（西元前五三二年），楚靈王率軍攻打徐國，久攻不克。楚靈王的弟弟棄疾便慫恿三哥子比和四哥子晰發動叛亂，二人毫無主見，在棄疾的誘惑下同意了。於是棄疾召集被楚靈王滅掉的陳、蔡、許等國軍隊攻入郢都。兄弟三人瓜分了楚國的江山，老三當君王，老四當令尹，老五當司馬。

遠在前線的楚靈王並不知道自己的後院失火，還沉浸在克徐凱旋的美夢之中。殊不知，郢都已經變天了，他的親信已經被棄疾掃除殆盡。棄疾爲了防堵楚靈王反撲，便發出佈告：遠征的將士，早回來的無罪；晚回來的要割掉鼻子；包庇楚靈王者將誅滅

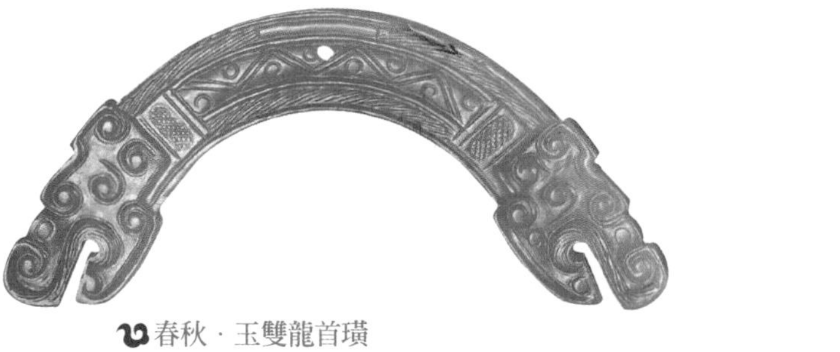

春秋．玉雙龍首璜

玉呈白玉，璜形。兩端飾龍首，捲鼻，兩面紋飾相同。器表以陰線飾網狀紋，榖紋，斜線弦紋，微沁，玉質光亮溫潤。

三族。楚靈王發現後方有變，便率軍回國，誰料途中將士紛紛逃亡，即使楚靈王殺掉幾個逃兵，也難以阻止士兵逃走。沒過多久，楚靈王便成了孤家寡人。大勢已去，回天乏力，楚靈王放棄了回郢都奪回王位的念頭。雖然身邊的親隨勸楚靈王暫時出奔他國，伺機東山再起，但楚靈王深知自己罪孽深重，殺人無數，國內民怨甚深；攻城滅國，專橫跋扈，惡名昭著，沒有哪個國家願意收留自己。萬念俱灰的楚靈王，最後自縊終結此生。

春秋・青銅匜

器形為半卵形，有流，流口微侈，具龍形鋬，下承四足，器身周匝飾有重環紋及三道瓦紋，鋬為圓雕 S 龍形，眉眼清晰、螺角高挺，造型生動。

棄疾發動叛亂的目的是爲了登上王位，既然瓦解了楚靈王的軍隊，下一步便是逼迫自己哥哥放棄王位。郢都的人都不知道楚靈王的生死，棄疾認爲楚靈王的名號可以利用。他派人每夜在郢都的大街小巷高喊：「大王來矣。」一連數日，郢都人心惶惶，如臨大敵。棄疾看時機已經成熟，便命蔓成然跑到王宮對子比與子晰說：「大王已經率軍打進來了，司馬已經被殺，您還是趕快脫身吧。」

兄弟兩人面面相覷，束手無策，當初是在棄疾的慫恿下不得已而作亂，現在大禍臨頭，也只能自己認栽了。於是兄弟二人都選擇了自刎。

這樣，棄疾假別人之手，兵不血刃地清除了三個哥哥，順理成章地當上了楚國的國君，即楚平王。楚平王深知這個王位來之不易，他即位之後便宣布與民休息五年，五年之內不動干戈。楚平王果然信守承諾，五年之內隱忍不發，楚國國力得到恢復。可是好景不長，楚平王雖然頭腦清醒，但是卻是個耳根子特別軟的人，加上他貪戀美色，製造了一連串的冤假錯案，貽害無窮。

平王調包娶兒媳

楚平王即位之後便爲自己的兒子熊建選擇老師，讓伍奢做太師，費無極爲少師。熊建是過去楚平王在蔡國時與蔡女的私生子。由此可見，楚平王貪色已非一日。

費無極是個巧舌如簧的傢伙，世子熊建十分討厭這種讒佞之臣。伍奢是個忠直之臣，多次勸諫楚平王不要聽信奸佞之臣的妄言，不過楚平王仍

春秋後期．徐令尹爐

整體厚重，形制巨大，分盤體和底座兩部分。盤為直口，斜沿，突唇，直腹，平底。腹壁有兩個對稱的環鏈狀附耳，器腹滿飾規整的蟠蛇紋，似雲雷紋組合。底座為一直徑四十五公分的圓環，上置十個獸首銜環狀的支柱，尾端承盤體。環座與支柱均飾繩索狀弦紋。盤內底中央鑄一行銘文，共十八字。

舊喜歡聽費無極的巧言妙語。世子熊建日漸疏遠費無極，費無極知道伍奢與世子熊建都看不上他這種無才無能、只有一片巧舌的人。爲了消除伍奢和世子熊建對自己的威脅，費無極決定用計將他們趕出郢都。

楚平王與民休息了五年，便想對外擴張，建功立業。費無極抓住機會向楚平王進諫：「世子熊建已經長大成人，應該學習治國之術。讓世子熊建在北方建城守衛楚國北疆，大王可以放手向南擴展。」楚平王也正有此意，於是要世子熊建在楚地北方建立城池，拱衛郢都。伍奢與司馬奮揚隨世子熊建同行。臨行前，楚平王對奮揚說：「爲世子服務就等於爲寡人服務，一定要忠心耿耿。」

此後，費無極向楚平王建議爲世子熊建娶妻，楚平王答應了，並問：「該向哪國求婚呢？」費無極說：「秦國是西方的大國，楚秦兩國結爲姻親，兩強聯盟有助於楚國的霸業。」於是楚平王便命費無極前去秦國求婚。

秦哀公也願意結這門婚事。楚國是南方大國，結親對秦國也是一件好事。於是秦哀公將孟嬴許配給世子熊建，陪嫁女中有個齊國女子，年輕貌美。費無極在路途中看見孟嬴容貌絕佳，便心生一計，於是先走一步回到郢都，在楚平王面前將孟嬴的容貌大誇一頓：妲己、驪姬、息夫人等人在孟嬴面前算不得美人，孟嬴實乃罕見的美女。楚平王聽得心煩意亂，喃喃道：「眞是遺憾啊，雖然寡人閱女無數，但是卻無緣與孟嬴共度春宵。」費無極看楚平王已經上鉤，便上前耳語：「我看孟嬴的一個陪嫁女容貌不錯，可以嫁給世子熊建，孟嬴您可以自己娶過來。」楚平王貪戀孟嬴的美色，也顧不上父子的倫理了，便讓費無極著手操辦此事。

叔向論楚君

楚靈王被放逐之後，棄疾等人立在晉國做了十三年人質的子比爲楚君。當初子比從晉國回國的時候，晉國的執政大夫韓宣子問叔向：「子比能坐得住嗎？」叔向回答：「不可能的。」韓宣子說：「楚國現在同惡相求，就像商人追求利潤一樣，爲什麼坐不住？」叔向說：「沒有和他有相同喜好的人，哪裡會有和他同心的人呢？取得國家有五種困難：一是怕有顯貴的身分而沒有賢人輔佐，二是怕有賢人而在內部沒有謀主，三是怕有謀主而沒有策略，四是怕有策略而不能得到百姓，五是怕有百姓而沒有德行。子比在晉國待了十三年，從來沒有見到過在晉楚之間給他傳遞消息的人，可以說他在國內沒有賢人輔佐；而今楚國並沒有他的親族，誰會做他的謀主；楚王沒死就積極地去即位，可見他毫無策略；在我國待了這麼久，楚國的百姓有哪個知道他；他在我國做人質，沒有人關心過問，可見他的德行有問題。他有這五個困難，還想要坐穩國君的位子，勢必比登天還難。如果說現在能在楚國坐穩君位的，恐怕只有棄疾了。棄疾現在外得人心，內收眾望，又是先王的幼子，他即位相當符合楚國的傳統，國家肯定是他的。何況子比歸國，晉不送，楚不迎，哪裡坐得住呢。」後來楚國的狀況完全印證了叔向的分析。

費無極便對齊女說：「聽我的安排，保證妳榮華富貴。」齊女當然願意做世子妃。於是，楚平王便把孟嬴娶回來了，世子熊建被蒙在鼓裡，糊裡糊塗地娶了齊女。楚平王得到孟嬴之後，喜上眉梢，對費無極更加信任了，幾乎到了言聽計從的地步。

沒過多久，費無極又進讒言：「世子熊建已經知道孟嬴被調包的事情，現在正與伍奢一起密謀反叛。」楚平王信以爲真，便命令司馬奮揚斬殺世子熊建，奮揚知道世子熊建受人誣陷，便向世子熊建透露消息，讓世子熊建趕緊出奔他國。等世子熊建逃往他國之後，奮揚便自縛回到郢都請罪。

楚平王大怒，奮揚倒是鎮靜自若，說：「當初大王叮囑臣，一定要對世子熊建忠心耿耿。臣知道世子是無辜的，如果將其冤殺，那就是對大王的不忠。」楚平王無奈，只好將奮揚無罪釋放。

世子熊建時運不濟，不僅丟了王位，出奔他國，最後還客死他鄉。

春秋．垂鱗紋銅彝
口呈方形，蓋甚高，垂腹，兩端置環狀紐，圈足略外撇。器具飾垂鱗紋，為青銅器典型紋飾之一。

伍員逃國

伍尚、伍員（字子胥）兄弟二人皆為人傑，父親伍奢陷入牢獄，兄長選擇了與父親共赴刑場；弟弟則選擇了出奔逃走，浪跡天涯。但是殊途同歸，二人皆是出於孝心。伍奢慘遭楚平王屠戮，其子伍員含恨出走，費盡周折來到楚國的敵國吳國，借助吳國為父報仇，自此楚國君臣朝夕不得安寧。

辭兄逃國

世子熊建慘遭陷害而出奔，伍奢作爲世子的老師難逃罪責，被以叛國罪押解到郢都。伍奢有兩個兒子，長子叫伍尚，次子叫伍員。兩人文武兼修，是不可多得的人才，尤其是次子伍員，身高臂長，善於騎射，熟諳兵法，精通韜略。費無極將伍奢關入大牢中，害怕他的兒子會來報仇，便心生歹意，欲斬草除根，於是跟楚平王說：「如果不除伍奢二子，必留後患，二子均爲人傑，如果爲楚國所用，是國家棟樑，如果爲楚國的仇敵所用，楚國未來必然遭殃。」

楚平王深以爲然，於是便將伍奢從大牢裡面押解出來，要他寫信給兒子，叫他們速來郢都。伍奢說：「伍尚會來，伍員肯定不會來。」平王問：「爲什麼？」伍奢說：「伍尚爲人廉潔、能死節、仁慈而孝順。聽到來了就能讓父親免死，肯定會來；伍員則不一樣，他足智多謀、勇猛善戰，知道來了肯定會死，必然不會來，但是作爲楚國後患的肯定是伍員！」言及此，不禁搖頭歎息。

楚平王哪管得了那麼多，逼迫伍奢寫信：汝父進諫觸犯龍鱗，淪爲戴枷之人，吾王念及先祖有功於國，免吾一死，命你兄弟前來接任父職。你兄弟速來郢都。否則，吾王盛怒，恐將獲罪於王。

楚平王命人將伍奢的親筆信火速送給伍尚與伍員，信使來到之時，二人正在切磋武藝。拿到信之後，伍尚說：「我們趕緊收拾行裝，到郢都見父親，現在父親不僅免罪獲釋，而且我兄弟二人即將封官晉爵。」伍員看了看父親的親筆信，搖搖頭，說：「這分明是楚王想誘捕我二人。楚王昏庸無道，聽信讒言，致使父親蒙冤下獄，如今楚王恐懼我兄弟二人會報仇，便設計誘捕，如果我們兄弟二人到了郢都，父親很快便會被殺。」

伍尚也看出了信中的殺機，但是身爲人子，理當與父親共患難。於是伍尚說：「弟弟，你逃出去吧，日後爲父親報仇洗冤，我去見父親。」兄弟情深，伍員知道哥哥是個善良溫厚之人，便揮淚作別。

伍尚去了郢都，一入城便被五花大綁。見到伍奢之後，父子相擁而泣。楚平王便將父子二人押赴刑場。伍尚破口大罵楚王無道，陷害忠良。伍奢說：「不要罵了，你弟弟出奔之後，楚國沒有好日子過了。」父子二人引頸就刑。楚平王並沒有意識到自己放走了一條大魚，這條大魚在未來將翻江倒海，令楚國上下不得安寧。

伍員拜別兄長之後，便抄小路一路狂奔。身負殺父之仇的伍員，已經將復仇作爲此生的目標。在他的眼中，將楚平王砍頭，將費無極車裂才能一解心頭之恨，才算盡了孝道。

喬裝過關

伍員一路遭到追殺，好在伍員練就了一副好身手，引弓執箭，嗖的一聲，便射倒了一名追兵。其餘人等心虛膽顫，躑躅不前。伍員不敢停歇，繼續趕路。

他在途中恰好遇到申包胥，此人與伍員有八拜之交。申包胥見了伍員大驚：「楚王現在正在搜捕你呢，你怎麼還在這兒？」伍員和申包胥坐在路邊，將楚平王昏庸無道，聽信讒言冤殺其父的事情向申包胥哭訴一遍。申包胥長吁短歎了一番，說：「現在楚王在全國發了通緝令，並且懸賞重金緝拿你，現在你的人頭值一個上大夫的爵位加上五萬石糧食。我作爲楚王的臣子理應在此緝拿你，但是你我手足情深，不忍心將你送給楚王。今日你

伍員雕像

伍員的雕像用巨大白色花崗岩雕刻成的，面部採用工筆雕刻，身體採用現代簡刻手法，雕像的眼睛，簡單的兩個空洞，象徵性地表現了伍員的遺言：「必樹吾墓上以梓，令可以為器；而抉吾眼懸吳東門之上，以觀越寇之入滅吳也。」

我兄弟就此一別，希望兄長多多保重。」

伍員與申包胥拜別之後，決定到宋國尋找世子熊建，費盡周折終於來到宋國。他見到世子熊建，世子熊建告訴伍員，宋國正發生內亂，也非久留之地。世子熊建與齊女育有一子名叫熊勝，於是三人便離開了宋國，奔向鄭國。此時鄭國與晉國結盟，鄭定公與子產對待世子熊建非常客氣，但是對於世子熊建的借兵請求卻婉言拒絕，鄭定公說：「鄭國國小兵弱，如果世子想回國復位，還是到晉國借兵吧。」於是世子熊建便到了晉國。

晉頃公對這個敵國的世子禮待有加。由於鄭國的子產據理不讓，時常讓晉國下不了台。晉頃公便想讓世子熊建回鄭國做內應，裡應外合攻破鄭國。世子熊建欣然應允，伍員苦諫，世子熊建不聽。沒等晉國出兵，事情敗露，鄭定公與子產就將世子熊建殺死。伍員帶著熊勝，連夜出逃。

二人一路狂奔到昭關（今安徽含山北），此地是通往吳國的最後一道險關，出關之後便可乘舟到吳國。因此昭關是個生死關。楚平王也深知伍員奔吳必過昭關，於是在此地佈滿精兵強將，同時將伍員的畫像張貼於各處，上頭還附帶誘人的獎勵，因此，昭關實在是險地。伍員不敢輕易靠近昭關，正在躊躇不定，進退維谷之際，出現了一位白髮老者，老人問道：「你可是伍員嗎？」伍員大驚，心想命將休矣。老者上前說道：「你不用怕，我不會將你交給官府的。」老者是扁鵲的徒弟，一生周遊列國救死扶傷，最後隱居於此。前日守關的將軍偶有小恙前來就診，因此老者看過伍員的畫像。

老者將伍員引到自己歸隱的小屋，請他小住幾日，承諾將幫助他通過昭關。伍員便留下來暫住幾日，但是前有險關，後有追兵，而且與這位老者只是萍水相逢，世道混亂，人心難料。伍員整日食不甘味，夜不能寐，輾轉反側，難以成眠。一天早上起來，老者看見伍員大驚道：「你的頭髮怎麼全白了啊？」原來伍員焦慮過度，以致於鬍髮皆白。於是後世出

京劇《文昭關》劇照

這是京劇四大鬚生之一的楊寶森先生扮演的伍員。《文昭關》表現的是伍員逃離楚國，路經昭關，多虧皇甫先生搭救，喬裝改扮過昭關的故事。

現了「伍員過昭關——頭發愁白了」這個典故。

其時，老者有個朋友長相與伍員有三分相似，於是老者把這位朋友請來，魚目混珠，幫助伍員從昭關矇混過去。現在伍員鬚髮皆白，就更好僞裝了。老者將伍員打扮成一個老人，要他的朋友穿上伍員的衣服，關口的士兵誤將老者的朋友當作伍員，眞伍員便趁亂過了昭關。

吳市吹簫

伍員歷經千險逃出昭關，來到蒼茫的大江，可惜，江上一條船都沒有。伍員焦慮不堪，昭關的守軍識破那個假伍員之後必定會追擊。正當伍員懊惱不已之際，江面來了一葉扁舟，伍員大喊：「船家，渡我！船家，渡我！」船夫聽到喊聲之後，便朝下游指了指，意思是要伍員到下游，以免被追兵發現。老船夫順利地將伍員和熊勝送到對岸，伍員感動萬分，將腰間的佩劍解下來，說：「老伯，這是先祖傳下來的寶物，價值百萬，送給您權當報答今日救命之恩。」

那個老船夫頓時發怒，說道：「如果我是爲了錢財的話，還不如把你送給楚王，不但可得到萬石良粟，而且還可以官拜上卿。君子出遊，不配寶劍怎麼行，你還是留著吧。」伍員只好作罷，帶著熊勝踏上了吳國的國土。

伍員到了吳國的都城，人生地不熟，無處棲身，好在伍員平生所學甚多，上知天文，下知地理，無論是高雅音樂，還是民間小曲無不精通。爲了在吳國住下來，伍員便在市場吹簫鼓樂，一方面，可以賺取生活之資；另一方面，若是引起吳國人的注意，或許可以獲得面見吳王的機會。在市場吹簫度日的伍員，果然引起了吳王身邊的人的注意，於是伍員得以覲見吳王。伍員將自己的經歷向吳王細說一遍，吳王認爲伍員是一位難得的治國良才，答應幫助伍員報父仇。

伍員歷經千辛萬苦終於獲得了爲父報仇的機會，卻在吳國政壇引起了軒然大波。

爲伍員殉命的兩個女人

伍員決定出奔之際，跟妻子說：「我身負家仇，此次出奔，浪跡天涯，恐怕不能照顧妳。」伍員的妻子果然是個烈女，說道：「男子漢大丈夫，志在四方，怎麼能兒女情長呢？」說完便懸樑自盡，以安伍員之心。伍員含淚埋葬了妻子，便踏上流亡之路。此外還有一個爲伍員殉命的女子。伍員初到吳地，饑腸轆轆，向一個河邊洗衣的女人討飯，那女子將飯菜都給伍員，等伍員飯飽之後，女子便說：「小女子守寡多年，從未與男人說過話，今日不但與陌生男人說話，而且把飯菜給您吃了，必定遭人口舌。」言畢，撞巨石殞命。成功的男人背後也許不止有一個堅強的女人支撐，伍員便是其中一例。

專諸刺吳王僚

伍員為報父仇流落吳國，公子光未得君位憤懣不已，如果沒有刺客專諸，也許兩個人都將鬱悶終生，終不得志。專諸以暗藏魚腹中的利劍刺死吳王僚，成就了未來吳王闔閭的一世功業，也使伍員得以報仇雪恨。

伍員薦專諸

伍員被吳王僚邀請入宮議事，吳王僚非常欣賞伍員，獲得如此經文緯武之士也是一大幸事。伍員有家仇未報，於是便極力慫恿吳王僚出兵楚國。

伍員並不知曉吳國政局已呈亂象。當初吳王壽夢育有四子：長子諸樊，次子餘祭，三子餘昧，四子季札。唯有季札最爲賢能，壽夢一心想稱霸，他也知道在他有生之年難遂其願，於是就想讓季札接任王位。但是按照禮制要立長，於是壽夢立諸樊爲儲君，並且告訴諸樊：「你們兄弟四人，兄終弟及，務必要將王位傳給季札，如此吳國霸業可成。」於是，四子謹記父親的臨終之言，不敢違背，諸樊死後，將王位傳給弟弟。等到三弟餘昧死後，開始出現問題了：餘昧的兒子吳王僚不遵祖父的教導，自立爲王，叔父季札雖然賢能，但是卻是個不好名利之人，也就默認了吳王僚的王位。

雖然季札對吳王僚的篡位沒有怨言，但是吳王僚的堂兄——諸樊的兒子公子光卻耿耿於懷。當初伍員在鬧

春秋後期·人面紋錞

一九八五年江蘇丹徒諫壁王家山出土，虎鈕，斜弧腹漸向下內收，近口處稍向外侈，口呈橢圓形，虎鈕飾雷紋，頂飾雲紋、三角紋、雲雷紋等三圈紋飾，器體中上方前傾處飾一淺浮雕人面紋，中間為獸形扉稜，下方為一方框，內飾四組變體雲紋。器體兩側各飾三行凸起的螺旋紋，共九枚。

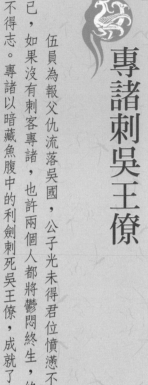

季子掛劍台
吳季子名札，是吳王諸樊的弟弟，受封於延陵（今常州）。有一年，吳季子出使中原列國，途經徐國都邑（今徐州境內），與徐君一見如故，結為知己。徐君對吳季子的佩劍情有獨鍾，吳季子暗許出使歸來將以劍相贈。不料，吳季子一年後返徐時，徐君已逝。吳季子悲痛之餘，便將佩劍掛在徐君墓前楊柳樹上永為紀念。徐君墓從此被稱為「掛劍台」。

市吹簫，正是被公子光的門客被離發現的，只是吳王僚的耳目遍佈都城，被離只好把伍員引薦給吳王僚。公子光聞聽此事後，便面見吳王僚，問及吳王僚對伍員的看法。吳王僚對伍員大加讚賞。公子光說：「伍員爲了個人恩怨，竟鼓動大王出兵伐楚，此人必會給吳國帶來禍患，不堪信任。」吳王僚想了想，便疏遠了伍員，也不再談及出兵伐楚之事。伍員便過起了耕讀的生活。

公子光之所以進讒言，讓吳王僚疏遠伍員，眞正的目的是挖吳王僚的牆角，將伍員拉進自己的圈子裡。公子光開始接近伍員，並且將自己心中的宏願告訴了伍員，並希望伍員多多舉薦可用之才。伍員想到了一個人：專諸。當初，他一入吳國，便在街市上遇到街頭鬥毆事情，其中一男子身高丈餘，力大無比，將對手打翻在地。這男子正打得興起，聽見一位老婦人輕輕叫了一聲：「專諸。」那男子立時住了手，眉眼低垂，乖乖跟著老婦人走了。伍員感到非常奇怪，問周圍的人才知此人叫專諸，是當地的屠戶，力大無比，又十分孝順。伍員便尾隨專諸而去，兩人一見如故，隨後便結拜爲兄弟。

專諸正是刺殺吳王僚的不二人選，伍員於是向公子光舉薦專諸，公子光非常高興，即日親自與伍員去專諸家裡拜訪。專諸本來是市井屠夫，哪想到王侯貴族會親臨寒舍，公子光又是禮賢下士之人，專諸受寵若驚，深感其恩。

專諸太湖學炙

公子光知道專諸是個孝子，要想讓專諸爲自己賣命，就必須除去專諸

東周．青銅草卉劍

的後顧之憂。公子光經常派人爲專諸送去生活日用品，專諸也知道公子光必有所求。經常無功受祿，專諸也過意不去，便問公子光：「公子，是否有什麼事情需要專諸效勞？」公子光見時機已經成熟，便向專諸透露自己刺殺吳王僚的想法，並且希望由專諸進行。

專諸雖然浪跡於市井之中，但是頗有頭腦，便說：「這種事情必須一次成功，否則貽害無窮。只有接近吳王僚，才有機會下手。吳王僚有什麼特別的愛好？只有戳到他的癢處才能靠近他。」公子光說：「吳王僚喜歡美味。」專諸問道：「敢問是何種美味？」公子光說：「烤魚。」

聽完之後，專諸便拜別公子光。公子光問：「壯士何處去？」專諸答曰：「臣聽說，太湖盛產大魚，那裡的烤魚味美飄香，臣前去學習烤魚技術。」公子光大爲感動，對專諸的老母親更加關心了。專諸在太湖邊上學習烤魚技術，不出幾月，專諸聲名鵲起，四方來客都想吃專諸烹製的美味。專諸自感廚藝已大有長進，足以與御廚相媲美，便回到公子光身邊。公子光大喜，便將專諸藏於府中，靜待時機。

過了幾年，楚平王病逝，平王與孟嬴所生之子繼承王位，即爲楚昭王。伍員聞知楚平王已經病逝，痛哭流涕，公子光大驚：「楚王是你不共戴天的敵人，現在他已經病死，豈不是一件好事嗎？」伍員說：「恨不能手刃此賊，以解心頭之恨。」不過楚平王死後，楚昭王年幼無知，楚國奸臣當道，國力大衰。伍員便給公子光出謀劃策：「現在鼓動吳王僚出兵伐楚，可以調虎離山，將三人支開，伺機殺死吳王僚，大事可成。」

公子光深以爲然，面見吳王僚，一本正經地跟吳王僚討論了一下出兵伐楚的可行性。吳王僚大喜，正欲封公子光爲大將軍，未等開口，公子光便搶先一步說：「此次征討，臣當領兵，無奈，偶感足疾，出行不便。還是請掩餘、燭庸二人爲將，請無忌出使鄭、衛兩國，約請兩國聯合出兵。」

吳王僚在位已久，對公子光的防範之心日益鬆懈，並沒有猜想公子光的用意，便命令三將出征。殊不知，禍患已經臨頭。

慈母成就孝子

專諸是個孝子，但是有時候忠孝難以兩全。公子光請專諸以魚腸劍刺殺吳王僚，專諸深受公子光的恩澤，難以拒絕，但是家中還有年邁的老母要服侍。公子光向專諸許諾，日後會像對待自己的母親一樣服侍老夫人。即便如此，專諸還是下不了決心。回家之後，母親看出專諸有心事，專諸將事情告訴了老母。老母聽了之後，說：「我想喝山泉水，你去取一些來吧。」專諸沒有多想便出門了。等他回來之後，發現老母已經懸樑自盡。老母以死來消除專諸的後顧之憂，令人歎服與惋惜。

魚腸劍刺吳王僚

吳王僚的羽翼已經被支開，剩下的便是刺殺吳王僚了。雖然沒有三將的護衛，專諸也無法輕易接近吳王僚，除非吳王僚到公子光的家。

公子光便到王宮約請吳王僚到家裡喝酒，說：「我最近得到一個廚子，善於做烤魚，大王喜歡吃魚，請到寒舍品嚐烤魚。」吳王僚滿口答應，但還是對公子光有些不放心，於是帶著大隊衛兵隨行，將公子光的府邸圍得水洩不通。

宴會開始，吳王僚身邊到處都是衛兵，連公子光的僕人都得搜身接受檢查。宴會中，公子光假裝足疾復發，謊稱塗藥而離席。此時專諸早已等待多時，刺殺吳王僚的利器也已準備妥當，就是魚腸劍。

魚腸劍非常有來頭。當年越國匠人曾經製造了五把寶劍，有三把流落於吳國。公子光手上有一把，名曰「魚腸劍」。魚腸劍是一把短小的匕首，鋒利無比，削鐵如泥。公子光離席之後便找到專諸。為了防止吳王僚的侍衛搜身，專諸便將劍放在烤魚裡面。

專諸捧著一盤做好的烤魚，來到客廳，吳王僚的侍衛沒有搜到什麼兵器，便讓專諸前去進獻烤魚。專諸一靠近吳王僚，便從烤魚中取出魚腸劍，一劍刺入吳王僚胸口。吳王僚一命嗚呼，可憐的專諸立時被吳王僚的侍衛剁成肉醬。

公子光聽見客廳大亂，便知大功告成，公子光事先在家中部署重兵，此時全殺了出來，吳王僚的衛隊無法抵擋，狼狽逃走。

吳王僚死後，公子光順理成章地取得了王位。伍員舉薦專諸，最大的贏家是公子光，就任吳國國君之後公子光便自稱闔閭。

兵聖孫武

一代戰略宗師孫武，二千五百年前寫就的《兵法》十三篇，至今仍無出其右者。孫武不僅是個具有開創性的戰略思想家，也是指揮千軍萬馬、攻城略地的常勝將軍。吳王闔閭得到孫武後，除內患，外征伐，吳國迅速崛起於東方。

伍員舉薦孫武

吳王闔閭以專諸刺殺吳王僚，登上王位；又派要離刺殺了出逃在外的吳王僚之子慶忌，闔閭的主要政治對手全都命喪黃泉。闔閭並不滿足，吳國偏居於東南，逐鹿中原、號令天下諸侯才是闔閭的夢想。

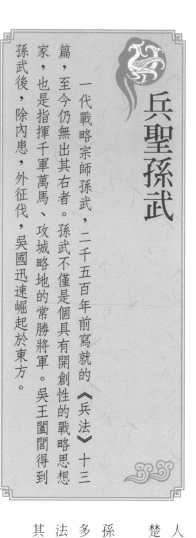

闔閭當上了君王，心願已經達成大半，在此過程中伍員功不可沒。只是伍員的家仇未報，一直希望闔閭能夠整頓兵馬伐楚。闔閭口中訥訥，不置可否。伍員再提伐楚之事，闔閭說道：「寡人能奪回王位，愛卿功不可沒，愛卿的家仇，寡人定當全力以赴。只是現在吳國初定，多年戰爭，百姓困苦，士兵勞苦，還需要休養生息幾年才能幫愛卿達成此心願。」

伍員才智過人，心如明鏡，闔閭的一番推託之詞不過是擔心一旦幫助伍員報完家仇，伍員便不會再爲吳國出死力。由此可見，在政治場上，君臣之間何嘗不是互相利用。伍員看出了闔閭的心思，便說：「臣舉薦一人，可以幫助吳國兵強馬壯，一舉破楚。」闔閭忙問：「誰？」

伍員說：「此人是吳國人，姓孫，名武，胸懷文韜武略，是不可多得的定國安邦之才。其所著《兵法》，變幻莫測，治國強兵之道悉在其中。」

闔閭一聽是吳國本地的人才，就更加感興趣了。闔閭喜形於色，說：「那現在就派人召見孫武。」

伍員說：「孫武不輕易入仕，還是重金禮聘爲好。」於是闔閭派伍員攜帶重金前往孫武隱居的羅浮山。二人一見如故，雙方俱是治國人才，自然惺惺相惜，便跟隨伍員覲見闔閭。

孫武奉上《兵法》一書，闔閭翻閱一遍，拍掌叫絕，不住稱讚，治國之道盡在其中。他自言自語：「只是吳國國小兵弱，無法給您一個施展的舞台。」孫武說：「治國的關鍵在於令行禁止，婦孺訓練有素，照樣可以破城掠地。」闔閭面帶疑色，於是將一幫宮女交給孫武訓練。

孫武練兵斬美姬

闔閭找了一些嬌弱柔媚的宮女交給孫武，然後在觀兵台上看孫武如何將這些弱女子練成可以征戰的士兵。

孫武要闔閭最寵愛的兩名妃子擔任隊長，宮女們分爲左右兩隊。同時當場設定了執法機構，一人擔任執法；一小隊甲士執斧鉞，兩人任鼓手。孫武宣布了訓練規則。

宣布完規則之後，孫武便令鼓手敲鼓，鼓聲起，宮女們根本不理會這難聽的鼓聲，孫武承認自己的命令不夠明確，並未跟宮女們爲難；二鼓再響，宮女們卻嬉笑不止，尤其是吳王的兩位寵妃，自恃受到吳王的寵愛，根本就不理會孫武；三鼓又響，宮女們哈哈大笑，根本不成隊列，何談對攻。顯然，孫武的練兵已經失敗。

孫武大怒：「執法何在？不聽命令，恣意妄爲，該當何罪？」執法答道：「按照軍法當斬。」孫武說：「爲將者，不約束手下，理當爲兵抵罪。左右將兩位隊長拿下，斬立決！」觀兵台上的闔閭看見自己寵愛的妃子被五花大綁，忙命人前去救援，孫武說：「軍中無戲言，練兵豈能兒戲，大王既然任命臣專事練兵，就當按章辦事。」言罷，將二人斬首。

孫武又選出二人擔任隊長，此次鼓聲響起，無人敢嬉笑，無人敢不按照命令行事。雖是女子，但是經過孫武的調教後軍容嚴整，頗有聲勢。闔閭看了也不得不佩服孫武的才能，但是將自己最寵愛的兩個女人梟首示眾，闔閭對孫武心生怨怒，不想再用孫武了。

伍員進諫道：「美女易得，良將難求。排兵佈陣，指揮千軍，攻城拔寨，有誰可以替代孫武？大王要爭霸中原，非用孫武不可。」闔閭接受了伍員的建議，於是不計前嫌，任命孫武爲大將。

孫武祠

孫武祠位於山東廣饒，是仿宋式的建築群體，佔地約一萬三千平方公尺。它以南宋大殿為依托，在其中軸線上建有大門、二門、聖跡堂、藏書閣、北門等建築，右側建有四合院一座，整個建築古樸典雅，蔚為壯觀。

吳楚爭雄

楚國自春秋爭霸以來，雄踞於江漢之間，儘管被視為荊蠻，但中原各國無人敢小覷楚國。即使齊桓公首霸中原，也只能觀兵於楚國邊界，率軍在楚國邊境踟躕不前。百年之後，這個南方的大國卻慘遭城破滅國之災，而滅楚國者，竟是當初名不見經傳的吳國。真可謂三十年河東，三十年河西。

子常專楚

楚國自楚平王當政以來，枉殺良臣，任用奸佞，人才流失嚴重，對外連連用兵，強行向各國索取貢賦，諸國不堪其重，怨聲載道。楚平王死後，楚昭王年幼無知，費無極、子常等人擅權專政，楚國國內烏煙瘴氣。先是令尹子常聽信費無極的謊言，將楚國的大忠臣郤宛一家誅滅，後來爲了避免楚人的議論，又誅殺費無極。子常本人也是個昏聵貪財之輩，治國無方，索賄倒是很有一套。當時唐國與蔡國皆是楚國的屬國，唐成公與蔡昭侯爲了討楚國歡心，便打算將國中寶物奉獻給楚昭王。蔡侯有裘珮；唐侯有名爲驌驦的良駒。但子常也非常喜歡這些寶物，於是派人向蔡侯與唐侯索取，二人非常生氣，獻給楚王也就罷了，獻給一個令尹就欺人太甚，二人雙雙拒絕。於是子常對楚昭王說：「唐、蔡兩國名爲附楚，實際上暗中與晉國勾結，將來必定不利於楚國。請將二君拘拿起來。」當時楚昭王年幼無知，大小事都由子常做主，於是唐蔡兩國國王便被扣押起來。楚國的霸道與無禮，傳遍各國。

唐、蔡兩國國王在楚國被關了很久，唐國的臣子不得不悄悄地將驌驦獻給子常，子常得此良駒，內心大喜，於是便將唐侯無罪釋放。蔡人聞知子常已經將唐侯釋放，不得已也將裘珮送給子常，子常喜不自勝，託言：「唐蔡一體，既然將唐侯釋放，蔡侯也不能關押了。」於是，蔡侯也獲釋。兩國君主在楚國蒙羞受辱，回國之後亟欲復仇，於是兩國便向晉國請兵伐楚。

晉定公六年（周敬王十四年，西元前五〇六年），晉國召集十七路諸侯在召陵會盟，準備伐楚。但是晉國此時六卿專權，了無霸主氣象，各個公卿貪婪無比，與子常相比有過之而無不及。各路人馬在楚國邊境踟躕不前，恰逢大雨，晉軍將領害怕澇災引起瘧疾，便如鳥獸散，伐楚大計遂胎死腹中。其時，晉國也不願意與楚國兵戎相見，兩個沒落的霸主極力維繫晉楚共霸的局面。但是，時勢已變，吳國已經崛起於東方，這個新生的霸主必將斬斷沒落霸主賴以苟延殘喘的最後一根稻草。

闔閭伐楚

闔閭執政之後，積極延攬天下人才，委以重任。吳國雖然地處東南，與中原相距遙遠，但是經過數代君王勵精圖治，已有大國氣象。闔閭秉國執政之後，吳楚兩國多次發生衝突，吳國勝多敗少，楚國開始懼怕這個新生的霸主。此時，吳國國力躍昇，楚國雖然已老氣橫秋，但畢竟也曾經雄霸一方，吳國不敢貿然與楚國發生大規模的正面衝突。

伍員報仇心切，自從當年從楚國出奔，至今已十幾年了，他無日無夜不想那刻骨的仇恨。見闔閭心有顧慮，伍員便又出一狠招。當年晉悼公曾經用過「疲楚」之計：將晉軍三軍分為四撥，每次出一撥伐鄭，楚軍傾巢而出，楚軍一到，晉軍便撤退。如此循環一段時間，楚軍上下全都疲憊不堪。伍員建議闔閭將吳軍分作三軍，每次出一軍，騷擾楚國邊境。楚軍苦不堪言，吳軍則得到充分的休息與訓練。

經過幾年的騷擾，伍員力主闔閭大軍攻楚，一舉拿下郢都。

闔閭發動大軍攻打楚國，孫武、伍員、夫概等謀士猛將悉數出動。吳楚兩軍在漢水兩岸對峙，子常本無將才，見吳軍傾巢而出，內心惴惴不安，唯恐吳軍渡河來犯。楚昭王聞知

闔閭城古河道

這處古河道位於江蘇常州，在這裡的考古發掘中，已經發現了大量的春秋時期古陶器，在一定程度上證明了這裡歷史的繁華。

吳軍大兵壓境，擔心子常指揮無方，便命左司馬沈尹戌率軍馳援。沈尹戌詢問戰況，子常說：「吳軍從淮河乘船而來，在豫章棄舟，徒步而來。」沈尹戌笑道：「人人都稱孫武用兵出神入化，我看他也沒有什麼本事。吳軍擅長水戰，慣於乘舟，而今捨舟就陸，非其所長也。」

孫武本意是要突襲楚國，出其不意，攻其不備，沈尹戌遇到孫武，可謂棋逢對手。沈尹戌決定放棄消極防禦的戰法，主動出擊。沈尹戌率軍將漢水沿岸的舟船悉數拉到楚軍一邊，同時悄悄迂迴到吳軍背後，破壞吳軍的舟船。當這一切都完成後，子常再率領楚軍主力渡河進攻吳軍大營，沈尹戌則斷吳軍後退之路，前後夾攻，一舉消滅吳軍主力。

沈尹戌的戰略從理論上講非常合理，只是楚軍主帥子常不僅無能而且昏庸。子常的部將武城黑進言：「吳國戰車是純木製的；而我軍則覆以膠革，相比之下吳軍的戰車更耐用，不如速戰速決。」史皇說道：「令尹大人雖然一人之下萬人之上，但是屢戰屢敗，沒有軍功，楚人更擁護沈尹戌，不如渡河攻楚，可以將戰功據為己有。」於是，子常下令軍隊渡河，吳楚兩軍對峙。由於子常無能，史皇無勇，三戰楚軍皆敗。

郢都陷落

子常哪是孫武的對手，幾次交手，楚軍都大敗而歸，貪生怕死的子常居然想棄軍逃跑。史皇雖然不是常勝之將，倒也有幾分軍人的熱血，勸他說：「作為楚軍主帥，率領楚軍菁英拒敵，如果棄寨而逃，吳軍必然長驅直入郢都，楚國難免城破國亡。兵敗誤國，罪當斬。與其被處死，不如戰死沙場，還能贏得勇武之名。」

楚軍一路敗退，兩軍在柏舉（今

闔閭城古城牆

目前，有關闔閭城的遺址，大抵有三處：一個是無錫，一個是蘇州，一個是常州。圖片所顯示的是常州闔閭城的古城牆遺址。

湖北麻城）對峙。楚昭王聞知子常不聽沈尹戌的勸諫，屢遭敗績，便派薳射率領一萬精兵前往支援。薳射聽完戰況報告之後，不禁歎息：「當初如果按照左司馬的部署，我軍也不會慘敗。當下只能堅壁不出，耗盡吳軍的銳氣，到時對方自會退兵。」子常則命令薳射主動出擊。二人言談不和，薳射便移到別處駐防，名義上兩軍互為犄角，實質上卻是互相鄙視，兩軍相距甚遠，一旦發生戰鬥，根本無法接應。

被離相人

闔閭未登君位之時，便請被離幫助他延攬人才，被離果然不負重托，於鬧市之間發現了伍員。伍員在闔閭奪取王位，出兵破楚，爭霸東南等事上扮演了關性的角色。被離不僅善於相才，也善於揭發奸佞。闔閭的弟弟夫概，勇猛無比，頗得闔閭賞識，但是被離卻說：「夫概終歸要背主叛國。」闔閭置若罔聞，果不其然，伐楚之後，夫概發動叛亂，闔閭不得不從楚國撤軍。也許被離才是闔閭的第一謀士，因為他是發現人才的人才。

闔閭的弟弟夫概英勇非凡，主動請纓襲擊子常的大營，闔閭沒有答應。夫概竟擅自領兵偷襲子常大營，結果大敗子常。楚軍逃到江邊，夫概下令停止追擊，部將不解，夫概說：「困獸猶鬥，況且人乎，不如讓他們渡河，等他們渡河中途我們再殺過去。」疲勞不堪的楚軍，看吳軍停止追擊，便開始埋鍋做飯，飯剛剛熟，吳軍的追兵就到了，楚軍又開始狂奔，將剛剛做好的飯留給了吳軍。吳軍官兵吃完飯之後，又開始追擊饑腸轆轆的楚軍。楚軍開始渡河，未等渡過十分之二三，夫概便率領大軍趕來，楚軍慘敗。子常看大勢已去，便喬裝逃走。群龍無首的楚軍，不戰潰散。

楚軍主力被吳軍擊潰，軍中主將棄師而逃。楚國大門洞開，未過幾日，吳軍已經兵臨郢都。吳軍一路無阻，進入郢都。

春秋後期·蟠螭紋盥

器形矮胖，有蓋、小口、短頸、廣肩，肩上附豎環耳一對，深鼓腹，平底。蓋作覆碗形，倒扣於缶上，蓋頂有環形握手。蓋肩沿飾蟠虺紋帶一周。器肩及腹上各飾有蟠虺紋帶和三角鋸齒紋一周。

伍員鞭屍

伍員身負父兄之仇出奔十九年，飽嘗人間酸甜苦辣，品盡世態炎涼。伍員終於借助吳王闔閭的兵威進入郢都。可惜的是，物是人非，當年的殺父仇人已經作古，若不手刃楚平王，又怎能消除伍員鬱積了十幾年的仇恨？為了一解心頭之恨，伍員找出了楚平王的屍首，痛笞三百鞭。

吳軍入郢

吳王闔閭率領吳軍，一路勢如破竹，攻入楚國郢都。楚昭王慌忙出逃。闔閭來到楚王的宮殿，大擺慶功宴，與諸將至醉方歸。楚昭王倉皇出逃，後宮妃嬪自然而然地成了闔閭的戰利品。闔閭還不好意思消受如此多的絕色美女，伍員卻對楚平王充滿了仇恨，對楚國人也沒有什麼好感，便對闔閭說：「國家都強佔了，還差幾個女人嗎？」於是闔閭便理直氣壯地佔有楚昭王的後宮絕色。

闔閭實現了一件數代霸主都未完成的事，從齊桓公開始，各個霸主都沒有能力攻下這個南方大國。而今，闔閭耀武揚威地進入這個雄霸江漢近百年的大國首都，雖不能說後無來者，卻可說是前無古人。於是，吳王闔閭驕縱了起來，不但自己品盡楚王後宮的絕色，還將楚國將相的妻妾分給手下將領，可想而知，郢都的美女都遭受了非禮。闔閭手下說：「秦國孟嬴，天下絕色，當年楚平王貪戀孟嬴的容貌，而將兒子驅逐出境。如今孟嬴容貌仍不減當年。」闔閭便派人去押解孟嬴，結果，孟嬴大門緊閉。闔閭親自出馬，孟嬴拒不相見，說：「自古男女授受不親，今大王乘勝淫亂於楚國，君王的威儀何在？道義何存？如果再逼迫我，我寧願以死保存名節。」闔閭見孟嬴是個烈女，只得作罷。

闔閭一連幾天大擺筵席，與諸將慶祝這個前所未有的勝利。席間，伍員大哭，闔閭問道：「愛卿爲何痛哭？如今楚國已滅，仇敵的兒子都被你趕出國門，應該高興才對啊。」伍員答道：「楚平王終於牖下，楚昭王出逃在外，沒看到臣已經報仇，臣請大王恩准，掘楚平王之屍，以告慰臣父兄在天之靈。」

闔閭非常爽快地答應了伍員的請求，以一個死人的屍體籠絡一個大將，還是很划算的。

伍員復仇

伍員得到闔閭的應允，便帶人尋找楚平王的墓地，伍員很快就找到了楚平王的棺材。看到楚平王的棺材，伍員怒火中燒，不可遏止，他先將楚平王的頭顱割下來，又拿銅鞭對著屍體痛打三百下。即使活人吃這三百鞭之後，也必定血肉橫飛，何況是一具枯骨呢？一時之間，那具屍體已經骨拆肉爛。隨後，伍員將這堆骨肉棄於荒野，方才解氣，伍員總算報了這個血海深仇了。

春秋後期．犧尊

犧尊通體作水牛形，軀體健碩，四足較短，蹄寬厚，顯得著地特別平穩，全器均飾以浮雕狀由蟠螭紋構成的獸面紋，紋樣新穎，美觀悅目，頸部飾有犀、虎等動物浮雕，頗為生動別致。牛鼻上有一環，表明春秋時期人們已經使用穿牛鼻的方法來馴牛以供役使。渾源出土的銅器大部分被販至國外，這件犧尊是其中最著名、最精美的一件。

申包胥哭秦庭

楚軍一路敗北，國土淪喪，祖廟斷祀，陵寢受辱，國君流亡，可謂楚國立國以來的奇恥大辱。好在楚國尚有忠臣良將，申包胥泣血求秦師，恰逢吳國內亂，楚國終於得以復國。在這場亡國與復國的較量之中，有兩個強人的身影：一個是伍員，一個是申包胥。二人雖曾有八拜之交，但陰錯陽差，成為政治上的敵人。即便如此，這絲毫不影響他們之間的個人情誼。

包胥搬兵

吳國大軍在楚國郢都作惡多端，楚國菁英多數流亡在外，或者躲進深山老林避難，申包胥也在此列。他聽說伍員掘屍鞭屍，便想起當年與伍員告別之言：「汝滅楚，吾必復楚。」申包胥不想在戰場上與伍員兵戎相見，便修書一封，請伍員適可而止，大仇已報，還是速速返回吳國。否則，申包胥將奮力復楚。伍員一口回絕了申包胥的建議。

當時吳軍方盛，五戰皆勝，根本就不把楚國放在眼中。不過當時還有個具有戰略眼光之人，沒有爲一時的勝利所矇蔽，那就是孫武。初到郢都，孫武建議闔閭擁立熊勝爲楚王，熊勝乃是當年伍員從鄭國帶出來的世子熊建的兒子，也就是楚平王的孫子。闔閭貪戀楚國的繁華、後宮的佳麗，不願意再立楚王，而是想將楚國據爲己有。楚國算是個大象，即便吳國這條蛇活力十足，但是非要把楚國吞下去，也難免消化不良。

申包胥看伍員是鐵了心要亡楚，便打算實踐當年「復楚」的諾言。欲復興楚國必須借助外國的勢力，環顧四周，唯有秦國可以求援。晉國一直是楚國的仇敵，爭霸百年，積怨已深。秦國雖然偏居西方，但是國力強盛，最關鍵的是，楚昭王的母親是秦國公主，昭王與秦哀公有甥舅關係，外甥有難，舅家理應不會袖手旁觀。於是申包胥起程到秦國雍城（今陝西鳳翔南）。

事情遠沒有申包胥想的那麼簡單，他到秦國都城面見秦哀公，朝堂之上，申包胥口若懸河：「吳國貪婪，像蛇一樣狠毒，一直覬覦各國領土，此次入侵楚國只是吳國宏大的侵略計畫的開始。我國國君用人不當，導致喪師失國，現在躲避於草莽之間，派遣臣來到貴國乞援，希望貴國念在甥舅之情，出手相助。」

秦哀公並沒有被申包胥的言辭所打動，吳國強大，而且秦國與吳國相距遙遠，認為一個小小的吳國可以鯨吞各國，未免有點聳人聽聞之嫌。申包胥看秦哀公並不念甥舅之情，便開始陳說其中的利害：「秦楚相連，現在吳國滅楚，下一個目標便是秦國。楚國國土廣袤、人民勤勞，如果為吳國所有，吳國便如虎添翼，到時恐怕連秦國也難免滅國之災。如果秦公此刻施以援手，楚軍主力雖然受創，但是兵威猶存，兩軍合力必能將吳軍趕出。秦國的復國之恩，楚國敢忘嗎？必然北面事秦。秦國既消除了吳國的威脅，又獲得了楚國的忠心，豈不是一舉兩得的美事？」

秦哀公沒有其先輩秦穆公的雄心與霸氣，仍舊難下決斷，告訴申包胥暫且回驛館休息。申包胥說：「我君現在流落草莽，身為臣子怎麼能安歇呢？」於是申包胥便脫去衣冠，立於秦庭，號啕大哭，晝夜不止，連續七天。秦哀公見申包胥救國心切，同時也想到：楚國有如此忠臣尚且為吳國所滅，我秦國沒有這樣的忠臣死士，吳國滅秦恐怕也在旦夕之間。於是秦哀公決心出兵救楚。為了表示對申包胥的尊敬，他吟詩一首：「豈曰無衣？與子同袍。王於興師，與子同仇。」其實這首〈無衣〉在秦國流行甚廣，秦哀公朗誦出來，以示與楚國同仇敵愾。

南宋．馬和之．《詩經．出車》圖

《出車》是《詩經．小雅》裡面的一首詩，反映的是周天子出征獫狁的事情。馬和之在這幅作品裡注重展現了戰車的情景，車聲鄰鄰，旌旗蕭蕭。戰車作為重要的作戰工具，在春秋、戰國時期一直是重要的兵器。

秦軍救楚國

秦哀公答應出兵救楚之後，申包胥立刻起程回國，告訴楚昭王這個天大的好消息。此時楚昭王已經逃到隨國。隨國向來是楚國的附庸，伍員聞知楚昭王入隨國之後，便寫信給隨侯，威脅他將楚昭王交出來。好在隨侯不是會落井下石的人，他也深知皮之不存毛將焉附的道理。於是修書給伍員：「敝國一直為楚國的屬國，所以楚王落難，敝國有責任保護楚王。此刻楚王已經遠徙他國。」

申包胥重新找到楚昭王，說：「秦國答應出兵救楚，大軍已經出征，不日即到。楚國復國有望。」楚昭王大喜，於是命令子期、子西收拾殘部，以做秦軍嚮導，等秦軍到來後合擊吳軍。沒過多久，秦軍與楚軍會師，楚軍在前，秦軍在後。楚軍遇上吳軍將領夫概，夫概自恃勇猛，根本沒有將楚軍放在眼裡，楚軍詐敗而退，夫概不知是計，率軍掩殺過去，結果發現秦軍精銳盡出，來不及後撤，吳軍死傷大半。夫概敗退而歸，回去報告闔閭，秦國大軍已到。吳國此前並未與秦軍交手，但是知道這個西方大國在戎狄環伺的險惡環境中壯大，秦軍戰鬥力不可低估。

孫武勸闔閭就此撤軍：「楚國國土廣袤，雖然都城已破，但是楚人並不服從吳國，如果當初大王聽從臣之勸告，迎立熊勝為君王，此時我們可以安然撤軍，而無後顧之憂。現今秦軍已到，與楚軍殘部合力對付我軍，恐怕我們勢單難支，將士出征既久，思歸心切，就此撤軍乃是萬全之策。」

闔閭也有退意，但伯嚭反對，他說：「我軍五戰皆勝，長驅直入，兵威四方。現在秦軍一到，未等接戰，便要撤軍，未免太畏懼秦國。大王給我一支兵馬，我定能擊退秦軍。」闔閭便給伯嚭一支兵馬，結果鎩羽而歸。秦軍士氣方盛，吳軍無法抵擋，於是闔閭命令軍隊退回郢都，堅壁清野，同時派人向唐、蔡兩國徵集兵馬。

楚秦聯軍為了防止唐蔡等國加入吳軍，便先行一步圍攻唐國，唐國不能抵擋，城破國亡，其餘小國皆畏懼不前。吳軍一時陷入困局。自春秋征伐以來，各大國霸主無不以扶危濟困為任，充當各國的道義上的裁判。闔閭一改前轍，占領楚國都城，不但不讓對方復國，反而想就此滅掉楚國。這在當時還是不合潮流的，直到戰國時期，兼併戰爭才開始流行。

為了體面地撤軍，闔閭命令夫概、孫武、伍員等人分兵把守楚國郢都，互為犄角，楚秦聯軍一時也難以攻入郢都。看似堅固的防線，卻已經出現裂痕，堡壘最容易從內部崩潰。

吳國撤軍

夫概自恃軍功在身，居功自傲，目中無人。現在吳軍陷入困境，夫概便率領本部人馬偷偷撤退，一路狂奔回吳國自立爲王，同時私通越國，越王乘機起兵侵吳。

闔閭聞訊大驚，急忙班師回朝平定國內之亂，留下孫武與伍員做好善後工作。現在吳軍主力三分去二，滯留於楚國無異於以肥肉投餓虎。孫武與伍員也準備回師幫助闔閭平叛。此時，伍員接到一封神祕的來信，一看原來是申包胥寫的信。信中寫道：「兄大仇已報，現在楚秦大軍士氣方盛。念及當年八拜之交，不願與兄刀兵相見，如兄不竭吳國之威，弟亦不盡秦國之力。」伍員看了之後，笑道：「好在楚秦不知道我國已經出現內亂，倘若知曉，怎肯輕易放過我們呢。」孫武道：「正是個撤軍的好時機，不過，既然楚秦大軍並不知曉我國已生內亂，我們撤軍還是要提一些條件吧，否則太滅自己威風了。」伍員點頭稱是。

於是，伍員給申包胥回信，道：「平王無道，娶媳逐子，殺害忠良。平王已遭戮受辱，已故世子之子熊勝乃楚國王室血脈，流落多年，若能給予熊勝以封邑，延續香火，吳軍當撤軍。」

申包胥將吳軍的撤軍要求告訴了楚昭王，昭王復國心切，便答應接納熊勝，並予以封邑。伍員與孫武安排妥當之後，便從郢都撤軍。孫武、伍員歸國之後，越王看夫概大勢已去，便主動撤軍。夫概手下的士兵多半叛逃，於是夫概便棄城而逃，闔閭有驚無險地回到都城。

孫武功成身退

伐楚歸來，孫武便邀伍員一起歸隱山林，伍員不願意。孫武說道：「月盈則虧，此時吳國方盛，大王必然因功驕縱，盛極必衰，樂極生悲，不如告老歸政，歸隱山林，頤養天年。」伍員還捨不得塵世的名利，便拒絕了孫武的邀請。於是孫武便獨自向闔閭請辭，闔閭極力挽留不住，便以金帛賜予孫武，以嘉獎孫武的功勞。老子曾說：「生而不有，為而不恃，功成而弗居。夫唯弗居，是以不去。」孫武可謂得到老子的真傳，功成身退，視名利如糞土。

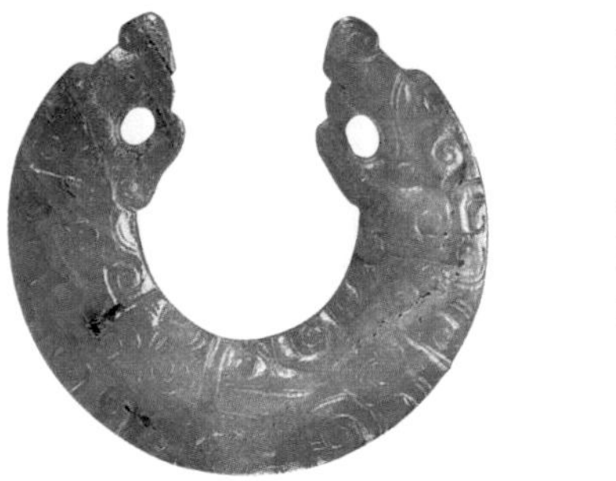

東周．雙龍首玉璜

淡青玉料，半透明，有光澤。體扁平，弧形，兩面紋飾相同，淺雕夔龍紋。兩端各有一龍首，龍嘴各琢一孔。此類器物大都是用來與其他佩飾組合成套佩用。

夾谷之會

正當東南的吳楚兩國戰爭進行得如火如荼之際，其餘大國彷彿氣若游絲，苟延殘喘。晉國為六卿所困，秦國已無昔日之氣象，楚國城破，唯有齊國在晏嬰的輔佐之下，頗有復霸氣象。魯國三桓握權，但是為家臣的叛亂所擾，孔子入仕，魯國面貌一新。齊景公主動邀請魯定公，兩國在夾谷舉行盟會，擅長於《周禮》的孔子在盟會上大顯身手，不負使命。

孔子入仕

春秋晚期，三桓將魯國的權力與資源瓜分殆盡。但是三桓自身也面臨著一個嚴重的問題：家臣篡權。眞可謂螳螂捕蟬黃雀在後。三桓欺凌魯君，但是自身的後方也同樣失火，畢竟內亂是最具有殺傷力的。家臣的勢力不斷擴增，後來竟到了「陪臣執國命」的地步。

三桓在不斷地蠶食魯國土地的同時，也建立起自己的城邑。季孫氏的駐地在費邑（今山東費縣西北），其宰公叫公山不狃；叔孫氏駐地在郈邑（今山東東平南），其宰公爲公何藐；孟孫氏駐地在成邑（今山東寧邑北），其宰公爲公斂陽。三處城邑（也稱爲三都）無不深溝高壘，城高牆厚，防守嚴密，裝飾豪華，絲毫不下於魯國的國都。三桓在國都任官，而三都則完全掌控在家臣手中。季孫氏勢力強大，其家臣的勢力更爲強大。

公山不狃有個手下叫陽虎，此人才智過人，機靈善變，自恃才高，有不臣之心。陽虎一直伺機發動叛亂，打算聯絡三桓的家臣結成聯盟，共同推翻三桓，取而代之。魯定公五年（周敬王十五年，西元前五○五年），陽虎囚禁了季桓子，迫使季桓子交出權力。季桓子無奈之下，只好將費邑的權力交給陽虎。季孫氏風光無限的日子過去了，曾經在魯君面前耀武揚威，沒想到有朝一日自己竟爲家臣所制。

季孫氏是三桓中勢力最爲強大的一家，因此陽虎得到費邑，便掌握了魯國的命脈，魯國的權力遂爲陽虎所控。陽虎是一個亂世梟雄，他懂得利用人才。掌握魯國大權之後，便想振興魯國。當時孔子已經聲名顯赫，但是當時公卿大族壟斷了官位，即便孔子再有才能，也難以進入統治階層的中樞。孔子一直有入仕之志，但是苦於報國無門。此時孔子已經四十多歲了。陽虎掌權之後，便想邀請孔子加盟，一起治理魯國。

陽虎靠著自己的智謀和膽略獲得了權力，因此他不怎麼看重門第，求賢若渴。他知道孔子名氣大，便親自去拜訪孔子，還給孔子帶了個豬腿當作禮物。但是孔子看不上這種篡權奪位的奸雄，於是便讓弟子假託老師出門了。來而不往非禮也，孔子又是極其重視禮的人，便派弟子打探陽虎的行蹤，等陽虎出門了，孔子便前去謝禮，他給了陽虎的門衛一個帖子，表示已經回訪過了。出乎孔子意料的是，在回家的路上不幸遇到了陽虎。孔子只好硬著頭皮上前答話。

陽虎說：「一個人滿腹經綸，才華、能力就像袋子裡面的寶貝一樣多，但是國家陷入混亂，他卻不肯站出來，振臂一呼，救黎民於水火之中，那還算是仁義嗎？」孔子說：「不算。」陽虎知道孔子四處宣傳「仁」的學說，現在以子之矛攻子之盾，想讓孔子無話可說。陽虎接著說：「一個人才識過人，但是屢屢失去報國的良機，現在機會送上門來了，他卻拒絕，這樣的人算聰明嗎？」孔子說：「不算。」陽虎接著說了一句：「日月輪迴，時間流逝，人生匆匆幾十載，倏忽即逝，時不我待。」孔子說：「我將出去做官了。」

孔子沒有爲陽虎做事，因爲他不願意與亂臣賊子爲伍，但是陽虎之亂以及其後的侯犯之亂，卻爲孔子打開了一扇通往政治的道路。三桓掌權之時，魯國的公卿皆出於三桓，出身相對寒微的孔子根本沒機會做大官。看來，孔子還是得感謝這位他所不齒的篡權者陽虎。

孔子像

孔子相魯

陽虎幾次請孔子出山，孔子都沒有答應，因爲孔子固守「君君臣臣」等級有序的政治思想，他不願意與那些謀篡者爲伍。孔子的弟子之中也有貴族顯貴，孟孫氏的子弟跟從孔子學習禮，因此孔子大可以藉自己弟子的力量進入仕途。孔子進入仕途是懷有高遠的理想的。弟子子路是個非常有見解的學生，他反對孔子從政。孔子說，他們給我官職，肯定都有所圖，而我也有自己的打算，我想藉此機會恢復東周的政治秩序。

孔子懷抱這樣的理想進入魯國政壇，一開始是做地方官員，政績斐然，深得民望。後來在孟懿子的舉薦之下，擔任魯國的司寇，掌管司法刑獄。對孔子而言，這樣的官職也算適才適用。

陽虎叛亂爲三桓鎮壓之後，逃到齊國，齊景公打算將陽虎押解起來，準備送回魯國。但是陽虎詭計多端，先一步逃到了宋國。齊景公爲了消除魯國的誤會，便邀請魯定公在夾谷（今江蘇贛榆）會盟，重修齊魯之好。

魯定公尚未拿定主意要不要去，三桓之間意見不合，有的建議赴會，有的則反對。盟會可能是個消弭誤會、建立友好關係的契機，同時也有可能是個鴻門宴，在盟會上各國角力，一決勝負。弱國國君在盟會上被扣押的事情在春秋歷史上屢見不鮮，所以魯定公的疑慮十分有道理。後來孟孫無忌舉薦自己的老師孔子隨魯君赴會。孔子擅長周禮，可謂是魯國外交部長的不二人選。

孔子雖然四處宣揚仁義，但是他卻不是個迂腐之人，知道光鮮的外交背後是軍事實力的較量，因此，孔子請魯定公派大軍隨後，以防不測。於是魯定公便派左右司馬申句須、樂頎率領兵車一千乘隨行。

盟會開始，氣勢宏大，齊景公與魯莊公分坐兩側，共敘當年周公與太公的友好情誼，氣氛融洽。當天晚上，齊景公的寵臣犂彌向景公進言：「齊魯兩國戰多和少，孔子賢能，但是卻只事禮，不事兵。明日會盟之後，讓萊夷猛士假扮樂工，趁魯國君臣不備，將其拘拿。這樣，齊國便掌握了主動權。」齊景公耳根子太軟，居然拍手稱是。

第二天，齊景公要自己的樂伎上台表演歌舞。只見那些萊夷的樂工手執利刃在魯國君臣面前晃來晃去，魯定公顏色大變，但是又不能中途退席。此時孔子走到齊景公面前，義正詞嚴地說：「齊魯兩國乃是禮儀之邦，兩國盟會卻演奏夷狄之樂，實在不合禮制。請大王停止歌舞。」齊景公無奈，只好把樂伎趕下台。

盟會結束之後，齊景公怪犁彌破壞了盟會的氣氛，不但沒有消弭齊魯之間的舊怨，反而增加了新恨。為了向魯國表示誠意，齊景公決定將經年侵吞魯國的汶陽之田（今山東泰安西南）還給魯國。魯國獲得了這意外的禮物，君臣高高興興地回國。毫無疑問，孔子是這次外交勝利的第一功臣。

孔子失意

夾谷之會，魯國君臣凱旋，孔子備受魯國上下的重視。三桓對孔子更是刮目相看，季孫斯請孔子的弟子子路出山，做季孫斯的家臣。季孫斯向孔子討教治國之道，雖然陽虎之亂已經鎮壓，但是公山不狃已呈尾大不掉之勢。孔子答道：「按照禮制，家臣不可以私藏兵器，大夫的城邑不能超過百雉。現在三桓高壘深溝，城牆堅固，成為家臣私蓄勢力的巢穴，為了控制家臣，就必須夷平城邑，讓作亂臣子無處遁形。」

季孫斯深以為然，叔孫氏更是受到侯犯作亂之苦，對孔子開出的藥方非常贊同。

季孫斯決定拆毀費邑，但是引起了公山不狃的反叛，他糾合叛黨居然打到了魯國的都城，魯定公倉皇出逃，來到季孫斯之宮，公山不狃率軍隨之追殺到此。魯定公登上武台，結果矢雨橫飛，紛紛從魯定公身邊而過。孔子命令申句須、樂頎率軍抵抗，公山不狃力不能支，敗退而歸。費邑成功地被拆毀。

輪到孟孫氏時，遇到了困難。三桓之中，孟孫氏的勢力最小，也沒有受到家臣作亂的禍害。成邑的宰公公斂陽反對拆毀成邑，他的理由很簡單：成邑位於齊魯的邊界，如果將城池銷毀，齊軍可以長驅直入，威脅魯國的安危。這種冠冕堂皇之詞聽起來倒也有三分道理，但是公斂陽拒絕拆毀成邑的根本原因在於他看出了孔子此舉的「險惡用心」，沒有成邑就沒有孟孫氏的存在。孟孫無忌幡然醒悟，拒絕拆毀。魯定公派軍隊攻打成邑，圍攻數日，不克。孔子「墮三都」的舉措便虎頭蛇尾地結束了。

孔子在魯國實行的政策對三桓是一個威脅，因此，三桓對孔子已充滿怨恨。除此而外，齊景公看到賢能的孔子對齊國也是一個威脅，魯國的強大便是齊國的損失，於是齊景公便想盡方法離間魯定公與孔子之間的關係。犁彌為齊景公出謀劃策，給魯定公送去美女良駒，魯君若是沉迷於聲色犬馬之中，必然會疏遠孔子。齊景公聽從了犁彌的建議，為魯定公送去娛樂之用的美女良駒。果不其然，魯定公終日沉迷於美色之中，不理國事。孔子見狀大失所望，憤然離去。

晉國六卿爭權

一個維持百年霸權的國家，內憂與外患接踵而至，中原地區重新陷入混亂之中。曾經不可一世的晉國，雄風不再，六卿把持國政，政出多門，早已失去霸主的威望。六卿之間脆弱的均衡關係崩潰，晉國便陷入了內戰的戰火之中，東方的大國趁火打劫，晉國陷入了長達七年的內亂之中。范氏、中行氏勢力被殲滅，從此晉國六卿減二，為三家分晉奠定了基礎。

趙氏家族起紛爭

第二次弭兵之會後，中原的戰爭暫時停歇沉寂。晉楚兩國征戰多年，各自面臨困境，於是息兵罷戰是一個明智的選擇。

晉國在東部扶植的吳國羽翼豐滿，不僅擺脫了楚國的征伐，而且還打敗楚國獨霸中原的局面。晉國六卿專權，貪財忘義，各屬國離心離德。昔日的東方大國齊國在晏嬰、司馬穰苴治理之下，頗有管桓稱霸的氣象。

齊景公看到晉國已經衰落，霸主之位名不副實，便蠢蠢欲動，欲召集東方國家蠶食晉國的勢力範圍，最終取而代之。齊景公四十五年（西元前五〇三年），齊景公邀請鄭、衛兩國結盟，爲將來伐晉作準備。起初衛國不從，齊景公便出兵伐衛，衛國無奈之下，只好叛晉附齊。

晉國上卿趙鞅率軍圍攻衛國，懲罰衛國叛晉之舉，衛國力不能支，於是向趙鞅求和，並將五百戶人家送給趙鞅。趙鞅將這些人戶先安置在邯鄲趙午那裡，趙午與趙鞅同出趙氏家族，趙午的先祖與趙鞅的先祖是兄弟。但是傳到趙午與趙鞅時，已經關係渺遠，家族觀念鬆弛。

當時六卿專權，不但爭奪中央的權位，而且在各自封地積極擴充勢力。趙鞅也是個有眼光的政客，他擔任上卿之時，便鑄刑鼎，頒布成文法，自此聲名鵲起。與此同時他在晉陽（今山西永濟）營建駐地，竣工之後便要遷移人口到晉陽。在那個時候，人口比土地更稀少，沒有勞動力，土地等於荒地。於是趙鞅便修書一封要趙午歸還衛國送給他的五百戶人家。趙午拒絕了趙鞅的要求，趙鞅大怒，便將趙午召回，並將他殺掉。這本來只是家族內部的紛爭，卻引起了連鎖反應。原來趙午的母親是荀寅的姐姐，而荀寅與范吉射結爲姻親之好。

趙午之死攪亂了晉國六卿之間脆弱的權力平衡，一石激起千層浪，晉國開始了驪姬之亂以來爲時最長的一次內亂。

范中行聯手圍趙

趙午被殺之後，趙午的兒子趙稷在邯鄲起兵反叛。趙鞅的家臣董安于才略過人，是趙鞅的得力助手，趙稷發難之時，董安于便建議趙鞅先發制人，趙鞅不同意，說：「按照晉國的傳統，首先發難者就是叛亂，必然被千夫所指。」

趙鞅的想法也有合理之處，主導晉國政局的是六卿，只要不先發難，就不用承擔內亂的責任。但是趙鞅沒想到，在趙稷眼中那就是趙鞅先發難的，因爲爭奪人口而殺害趙午，邯鄲的趙家是受害者。

本來六卿之間積怨已久，各家都明爭暗鬥。異姓大族的興起使晉國政局經常陷入動盪之中，欒氏家族被清除之後，晉國形成了六卿專權的局面，爲了平均分配權力，晉國實行三軍六卿制度。表面上是維持了權力的平衡，六卿之間互相制衡和約束，但是隨著時間的推移，六家產生了分化與組合。趙鞅身爲六卿之長，本來就樹大招風。范氏（范吉射）與中行氏（荀寅）攻擊趙鞅也不純粹因爲趙午被殺，更深層的原因在於六卿之間的權力均衡難以維持，趙午的腦袋不過是點燃導火線的那根火柴而已。

雖然趙鞅沒有接受董安於先發制人的建議，但是防人之心不可無，他事先做了相應的準備。中行氏與范氏召集家兵圍攻趙鞅的府邸，趙鞅率領家兵抵抗，但是寡不敵眾，幸虧董安

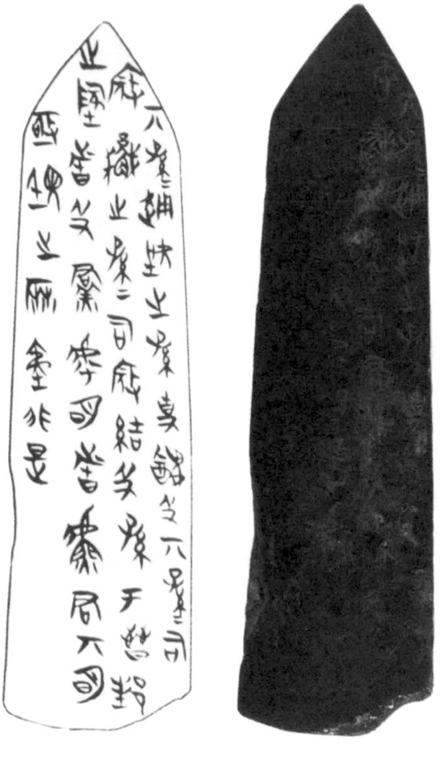

春秋・侯馬盟書

盟書的發現，對研究中國古代盟誓制度和文字，或是晉國歷史有重大意義。盟書筆鋒清麗，其書法犀利簡率，提按有致，舒展而有韻律。

春秋．夔鳳紋壺

于事先計劃周密，殺出了一條血路，趙鞅逃到晉陽。范氏與中行氏聯合掌權，率軍圍攻晉陽，趙鞅堅守晉陽不出。范氏與中行氏舉一國之力進攻趙鞅，晉陽遲早會城破。但是中行氏與范氏背後還有三家：韓氏、魏氏與知氏。如果趙氏被掃除，可能下一個就是自己，三家難免會有兔死狐悲之感，因此三家積極準備聯合對抗范氏與中行氏。而此時范氏家族也出現了內訌，范吉射的庶兄范皋夷聯合三家一起圍攻范氏與中行氏。范氏與中行氏決定進攻國君，謀臣高彊反對，說：「三家並不和睦，如果我們不進攻國君，可以將其分化瓦解。一旦我們進攻國君，就背離了民心，三家必定團結一致對付我們。」范氏與中行氏自恃實力雄厚，不聽高彊的勸告，調轉矛頭指向國君。於是晉國人民在三家的號召下，齊心協力進攻范氏與中行氏。

范氏與中行氏一時成爲眾矢之的，勢單難支，便逃到朝歌，晉陽之圍自解。趙鞅逃過一劫，但是這場動亂還沒有結束，逃到朝歌的餘黨依然興風作浪，加上齊國等國的干預，這場內亂更顯得錯綜複雜。

中行、范氏的沒落

趙鞅在韓氏、魏氏與知氏的幫助下，解了晉陽之圍。趙鞅當然對三家心懷感激。此役之後，知氏權力大增。荀礫（荀寅與荀礫同出一族，但是後來分爲兩大分支：中行氏與知氏）的寵臣梁嬰父一直想取荀寅而代之，而荀礫也有此意。只是趙鞅爲六卿之長，態度曖昧，不置可否。

家臣董安于勸趙鞅：「讓梁嬰父去荀寅而代之，並不能改變晉國政治的面貌，政出多門是晉國政治的軟肋，所以才禍亂不斷。立梁嬰父爲卿，只不過是又樹立一個荀寅而已。無論對趙氏家族還是對於晉國都沒有益處。」梁嬰父聞知趙鞅受董安於的「蠱惑」，對董安于懷恨在心，與主子荀礫說：「趙氏得救之後，便與韓魏兩家勾結一起，恐怕於我不利，趙鞅的家臣董安于詭計多端，除掉此人便剪除了趙鞅的羽翼。倘若不消滅董安于，晉國遲早會爲趙家所有。」

荀礫聽信了梁嬰父的讒言，便對趙鞅說：「雖然國人都相信范氏與中行氏率先發動叛亂，兩家已經被趕出絳城。但是此次叛亂卻是董安于鼓動的，因此此人才是罪魁禍首。按照晉國的慣例，率先發難者當斬，因此我來通知你。」

荀礫的意思很簡單，就是要讓趙鞅自斷手足。趙鞅怕知氏發難，但是又不能親手殺死自己的臣子，左右爲難。董安于事先得到這個消息，便對趙鞅說：「晉陽剛剛解圍，趙家不能再承受戰火，如果臣一人之死能換取趙家的安全，臣願以死相報。」隨後，董安于自縊身亡，陳屍於市，荀礫便沒有起兵的理由了。於是四家結盟，準備對付逃往朝歌的范氏與中行氏。

趙鞅解決了後顧之憂，便積極準備攻打朝歌。斬草須除根，范氏、中行氏一日不死，趙鞅乃至晉國便無寧日。令趙鞅困窘的是，昔日晉國的附庸國這時也開始趁火打劫，齊、衛、鄭等國舉行會盟，支援范氏、中行氏；而北方的狄人也在兩家的鼓動下，侵襲晉國；同時邯鄲的趙稷也蠢蠢欲動。此時的趙鞅三面臨敵，也只能硬著頭皮硬幹。北方的狄人不足爲懼，偷襲幾次，戰果不豐，他們便不再南下。而齊國領導的陣線也面臨重重危機，宋國加入之後，鄭、宋兩國發生戰爭，齊國不得不先把精力集中於消弭陣營內部的紛爭上。趙鞅則趁機猛攻朝歌，此時衛國也出現內亂，衛靈公之子蒯聵得罪繼母南子，因而出逃，趙鞅便支持蒯聵回衛國的戚邑（今河南濮陽北），以此來牽制衛國。

晉定公二十二年（西元前四九〇年），趙鞅率軍攻破柏人（今河北唐山西），中行氏與范氏逃往齊國，這場爲時數年的政治動亂才宣告結束。經過國內政治重新洗牌，范氏、中行氏衰亡，只剩下韓、趙、魏與知氏四家，等到下次洗牌，就是三家分晉了。

掩耳盜鈴

范氏逃亡之後，有個小偷便想趁機撈一票，他發現范家有一口精美的大鐘，小偷非常喜歡，但是無奈這口鍾太大了，根本搬不動。於是便回家取了個大錘，想把這口鍾敲碎，然後帶回家。敲了一下，小偷被嚇了一跳，聲音太大了，這不等於告訴別人我在偷鍾嘛。小偷急中生智，把耳朵捂起來，奇妙啊，聲音果然小了。於是小偷便肆無忌憚地敲起來，沒過多久，官府就把他抓起來了。這個愚蠢的傢伙自以爲捂起耳朵，別人就聽不見了。這就是掩耳盜鈴的由來。

春秋後期・蟠螭紋鑒

吳越相爭

吳王入郢，伍子胥鞭屍復仇，吳國的實力達到了頂峰。物極必反，就在這時，吳國後方生變，秦國出師救楚，吳王不得不倉皇應敵；越國乘機開始侵吳，吳軍只好班師回援。在腹背受敵之際，吳王闔閭的弟弟夫概乘機發動叛亂，吳軍失去了所有在楚國占領的土地。吳楚爭鋒不得不停下腳步，吳越爭鋒正式拉開序幕。

夫概叛亂

吳王闔閭十年（周敬王十五年，西元前五〇五年），申包胥赴秦求援，秦公派遣公子子蒲、子虎率領戰車五百乘前來救楚。申包胥作爲秦軍嚮導，指引秦軍深入楚境，與吳王胞弟夫概率領的吳軍在沂水相遇。夫概在伐楚之戰中戰功赫赫，益發的驕橫跋扈，見到秦軍全然不以爲意。誰料秦軍以逸待勞，將夫概殺得大敗而回。夫概損兵折將，連忙逃回郢都，向闔閭報告秦軍來救等情況。闔閭在伯嚭的煽動下，貿然出師，被秦楚二國殺得大敗。

聽到闔閭兵敗的消息，因爲吃了敗仗留在郢都的夫概私下逃回吳國，自立爲王，同時私通越國，力圖將闔閭置於死地。戰敗後的闔閭正在苦惱，突然聽到夫概私下回國的消息，已經猜出了三分，前有秦楚，後有內亂，不知如何是好。伍員對闔閭說：「夫概只不過是匹夫之勇，成不了什麼大事，現在最害怕的是假如越國乘機出兵攻打吳國，我們的境況將十分危險。爲今之際，必須放棄楚國，迅速班師平定內亂。」吳王闔閭當機立斷，迅速率軍回國。夫概聽說闔閭班

春秋後期・吳王夫差鑒

此器形如大缸，平底。器腹兩側有虎頭狀獸耳，兩耳間的口沿旁有小虎攀緣器口，作探水狀。通體飾繁密的交龍紋三周。器內壁有銘文二行十三字，記吳王夫差用青銅作此鑒，為吳王夫差宮廷中御用之物。

師，老百姓又不依附自己，只得倉皇出逃，直奔楚國。而越國軍隊得到消息後，也撤軍回去。吳王平定了內亂，國勢日趨穩定，開始考慮打擊越國，報仇雪恨。

吳王試劍石

位於蘇州虎丘附近的上山路東側，有一巨石像被人切開一樣，石旁刻有「試劍石」三字，這就是有名的「吳王試劍石」。據傳它是春秋時代吳王闔閭在得到著名雌雄寶劍時，在此巨石上輕輕一劃所留下的痕跡。

檇李之戰

回國之後的吳王闔閭大封功臣，並加緊訓練軍隊，在他的心中並沒有忘記越國侵吳之事。吳王隱忍不發，等待時機。到了吳王闔閭十九年（西元前四九六年），上天終於賜給了闔閭一個機會：越國傳來了越王允常去世的消息，越王勾踐即位。吳王認爲這是一個難得的機會，也管不了什麼禮不伐喪了，逕直率軍向越國開去。剛剛即位的越王勾踐聽到吳軍來犯，立即整頓隊伍，迎擊吳軍。

雙方在越國的檇李（今浙江嘉興）相遇，於是拉開陣勢，大戰一觸即發。吳軍是百戰之師，牢牢守住，越軍一時難以攻破。越王勾踐派軍連續衝鋒，絲毫不能動搖吳軍。勾踐心裡非常清楚，照這樣子打下去，越國的士氣肯定會低落。經過深思熟慮，勾踐終於想出了一條妙計。第二天在兩軍陣前，勾踐派出了三百個囚犯組成的敢死隊，這些人手持利劍，袒露上身，逕直走到吳軍陣前。帶頭的人對吳軍大聲說：「我們的國君不自量力，得罪了上國，才招來貴國討伐。我們不敢愛惜自己的生命，願意代替我們的君主以死謝罪。」說罷，這個人便拔劍自刎，其餘的兩百多人一一效法。這一舉動看得整個吳軍目瞪口呆，不知所措。

說實在的，吳國自出師以來，哪裡見過這樣的陣勢，吃驚是很正常的。正在這時，越軍戰鼓聲大作，像潮水般向吳軍湧來。已經看傻了眼的吳軍在越軍的衝擊下，迅速潰敗。吳王闔閭這時已無法穩住軍隊，只能隨著敗軍狼狽而走。這時越軍的大隊人馬趕到，對吳軍展開了追擊，吳王闔閭被越軍將領靈浮姑以戈擊傷腿部，連鞋都掉下了車子。在衛隊的護衛下，吳王終於逃出越軍的包圍。孰料他年老體衰，撤軍不久便因傷重去世。去世之前，闔閭將自己的後事託付給了伍員和伯嚭，要他們輔佐自己的兒子夫差，並對兒子說：「永遠不要忘記越國是我們的仇敵！」

決戰夫椒

夫差即位之後，在伍員的輔佐之下，兢兢業業，專心國事，厲兵秣馬，不敢有絲毫懈怠。夫差在大殿的前面派一個人專門提醒他不要忘記殺父之仇。每天上朝的時候，這個人就會對夫差高聲喝道：「你難道忘了勾踐殺你父親了嗎？」夫差即回道：「我永遠不會忘記！」經過三年時間的準備，吳國兵強馬壯，終於可以與越國決一雌雄，報仇雪恨。

吳王夫差二年（西元前四九四年），吳王夫差徵發全國的精銳部隊，在伍員、伯嚭的率領下，開始了伐越復仇之戰。聽到吳國舉兵來犯的消息，越國朝野上下展開了激烈的爭論。越國大夫范蠡對越王勾踐說：「吳國自闔閭喪命以來，為了報仇準備了三年時間。他們心懷憤恨，齊心合力，氣勢銳不可當，為安全起見，我們還是應該堅守城池來瓦解吳軍的士氣。」越王勾踐卻不以為然，於是他對范蠡說：「說守說和，都不是最好的計策。吳越兩國本是世仇，如果不和他們正面交手，將被吳國恥笑。」最後，越王勾踐不聽范蠡的意見，剛愎自用，揀選了精壯三萬餘人，前去應敵。

吳越兩國在夫椒（今江蘇太湖中洞庭西山）相遇，一場大戰就此展開。對於越王勾踐的貿然進兵，吳軍早已瞭如指掌，夫椒這個地方就是一個圈套，等著勾踐往裡面鑽。剛愎自用的勾踐一步步按照吳國設計的路線鑽進了這個口袋裡面。在吳軍的四面夾擊之下，越軍大敗，三萬人的軍隊只剩下五千人，在越王勾踐的帶領下逃出包圍圈退至會稽山。吳軍乘勝進軍，將越國的殘餘部隊團團包圍。

會稽求和

退守會稽山的勾踐，對大夫范蠡說：「我很後悔沒有聽你的話，才落

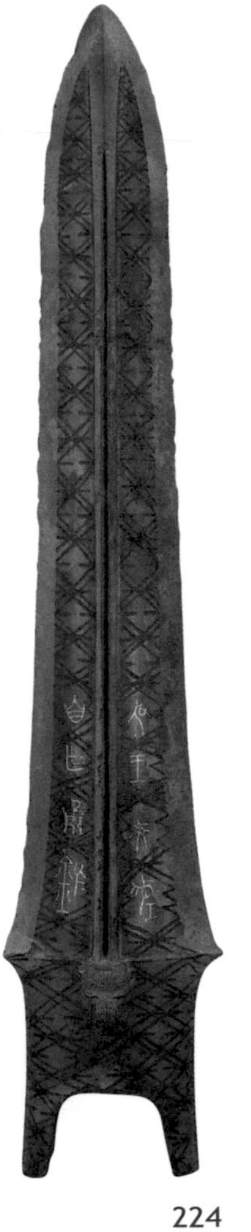

春秋後期・吳王夫差矛

矛身中脊呈三稜形，滿飾菱形花紋。正面近處有錯金銘文：「吳王夫差自作用矛。」的橫斷面橢圓形，平視口呈凹字形，正背兩面各有一刻紋精細的獸紋鼻。矛刃鋒利，並將脊部鑄出血槽，以提高殺傷力。花紋風格與越王勾踐劍類似。其鑄造工藝之精，可與勾踐劍媲美，為同類兵器所少見，亦屬不可多得的珍品。

到了今天的地步，現在該怎麼辦？」范蠡回答道：「現在我們只能向吳國求和了，如果卑辭厚幣去求和也沒用的話，那只有拿大王自己換取和平了。」越王勾踐想了想，實在沒有其他辦法，就對范蠡說：「也只有這樣辦了。」首先派遣文種向吳王請降，告訴吳王說越王夫婦願意做吳王的奴隸來換取和平。

面對越國的奴顏婢膝，吳王洋洋得意，很爽快地要答應越國的請求。伍員連忙進諫：「上天把越國賜給大王，千萬不能就這樣輕易答應他們。」吳王接受了伍員的諫言，沒有答應文種。求和不成，越王勾踐可以說是五內俱焚，打算殺死妻子，燒燬寶物，與國家同歸於盡。「大王不必如此！」范蠡說，「現在吳國太宰伯嚭貪財好色，如果我們向伯嚭行賄，求和還是有希望的。」於是勾踐再次遣文種帶著寶物、美女私下求見伯嚭，要他從中周旋。伯嚭見到如此豐盛的禮物，很高興地答應了下來。伯嚭再次向吳王引見了文種，文種對吳王說：「希望大王能赦免勾踐的罪過，這是越國的幸運，如果不赦免的話，越王將殺死他的妻子，燒燬寶物，然後率領剩下的五千人與大王決戰，恐怕吳國也會受到很大損失。」同時伯嚭也幫著說話：「越王既然已經稱臣，赦免他既顯示了大王的仁慈，同時也對國家有利。」伯嚭這些話正中吳王下懷，吳王聽了相當受用。而伍員則連忙進諫：「此事萬萬不可，如果赦免了越王，必定會爲我國種下禍根。何況勾踐也是一代明君，又有范蠡、文種這樣的賢臣輔佐，將來必將會養虎爲患。」吳王哪裡聽得進去，很痛快地答應了越國的要求，然後大張旗鼓地凱旋回國。

虎丘劍池

江蘇蘇州虎丘中最具傳奇色彩的古蹟名勝就是傳為吳王闔閭墓的劍池。篆文「劍池」二字，傳為大書法家王羲之所書。據方志上記載，劍池下面是吳王闔閭埋葬的地方。之所以稱為劍池，因入葬時把闔閭生前喜愛的「扁渚」、「魚腸」等金劍作為殉葬品埋在他的墓裡。

臥薪嘗膽

越王勾踐兵敗會稽山，只好含羞忍辱，夫婦二人服侍於夫差左右。夫差見勾踐徹底屈服，便疏於防備，最後放虎歸山。勾踐回國之後，臥薪嘗膽，恤民養士，勵精圖治，越國終於從失敗的陰影中走出。勾踐有范蠡與文種這樣的股肱之臣輔佐，國家振興；夫差則是寵信伯嚭，冤殺伍員，北上爭霸，國力空虛，於是勾踐趁勢消滅吳國，一雪會稽山之恥。

勾踐忍辱負重

吳王夫差終於答應了勾踐投降的請求，勾踐內心充滿了無盡的酸楚，越國幾十年來從未有過如此之大敗，多年積累的財貨悉數歸於吳國，精甲盡失，而且自己還要到吳國給夫差做傭人。也許不用多久自己便身死異國他鄉，越國復國遙遙無期。

一念及此，勾踐便悲從中來。群臣莫不悲戚，文種安慰勾踐說：「當年湯被囚於夏台，文王困於羑里，齊桓公奔莒，晉文公浪跡江湖十九年，他們都成為建立豐功偉績的一代偉人。大王此時雖然遭受新敗，但是臣子們依然忠心耿耿，百姓勤勞耕作，越國基業未損，大王不必過於悲傷。」

文種的一番話猶如春風化雨，雪中送炭，讓勾踐看到了希望。雖然勾

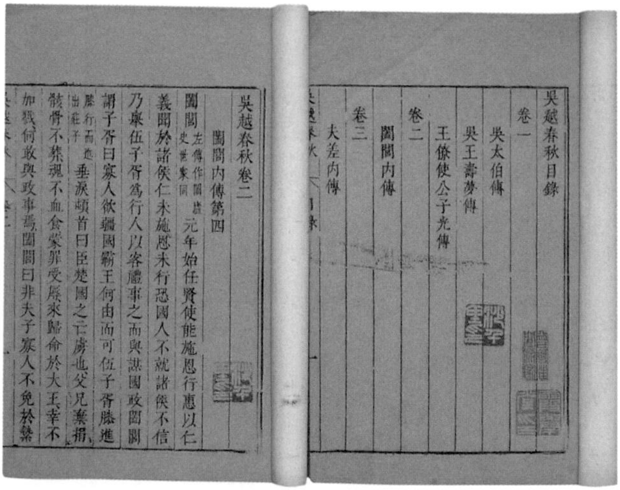

《吳越春秋》書影

《吳越春秋》，東漢趙曄撰，是一部記述春秋時期吳、越兩國史事為主的史學著作。該書今存十卷，前五卷述吳事，稱內傳；後五卷述越事，稱外傳。其中越王勾踐謀吳事記載尤詳，幾乎佔了全書一半的篇幅。

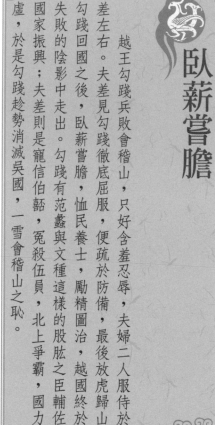

踐要千里做囚徒，但是越國的發展卻不能停下。除了范蠡要跟隨勾踐到吳國服刑之外，剩下的大臣各司其職，各盡所能。臨行之前，勾踐制訂了一個人口復興計畫：老夫不能娶少妻，老嫗不能嫁少男；男子二十歲，女子十七歲必須結婚生子，否則父母要獲刑入獄；無論生男生女都有獎勵；生三子，國家供養兩個。勾踐知道，未來吳越的爭鬥就是一場人口的爭鬥，但是人口卻不像植桑種稻那麼簡單，常言說，十年樹木，百年樹人。要培養一個優秀的武士，至少需要十幾年，所以必須有長遠的規畫。

勾踐帶著屈辱與希望來到敵國，夫差雖然赦免了勾踐的死罪，但是對他卻毫不寬容，極盡羞辱之能事。夫差在闔閭的墳墓旁邊修建了一個小房子，讓勾踐夫婦爲闔閭守靈。夫差出行之時，勾踐要爲夫差駕車，勾踐的夫人終日浣洗，范蠡則砍柴燒飯，越國往日的王侯將相，全淪爲階下囚，蓬頭垢面，形容枯槁。夫差見到越國君臣連自己手下的僕人都不如，內心覺得十分痛快。讓他奇怪的是，即便深陷囹圄，三人依然遵循君臣之禮、夫妻之儀。夫差早已聞知范蠡有賢能之名，便勸范蠡歸降吳國，范蠡只道：「敗軍之將何敢言勇，亡國之臣，不敢言政。」非常委婉地拒絕了夫差的邀請。

勾踐在吳國數年，一直卑躬屈膝，從未在夫差面前表現出任何不滿，漸漸地，夫差居然對這個殺父仇人產生了一點點憐惜。起初，勾踐惶惶不安，生怕夫差想起殺父之仇，一時興起就把他給殺了。後來幾年相安無事，勾踐便謀劃回國。范蠡才智過人，靈活機變，有范蠡在側，勾踐便心安大半。

現代．王西光．臥薪嘗膽圖

越王勾踐會稽之敗，十年教訓，十年生聚，臥薪嘗膽，終復越國。有道是：「擊劍彎弓總為吳，臥薪嘗膽淚幾枯。蘇台歌舞方如沸，遑問鄰邦事有無。」

後來夫差久病不癒，范蠡便建議勾踐主動探望，並且讓他親口嘗夫差的糞便，以表忠心。對於這樣的建議，勾踐難以接受，范蠡說：「當年周文王把自己的兒子煮了吃，以向紂王表示忠心。爲了越國的大業，嘗嘗吳王的糞便又如何？」勾踐想了想，便去探望夫差，嘗了嘗夫差的糞便，一臉喜色地說：「恭喜大王，您即將痊癒。」夫差大爲感動，說：「等寡人痊癒，便送你回國。」

沒過多久，夫差痊癒，便大擺筵席，一來慶祝自己恢復健康，二來歡送勾踐回國。伍員聞知夫差要釋放勾踐，大歎：「虎歸山，鯨入水。吳國亡期不遠了。」

文種七計滅吳

范蠡隨同勾踐夫婦歸國。闊別多年的故國，依然井井有條，由於文種等人的苦心經營，越國並沒有因爲勾踐長久於吳國服刑而破敗不堪。面對一群忠心耿耿的大臣，勾踐深感欣慰。在吳國所受的恥辱，也讓他備感急迫，復仇之火熊熊燃燒。

爲了不引起夫差的懷疑，勾踐回國之後對夫差更加慇勤，越國的珍禽異獸每每都成爲夫差餐桌上的美味。夫差看到勾踐已經徹底順從了，便不再加以戒備。文種早已爲勾踐制訂了

現代・西施浣紗圖

滅吳大計，等到勾踐回國，文種便將滅吳七計獻給勾踐。一，重金賄賂吳國君臣，以免生疑；二，以高價購買吳國的糧食，使其府庫空虛；三，進獻美女歌姬，消磨吳王的鬥志；四，送良木，助其修建宮殿，勞其民，傷其財；五，扶植諂媚之臣，亂吳王治國之謀；六，殺其賢臣，斷其股肱；七，廣積糧、練精甲，伺機而動。

勾踐大喜，便開始著手實行滅吳計畫。恰逢吳王準備修建高台，勾踐便命人進入深山尋找適合修建高台的良木，覓得良木後勾踐便派人送給夫差。夫差大喜，於是徵發百姓，修建高台，晝夜不息，死傷無數，民怨沸騰。伍員勸諫：「民爲國本，君王當體恤民力，安撫民心，勞民傷財導致亡國的教訓還少嗎？」夫差早已爲勝利沖昏了頭腦，哪裡還聽得下勸諫呢？

伯嚭善於諂媚，勾踐便以重金賄賂，每當伍員勸夫差要對越國多加防範時，伯嚭便百般爲勾踐開脫，忠言逆耳，伍員愈來愈不受夫差的欣賞，而伯嚭巧言令色，成爲夫差身邊的第一紅人。伍員是前朝功臣，夫差雖然不願聽伍員聒噪，但是也不敢將其殺死。

依照文種的計畫，下一步便是要給夫差送去美女歌姬，夫差身邊自是美女如雲，勾踐送去的女人必須有息嬀之貌，妲己之精，否則難以在夫差的後宮引起注意。勾踐派人穿街走巷，訪遍名山大川，終於獲得美女一名，那就是西施。西施的容貌自不待言，勾踐派專人教以儀禮、歌舞，西施天

西施故里
古代，沿浦陽江有「上諸暨」和「下諸暨」之分，西施出生在下諸暨，下諸暨即浦陽江下游之地。西施的故里雖在今杭州市蕭山縣境內，但它屬諸暨縣故地，所以人們習慣上稱西施為諸暨人。

資聰穎，沒過多久便已能歌善舞，千嬌百媚。夫差見到西施之時，魂飛魄散。西施善於邀寵，沒過多久，夫差後宮的美女便被打入冷宮。伍員諫道：「美女乃是亡國之物，希望大王慎重。」夫差說：「哪個男人不喜歡美色，勾踐自己不享受還送給寡人，難道你沒看到勾踐的忠心嗎？」

得到西施之後，夫差對勾踐更加信任。於是勾踐派人到吳國借糧，謊稱越國遭受天災，顆粒不入。夫差二話不說，便將糧倉中的稻穀借給勾踐。其實越國風調雨順，並未遭受自然災害。勾踐將吳國的糧食分散給窮苦百姓，人民莫不感恩戴德。第二年，越國要還吳國的糧食，文種命人專挑籽粒飽滿的煮熟曬乾，還給了吳國。夫差見越國的稻穀品質優良，便將這些糧食做種子，在吳國各地播種。可以想像，這些煮熟的稻穀不會發芽，吳國顆粒無收，加上去年借糧給越國，府庫空虛，災民遍野。

夫差兵敗自刎

勾踐在國內苦心孤詣地練士訓政，越國國力膨脹，三軍將士艱苦訓練，只等著一雪會稽山之恥。而吳國夫差卻無時無刻不在損耗吳國的國力。

環顧四周，吳國周圍沒有大國存在，夫差自認爲北上中原爭霸的時機已經成熟，於是便發兵討伐齊國。只要征服了東方的齊國，便獲得了逐鹿中原的入場券。伍員堅決反對夫差伐齊，他說：「齊國對吳國而言不過是皮肉之痛，而越國是心腹之患。現在勾踐在國內養精蓄銳，遲早會成爲吳國的掘墓人。心腹大患不除，卻對小傷小痛耿耿於懷，國家必將大亂。」

勾踐聞知夫差要北上伐齊，大喜過望，這是轉移吳國注意力的最佳時機。爲了消除夫差的後顧之憂，勾踐

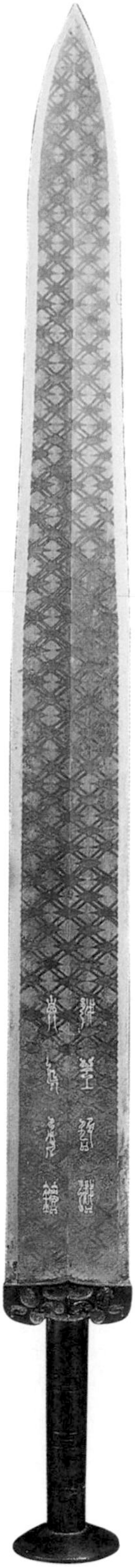

春秋後期．越王勾踐劍

一九六五年在湖北江陵望山一號墓出土。在墓主身體的左手邊，有一把裝在黑色漆木箱鞘內的名貴青銅劍。劍身飾菱形暗紋。劍身有「越王勾踐自作用劍」八個鳥篆銘文。

選擇了三千甲士，交給夫差調用。對於伍員的勸諫，夫差置若罔聞，於是發兵北上伐齊。兩軍在艾陵（今山東萊蕪東北）對壘，齊國國內也是亂象橫生，難以抵擋夫差的精銳之師。沒過多久，夫差大破齊軍凱旋。夫差大擺慶功宴，眾人皆是滿口諂媚之詞，唯有伍員悲戚不已，說道：「吳國奸佞當道，大王寵幸西施，喜聞讒言，曲直不分，即便破齊也難免亡國之災。」夫差再也無法忍受伍員的聒噪，便命人將「屬鏤」劍賜給伍員，命其自刎。君命難違，伍員對僕人說：「我死後，把我的眼睛挖出來掛在城門旁邊的樹上，我要親眼看越國大軍進入都城。」說完含恨自刎。

吳王夫差十四年（周敬王三十八年，西元前四八二年），夫差破齊之後，便北上與中原各國在黃池（今河南封丘西南）會盟，稱霸中原。吳國精銳悉數隨夫差北上，剩下的全是老弱殘兵。勾踐認爲報仇時機已經成熟，於是發兵進攻吳國。守城的吳軍英勇抵抗，同時派人向夫差報信。此時夫差正在與晉定公爭奪盟主之位。晉定公說：「晉國主盟中原數百年，吳國沒有資格與晉國爭奪。」夫差則說：「吳國雖然偏居東南，卻是姬姓的嫡傳。」雙方爭來爭去，沒有結果。

夫差突然得到軍報：勾踐率軍圍攻吳國都城。夫差大驚，隨後鎮靜下來，將送信之人祕密斬殺，陳兵於晉定公前，晉國君臣只好把盟主之位讓給夫差。夫差得到盟主之位後，便率軍回援。勾踐認爲，吳軍主力尚存，便沒有繼續進攻，夫差深知吳國國力空虛，便與勾踐講和。兩國暫時維持了和平，但這只是一次休戰。

沒過幾年，越國突然進攻楚國，夫差以爲越國將矛頭對準了楚國，於是放鬆警惕。殊不知這是勾踐的疑兵之計。第二年，勾踐率領越國大軍傾巢而出，進攻吳國，將吳國都城圍得水洩不通。三年之後，夫差兵敗自刎。吳越兩國的百年恩仇就此了結。獲勝後的勾踐，也學著夫差的樣子，北上中原，企圖爭霸，只是春秋爭霸此時已經宣告結束。

《淇奧》之風：衛武公

夫差的兒子得知夫差要率軍北上會盟，便想規勸夫差，但是一直沒有找到好辦法。一日在後花園中遊走，他突發奇想，將衣服弄濕之後，面見夫差。夫差問他怎麼把衣服弄濕了。兒子答道：「清晨，我去花園遊玩，發現一隻蟬在樹上歡快地鳴叫，背後有一隻螳螂，正在弓腰彎背準備捕捉它。而此時螳螂的背後卻有一隻黃雀，眼盯著螳螂。黃雀沒有意識到，孩兒拿著彈弓正準備射鳥。孩兒沒有注意身後是一個水池，結果往後一退，掉到水池裡了。」夫差說：「眞是螳螂捕蟬，黃雀在後啊。」當他意識到兒子是在規勸他放棄北上結盟後，便憤然離去。

范蠡辭官

一位平民入朝官拜卿相，隱退後富比王侯，進退有據，游刃有餘，唯有聖人才能辦到這一點。范蠡輔佐勾踐滅吳雪恥，功成身退，乘舟泛海，經商致富，後人奉為財神。

功成身退

勾踐滅吳之後便率軍北上，周天子賜勾踐霸主的尊位，自此淮泗之間成爲越國的勢力範圍。回國之後，勾踐大宴群臣，二十年的屈辱一朝雪清，君臣無不歡樂，此時只有一個人心事重重，那就是范蠡。他認爲，此時正是他功成身退的良機，否則過人的才智或許將帶來殺機。無論換了誰，都會等待勾踐封官晉爵，而范蠡卻視官爵爲糞土。

范蠡年少之時，深得黃老之道，又師從計然學習商道。即便此時歸隱山林，以自己的聰明才智也絕不會貧困潦倒。於是他向勾踐辭行，范蠡說：「臣聞，主憂臣勞，主辱臣死。臣之所以苟活於人世，是因爲越國大仇未報，大王之恥未雪，今天大仇已報，恥辱已雪。該是臣告老歸政之時了。」令范蠡沒想到的是，勾踐不同意范蠡告老還鄉，而且威脅道：「如果愛卿留下來，寡人將與你共治越國；否則，將屠戮你的妻兒。」范蠡見越王殺機浮現，便說：「君王負責下命令，臣子只能服從命令。既然大王不願臣遠遊，臣自當戮力同心，幫助大王治理越國，振興霸業。」

范蠡回家之後，便催促家人趕緊收拾行李，趁著夜色輕裝出城，乘舟泛海逃去。勾踐聞知范蠡出逃，便要派人去追。范蠡的老搭檔文種說：「范蠡有經天緯地之才，既然去意已決，追也無益。」

過了一段時間，文種收到一封奇怪的信，打開一看，原來是范蠡的親筆信，信上寫道：「君不聞，飛鳥死，良弓藏；狡兔死，走狗烹。越王勾踐長頸鳥喙，此人可與之共患難，不可與之同享樂。您還不走？」文種看了，半信半疑，也許他內心深處無法拋下眼前的功名利祿，所以沒有效法范蠡夜半出走。

勾踐稱霸之後，開始疏遠當年的功臣，文種見大事不妙，便稱病不朝，但勾踐並沒有因此放過文種。一日勾踐去探望文種，說了一番意味深長的話：「當年愛卿為我定下了滅吳七計，寡人用其中三計便滅吳雪恥，現在愛卿還有四計未用。」說完之後便拂袖而去，將自己的佩劍留在文種的桌子上。文種定睛一看，原來是吳王賜死伍員時所用的「屬鏤」劍。勾踐前來哪是探病，分明是催命。文種後悔當年沒聽范蠡「功成身退」的勸告，仰天長歎一聲，遂自刎身死。

棄政從商

范蠡連夜逃出越國之後，來到齊國，他與兒子在海邊開墾荒地，勤於稼穡，沒過多久父子便成了當地首富。范蠡對金錢財貨看得不是很重，便將財富分給他人，幫助當地百姓。

范蠡父子的賢達傳到了齊國首都，齊王召見范蠡，委以重任，范蠡便來到臨淄擔任相國之位。家財萬貫，身居相位，范蠡應該高興才對，但是范蠡卻慨然長歎：「我一介平民，居家則富有千金；為官則官至相位。這也算是平民子弟奮鬥的極限。恐怕我難以承受這樣的尊名。」隨後，便將相印交還齊王，舉家搬遷而去。

從臨淄離開之後，范蠡一家來到陶（今山東定陶）。此地是東西南北交通的要道，各國商人必經之地。范蠡一家經營農業、畜牧業，同時兼營商業。范蠡的老師計然是個精通商道之人，范蠡年少就跟隨他學習商業，深諳商道。計然輔佐勾踐，使越國在十年之內國強民富。范蠡在陶視市場行情經營各種商品，賤買貴賣，沒過多久便家資巨萬。

長子救弟

范蠡居住在陶地的時候，生下了最小的兒子。這個小兒子成年的時候，范蠡的二兒子在楚國殺人，被抓了起來。聽到這個消息，范蠡說：「殺人償命這是天經地義的事，但是我聽說家有千金不會讓自己的兒子在鬧市被殺。」於是，范蠡就對他

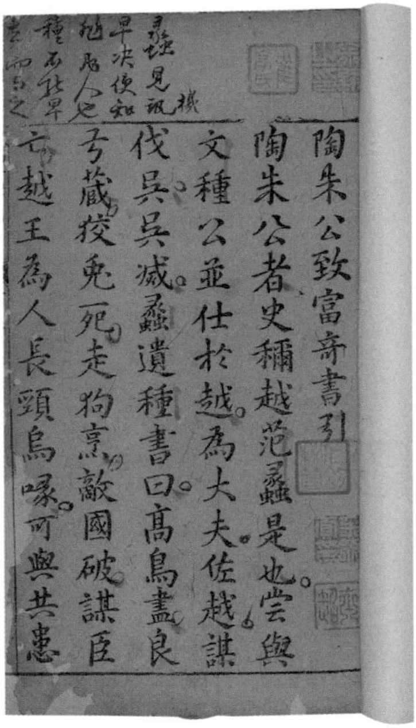

陶朱公致富奇書引

陶朱公者史稱越范蠡是也嘗與文種公並仕於越為大夫佐越謀伐吳吳滅蠡遺種書曰高鳥盡良弓藏狡兔死走狗烹敵國破謀臣亡越王為人長頸鳥喙可與共患

《陶朱公致富奇書》書影

范蠡留給後人多部治國之策與兵法，經商方面著有《致富奇書》、《陶朱公術》。司馬遷用十六個字精確地對范蠡進行了概括：「忠以為國；智以保身；商以致富，成名天下。」

的小兒子說了這件事，要他帶著千斤黃金前去打點。小兒子還沒出發，大兒子就表示反對，他對父親說：「家中的長子叫家督，現在二弟犯了罪，父親大人不派我去處理，卻讓小弟去處理，這是孩兒的不孝。」說罷便要自殺。看到這一幕，孩子的母親對范蠡說：「派小兒子去，未必就能把老二救出來，要是老大一時想不開，那怎麼辦呢？」聽了這話，范蠡感到相當無奈，只得派大兒子前去，同時讓大兒子給自己在楚國的朋友莊生帶了一封信，對兒子叮囑道：「到了之後就將這千金交給莊生，他要怎麼花就讓他怎麼花，千萬別和他爭執。」長子上路之前，又私下裡帶了些錢。

到了楚國之後，大兒子前去拜見莊生。見到莊生家徒四壁，心裡就有些不以為然，但還是按照父親的要求將書信和千金交付給莊生。莊生看罷書信，對范蠡的大兒子說：「你現在趕緊回去，千萬別待在這裡，即便你的弟弟被放了出來，也不要打聽怎麼回事。」范蠡的大兒子根本就沒把莊生的話當回事，告別了莊生，就拿著自己的錢去打點楚國的貴人。

莊生雖然貧窮，卻很廉潔，接到范蠡的錢，莊生就對妻子說：「這錢咱們不要動，到時候是要還給他的，至於什麼時候還不得而知。」第二天莊生就去拜見楚王，對楚王說：「有一個星宿將出現在某個地方，對楚國很不利。」楚王很信任莊生，就問該怎麼辦，莊生說：「除了施德沒有其他辦法了。」楚王說：「我知道該怎麼辦了。」時隔不久，范蠡的大兒子就從楚國貴人那裡得知楚王將發佈赦令的消息，但是他並不知道這是莊生的功勞，覺得將千金白白送給莊生有些可惜，於是便前往莊生家中索討那

張大千‧范蠡像

筆錢。莊生見到他大吃一驚，范蠡的大兒子說了赦免的消息，莊生明白他想要回那筆錢，二話沒說就還給了他。這時，大兒子十分得意，認爲自己做得很棒。

對莊生來說，這簡直是奇恥大辱，他進宮面見楚王，對楚王說：「臣前面說楚國將要受災，大王要施德禳災。而我出宮以後，卻聽路人傳言富豪陶朱公的兒子在楚國殺了人，他們家正拿錢賄賂貴族，設法搭救。現在大王發佈赦令，大家會認爲大王不是爲了楚國的百姓，而是爲了陶朱公的兒子。」楚王聞言大怒，命人先處決了陶朱公的兒子，然後在第二天才發佈赦令，范蠡的長子最後只得帶著弟弟的靈柩回家。

到家之後，他的母親和城裡的人都很難過，只有范蠡在一旁冷笑。大家不解其意，便問他爲何如此。范蠡說：「我早就知道他會害死自己的弟弟，並不是他不愛護自己的弟弟，只不過是不懂捨得的道理。他早年跟我做生意，知道錢掙得不容易，花起來就不會痛快。小兒子是錢堆裡長大的，花錢如流水，絲毫不會吝惜。我之所以要小兒子去，就是因爲這個緣故。後來派老大去，我每天所想的就是二兒子的屍體什麼時候回來。事已至此，還有什麼可傷心的呢。」

范蠡與西施：一個美麗的傳說

據傳當年范蠡逃走之時，並不是孤身一人，而是攜帶著大美女西施隨行。後來人們更是添油加醋，說當年范蠡送西施到吳國之時，西施已有了身孕。但是《左傳》等權威史料中並沒有這樣的記載，也許人們只是希望西施這樣一個大美女能有好歸宿，也祈盼范蠡這樣的才子抱得美人歸。

嘉興范蠡湖

嘉興范蠡湖在宋代已很出名，相傳為范蠡助越王勾踐洗雪會稽之恥後，偕美女西施泛舟五湖之隱居地。宋代金明寺也稱「陶朱公里」，與據說當年西施的梳妝台等建築並成一體，統稱為范蠡湖。傳說湖中產有五彩螺，因西施每天梳妝傾胭脂於湖中，螺食而成五彩。

國家圖書館出版品預行編目 (CIP) 資料

春秋爭霸 / 童超主編 . -- 第一版 . -- 新北市：
風格司藝術創作坊出版：知書房出版發行，
2021.03
面；　公分 . -- (圖說天下) (中國大歷史)
ISBN 978-986-5493-02-8(平裝)

1. 春秋史

621.62　　110003297

春秋爭霸

主　　編：童　超
責任編輯：苗　龍
發　　行：知書房出版
出　　版：風格司藝術創作坊
地　　址：235 新北市中和區連勝街 28 號 1 樓
Tel：（02）8245-8890
總 經 銷：紅螞蟻圖書有限公司
Tel:（02）2795-3656　Fax:（02）2795-4100
地　　址：台北市內湖區舊宗路二段 121 巷 19 號
http://www.e-redant.com
版　　次：2021 年 4 月初版　第一版第一刷
訂　　價：320 元

ISBN　978-986-5493-02-8　　Printed in Taiwan